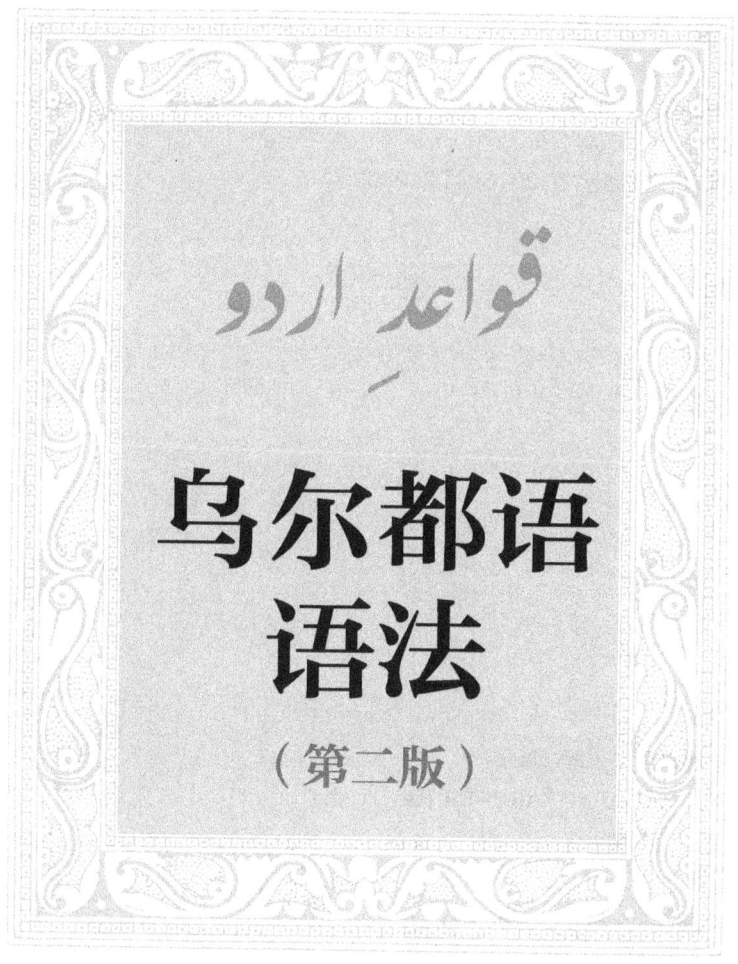

قواعدِ اردو

乌尔都语语法

（第二版）

孔菊兰 编著

北京大学出版社
PEKING UNIVERSITY PRESS

图书在版编目 (CIP) 数据

乌尔都语语法 / 孔菊兰编著 .—2 版 .—北京：北京大学出版社，2016.9
（新丝路·语言）
ISBN 978-7-301-27485-9

Ⅰ . ①乌… Ⅱ . ①孔… Ⅲ . ①乌尔都语—语法—高等学校—教材 Ⅳ . ① H713.4

中国版本图书馆 CIP 数据核字 (2016) 第 212882 号

书　　名	乌尔都语语法（第二版） WU'ERDUYU YUFA(DI-ER BAN)
著作责任者	孔菊兰　编著
责任编辑	张　冰　崔　虎
标准书号	ISBN 978-7-301-27485-9
出版发行	北京大学出版社
地　　址	北京市海淀区成府路 205 号　100871
网　　址	http://www.pup.cn　新浪微博：@ 北京大学出版社
电子邮箱	编辑部 pupwaiwen@pup.cn　总编室 zpup@pup.cn
电　　话	邮购部 010-62752015　发行部 010-62750672　编辑部 010-62759634
印 刷 者	北京虎彩文化传播有限公司
经 销 者	新华书店
	787 毫米 ×1092 毫米　16 开本　24 印张　298 千字
	2001 年 6 月第 1 版
	2016 年 9 月第 2 版　2024 年 7 月第 3 次印刷
定　　价	69.00 元

未经许可，不得以任何方式复制或抄袭本书之部分或全部内容。
版权所有，侵权必究
举报电话：010-62752024　电子邮箱：fd@pup.cn
图书如有印装质量问题，请与出版部联系，电话：010-62756370

前言

乌尔都语属于印欧语系，其语法体系比较复杂，动词、名词以及形容词都有多种变化形式。因此，要学好乌尔都语，就必须很好地掌握它的语法。语法学习是在语音阶段学习结束后开始的，并一直贯穿在两年的学习时间里。之后，高年级课程中也要涉及到一些复杂的语法现象，但由于课文中的语法现象比较分散，学生又是初学，要很好地掌握并能熟练运用，对学生来说尚有一定困难。所以，迫切需要开设一门专门性的语法课，在短时间内把学过的语法现象进行归纳、总结和对比，并对课文中没有出现的一些语法现象予以补充，起到画龙点睛的作用。因此，详尽的语法教材是这门课不可缺少的，另外它也是所有学习乌尔都语人的必要工具书，可帮助解决阅读上的难点。

《乌尔都语语法》曾于 2001 年出版，在十多年的教学中发挥了很好的作用。本版在修订中大量参考原版乌尔都语语法书籍，尽可能多地解决乌尔都语语法中尚未解决的语法难题，给予准确阐述和定论，并把多年来的教学经验和科研成果融入其中，增加和替换了大量的例句，力图使其成为一本名副其实的实用乌尔都语语法教材。

作为一本实用语法教科书，本书力求简明扼要，系统科学地编排所有的语法现象，采取循序渐进的方法，由浅入深地对词法和句法现象逐个进行阐述，除了必要的理论说明外，注重大量的实践，并对各种语法现象进行对比，辨析它们之间的异同。鉴于语言表达习惯和语法规则阐述的需要，本教科书在外语例句的汉译上，较多地尊重和保留原文语义，必要时加括号予以说明。

由于编著者水平的局限，不足之处在所难免，诚恳地欢迎读者指正。

孔菊兰

2016 年 3 月 30 日

目录

引言——几个基本语法概念（تعارف — بنیادی قواعد کے متعلق تخیلات）.................................. 1

 一、什么是语法？.. 1
 二、语法分几个部分？.. 1
 三、词的分类.. 1
 四、句子成分.. 2
 五、词和句子成分的对应关系.. 2
 六、词、短语、从句和句子.. 2
 七、词序... 3

第一篇　词法（صرف）

第一章　名词（اسم）.. 3

 一、定义... 3
 二、用法... 3
 三、种类... 5
 四、性.. 6
 五、数.. 10
 六、指小名词和增大名词.. 16
 练习.. 18

第二章　代词（ضمیر）... 27

 一、概说... 27
 二、人称代词.. 29
 三、物主代词.. 31

四、自身代词 ·· 32
五、指示代词 ·· 34
六、泛指代词 ·· 35
七、疑问代词 ·· 37
八、关系代词 ·· 39
练习 ·· 42

第三章　形容词（صفت） 50
一、概说 ·· 50
二、性质形容词 ·· 52
三、关系形容词 ·· 54
四、形容词的特殊用法 ·· 55
五、关于形容词的两个问题 ·· 56
练习 ·· 59

第四章　数词（تعداد） 67
一、概说 ·· 67
二、定数 ·· 68
三、不定数 ··· 75
四、年、月、日及时刻表示法 ··· 76
五、一些数词在句中的习惯用法 ··· 81
练习 ·· 81

第五章　副词（تمیز） 85
一、定义 ·· 85
二、用法 ·· 85
三、种类 ·· 85
四、复合副词 ·· 86

五、带有前缀或后缀的副词 ··· 87
练习 ·· 87

第六章　动词概说（فعل）·· 90
一、定义 ·· 90
二、结构 ·· 90
三、种类 ·· 90
四、用法 ·· 95
练习 ·· 96

第七章　动词的时和体（زمانہ اور وضع）··· 98
一、时的概念和种类 ··· 98
二、体的概念和种类 ··· 98
三、体的构成 ··· 98
四、时态 ·· 99
五、与汉语的比较 ··· 100
六、一般现在时 ·· 100
七、现在进行时 ·· 104
八、现在完成时 ·· 106
九、单纯过去时 ·· 109
十、一般过去时 ·· 112
十一、过去进行时 ··· 114
十二、过去完成时 ··· 116
十三、将来时 ··· 117
练习 ··· 120

第八章　动词的语气（صورت）·· 127
一、概说 ··· 127
二、陈述语气 ··· 127

三、祈使语气 ………………………………………………………… 128
　　四、虚拟语气 ………………………………………………………… 131
　　五、犹豫语气 ………………………………………………………… 140
　　六、假定语气 ………………………………………………………… 144
　　练习 …………………………………………………………………… 147

第九章　动词的语态（لہج）………………………………………… 154
　　一、概说 ……………………………………………………………… 154
　　二、被动语态 ………………………………………………………… 154
　　三、无人称被动语态 ………………………………………………… 158
　　练习 …………………………………………………………………… 160

第十章　动词不定式（مصدر）……………………………………… 165
　　一、概念 ……………………………………………………………… 165
　　二、特点 ……………………………………………………………… 165
　　三、用法 ……………………………………………………………… 168
　　练习 …………………………………………………………………… 169

第十一章　分词（حالیہ）…………………………………………… 173
　　一、分词的概念与特性 ……………………………………………… 173
　　二、分词的用法 ……………………………………………………… 176
　　三、分词的性、数变化规则 ………………………………………… 177
　　四、三种分词分述 …………………………………………………… 180
　　五、三种分词的比较 ………………………………………………… 186
　　六、几种特殊的分词和分词的特殊用法 …………………………… 187
　　七、乌尔都语分词与汉语连动式的比较 …………………………… 196
　　练习 …………………………………………………………………… 197

第十二章　复合动词（مرکب الافعال） ... 204
一、概说 ... 204
二、动词+情态动词 ... 205
三、重叠复合动词 ... 230
四、名词+动词 ... 231
五、形容词+动词 ... 232
练习 ... 232

第十三章　致使动词（فعل متعدی المتعدی） ... 241
一、致使动词的概念 ... 241
二、原动词、及物动词或双重及物动词、致使动词 ... 241
三、各类动词的变化规则 ... 242
四、致使动词的用法 ... 243
练习 ... 244

第十四章　动词 ہونا 的用法与变化形式（"ہونا" کے استعمال اور اس کے صیغے） ... 250
一、动词 ہونا 的用法 ... 250
二、动词 ہونا 的变化形式 ... 251

第十五章　后置词（ربط） ... 253
一、概说 ... 253
二、后置词的种类 ... 255
三、简单后置词的用法 ... 256
四、复合后置词 ... 266
练习 ... 268

第十六章　连词（عطف） ... 277
一、概说 ... 277
二、连词的总类 ... 277

三、并列连词 …… 278
四、主从连词 …… 280
练习 …… 284

第十七章　语气词（تخصیص） …… 291
一、概说 …… 291
二、语气词分述 …… 291
三、ی 的特殊用法 …… 293
练习 …… 294

第十八章　感叹词（فجائیہ） …… 295
一、概说 …… 295
二、常用感叹词及其所表达的感情色彩 …… 295
三、一些带有宗教色彩的短语作感叹词用 …… 299

第二篇　句法（نحو）

第十九章　句子的成分（جملے کے اجزا） …… 303
一、概说 …… 303
二、主语 …… 303
三、谓语 …… 305
四、宾语 …… 307
五、表语 …… 309
六、定语 …… 310
七、状语 …… 313
八、其他句子成分 …… 316
九、和句子成分无语法关系的词和插入句 …… 318

第二十章　一致关系（مطابقت） …… 320
一、主语与谓语一致 …… 320

二、宾语与谓语一致 ·· 323
　三、定语与中心语一致 ·· 323
　练习 ··· 325

第二十一章　句子结构（جملوں کی ساخت） ·· 328
　一、概说 ··· 328
　二、简单句 ··· 329
　三、复合句 ··· 331
　练习 ··· 347

第二十二章　句中词序（جملے میں الفاظ کی ترتیب） ·· 361
　一、句中词序的一般规律 ·· 361
　二、特殊情况 ·· 362
　三、否定词 حرفِ نفی 的位置 ·· 363

第二十三章　标点符号（علامتِ وقف） ·· 364

引言——几个基本语法概念
（ تعارف ─ بنیادی قواعد کے متعلق تخیلات ）

一、什么是语法？

语言有其内在的构成规律，语法就是说明语言内在的构成规律的学问，这种内在规律包括词的变化规律和用词造句的规则，将这些规则和规律综合起来进行系统的论述，便叫做语法。语法使语言具有了一种有条理的、可理解的性质，它是人类思维长期抽象化的成果，是人类思维的巨大成功的体现。

二、语法分几个部分？

语法分为两个部分：词法与句法（صرف و نحو）。词法研究词、词形变化、词的结合能力及词的用法，如名词的性、数和动词的时、式、态等，都属于词法的范畴。句法研究句子、句子的结构，包括句子的成分、句中词序、句子的种类等。词法与句法关系极为密切，它们是一个语言整体的两个部分。

三、词的分类

乌尔都语中的词，按照意义、词形变化及其在句中的作用等特点，一般可以分为十大类，即：名词（اسم）、代词（ضمیر）、形容词（صفت）、数词（تعداد）、副词（تمیز）、动词（فعل）（以上六类词本身具有独立意义，可作句子成分，故称为实词）、后置词（ربط）、连词（عطف）、语气词（تخصیص）（以上三类词不与其他词相连时本身无独立意义，不能独立作为句子成分，故称为虚词）、感叹词（فجائیہ）（它不是实词，也不是虚词）。

四、句子成分

乌尔都语中一个句子由若干成分组成，这些成分叫作句子成分。依照在句子中的作用，句子成分有六种，即：主语（فاعل）、谓语（خبر）、宾语（مفعول）、表语（خبر）、定语（تعین）、状语（قید）。

五、词和句子成分的对应关系

在造句时，要考虑到什么词可以做什么句子成分，这就是词和句子的对应关系，一般词和句子成分的对应关系如下：

句子成分		最常用的词类
主要成分	主语	名词、代词
	谓语	动词
次要成分	宾语	名词、代词
	表语	名词、代词、形容词
附加成分	定语	形容词
	状语	副词

六、词、短语、从句和句子

词（لفظ）：词是语言的基本单位，它是语音和意义的统一体。

短语（ترکیب）：意义上自成一个单位，但不构成句子或从句的词组叫做短语。短语又称词组，它是按照一定规则结合起来的一组词，它围绕一个中心词形成，中心词的性质决定短语的性质。短语在句子里可以单独作为一个句子成分。

从句（تابع جملہ）：它由连词所引导，内含一个主谓结构，意义上与语法上都从属于主句。乌尔都语的从句可分为三种，即：名词性从句、形容词性从句和副词性从句。

句子（جملہ）：句子是语言交际的最小单位，它包含主语和谓语，有独立的、完整的意义和一定的语调。

引言——几个基本语法概念（تعارف — بنیادی قواعد کے متعلق تخیلات） 3

从句子本身结构来看，句子可分为两大类：简单句和复合句。

七、词序

一般情况下乌尔都语句子的词序如下：

主语：在陈述句基本结构的最前面

谓语：在主语之后

宾语：在主语之后、谓语动词之前

表语：在主语之后、不完全动词之前

定语：在被修饰语之前

状语：在被说明语之前

第一篇
词 法
(صرف)

第一章 名词（اسم）

一、定义

什么叫名词？

名词是生物或事物的名称，包括人、动植物、物件、地点、时间、事情的名称，也包括抽象概念。例如：مزدور، بلبل، کتاب، پھول، وقت، بات چیت، خوشی

二、用法

名词在句中的用法：

1. 作主语：

    旗帜飘扬。 پرچم لہرا رہا ہے۔

2. 作宾语：

    他读了一本小说。 اس نے ایک ناول پڑھا۔

3. 作表语：

    那是中国地图。 وہ چین کا نقشہ ہے۔

4. 作宾语补足语：

    我把他当作自己的朋友。 میں اس کو اپنا دوست سمجھتا ہوں۔

5. 作定语：名词与一定的后置词（کا، کے، کی）相连，在句中作定语用。例如：

    这是总理的办公室。 یہ وزیراعظم کا دفتر ہے۔

    北京是世界名城之一。 بیجنگ دنیا کے مشہور شہروں میں سے ایک ہے۔

在少数情况下，名词可不变词形，直接修饰另一名词。例如：کسان یونین، مزدور کسان اتحاد، بجلی گھر، لوک کہانی

6. 作状语：

（1）名词与一定的后置词相连，在句中作状语用。例如：

他住在这栋房子里。 وہ اس مکان میں رہتے ہیں۔

用心听！ غور سے سنئے!

دنیا کے بہترین کاریگر اس محل کو بنانے کے لئے جمع ہوئے۔

为修建这座宫殿，世界上最好的工匠都聚集过来。

（2）有时名词也可直接作状语用。例如：

快吃！ جلدی کھاؤ !

我国有约五千年悠久的历史。 ہمارے ملک کی تاریخ لگ بھگ پانچ ہزار سال پرانی ہے۔

今天我们要去市场。 آج ہم بازار جائیں گے۔

（3）有些间接形式的复数名词也可用作状语。例如：

二战期间他爸爸饿死了。 دوسری جنگِ عظیم کے دوران اس کے باپ بھوکوں مر گئے تھے۔

（4）名词重叠形式作状语。例如：

他提着篮子高高兴兴地回家了。 وہ خوشی خوشی ٹوکری لے کر گھر آیا۔

他到各地寻找宝石。 وہ قیمتی پتھروں کی تلاش میں شہر شہر گھومنے لگا۔

（5）固定搭配的词组作状语。例如：

老妇人愉快地在这房子里住下了。 بڑھیا ہنسی خوشی اس مکان میں رہنے لگی۔

以后我绝不空手回去。 بعد میں میں خالی ہاتھ واپس نہیں جاؤں گا۔

在卡拉奇我的货物被争购一空。 کراچی میں میرا سامان ہاتھوں ہاتھ بک گیا۔

三、种类

（一）从意义上讲，乌尔都语名词可分为两大类：

1. 专有名词（اسمِ خاص）：它表示某种特定的人或事物的名称，即特定的人、团体、地点、机构等的名称。例如：احمد، چینی کمیونسٹ پارٹی، لاؤس، چین - پاک دوستی کی انجمن، کراچی، گنگا

2. 普通名词（اسمِ عام）：它是某一类人、某一类事物、某一类物质或抽象概念的名称。例如：کسان، گھوڑا، درخت، پانی، امن، خوشحالی، مشین

普通名词又分为下面四种：

(1) 个体名词：表示某类人或事物中的个体。例如：استاد، طالب علم، گاؤں، کرسی

(2) 集体名词：表示作为一个整体来看的一群人或一些事物。例如：پارٹی، گروہ؛ قوم، فوج، جماعت

(3) 物质名词：表示某一类不能分为个体的物质。例如：پانی، دودھ، روشنی، لوہا

(4) 抽象名词：表示各种抽象概念。例如：خواہش، دوستی، نفرت

以上四类普通名词中，第一、二类是可以单独计数的，称为可数名词；第三、四类一般来说无法单独计数，称为不可数名词。

（二）从结构上讲，乌尔都语名词则可分为三大类：

1. 只有一个词的单一名词。如：مزدور، پھل، کتاب

2. 由两个名词复合而成的复合名词。例如：

大学图书馆　　　　　　　　　　　　　　　یونیورسٹی لائبریری

东道国　　　　　　　　　　　　　　　　　میزبان ملک

偷鸡贼	مرغی چور
工厂主	مل مالک
信箱	لیٹر باکس

3. 含 اضافت 的波斯结构。例如：

春季	موسمِ بہار
春节	جشنِ بہار
水面	سطحِ آب
丝绸之路	شاہراہء ریشم

又如：

知识的领域	دنیائے علم
建设工地	جائے تعمیر
教学手段	ذریعہء تعلیم
巴基斯坦（建国）思想	نظریہء پاکستان

四、性

1. 名词的词性问题：

乌尔都语名词的性有阳性（مذکر）和阴性（مونث）两种。如再进一步分析，还有单性、共性、两性名词。

2. 阴阳性的区别：

（1）阳性名词

a. 阳性的生物名词为阳性。例如：بندر ،بیل ،دادا ، باپ

b. 星期与月份的名词是阳性，只有 جمعرات 例外，是阴性。

c. 金属的名称一般为阳性，如：سونا ،لوہا ،ٹین。但 چاندی 例外。

d．山名为阳性。如：ہمالیہ（喜马拉雅）

e. 星的名称也是阳性。

f. 以 ا 或 ہ（发 آ 音）结尾的印地、阿拉伯和波斯语名词大部分是阳性。例如：

印地语：لڑکا، جھنڈا، گھوڑا، ڈبا ، چولہا

阿拉伯语：طبقہ ،حقہ ،رتبہ

波斯语：خدا ،ہفتہ ،پیشہ

g. 从印地语动词根演变而来的、以 اؤ 结尾的抽象名词都是阳性。例如：دباؤ، بھاؤ

h. 来源于梵文的、以 ی 结尾的名词一般都是阳性，例如：ساتھی، موتی، پانی، گھی، دہی

i. 印地语词源，词尾为 پن 的抽象名词是阳性。如：بچپن، لڑکپن، چھوٹاپن

（2）阴性名词

a. 阴性的生物名词为阴性。例如：مرغی؛ لڑکی، عورت، گائے، لومڑی

b. 语言的名称一般都是阴性。例如：چینی، اردو، ہندی، انگریزی، فارسی

c. 象声词都是阴性。例如：چٹ چٹ، دھڑدھڑ، سائیں سائیں

d. 由三个字母组成的、词尾为 ا 的阿拉伯语名词都是阴性。例如：قبر، حیا، دعا، ہوا

e. 印地语中词尾为 ی 的名词大部分是阴性，例如：لڑکی، سبزی، ہڈی، روئی، لکڑی، زندگی، آزادی。但指职业、指某地人的例外。例如：مالی، تیلی، دھوبی، پنجابی، بنگالی، بہاری

f. 以 یا 结尾的名词都是阴性。例如：چڑیا، ڈبیا، بندریا، بُڑھیا

g. 以 ت 或 یت 结尾的阿拉伯语抽象名词为阴性，例如：محنت، حفاظت، شفقت، عزت، اشتراکیت، سامراجیت

h. 词尾为 گاہ 的名词是阴性。如：قیام گاہ، تعلیم گاہ، سیر گاہ، عید گاہ

3. 名词中阴阳性的转化规律：

（1）阳性→阴性

a. 阳性名词词尾为 ا 或 ہ 的，变为ی。例如：

لڑکا-لڑکی ، بیٹا-بیٹی ، چچا-چچی ، بکرا-بکری، مرغا-مرغی

b. 阳性名词后加ی。例如：ہرن-ہرنی ، کبوتر-کبوتری ، چمار-چماری

c. 阳性名词后加نی。例如：لوہار-لوہارنی ، ڈاکٹر-ڈاکٹرنی ، شیر-شیرنی

d. 某些阳性名词以 ا 结尾的，去 ا 加 یا。例如：چوہا-چوہیا ، چڑا-چڑیا ، کتا-کتیا ، گدھا-گدھیا

e. 把阳性名词的最后一个字母用 ن 替换，或者在阳性名词后再加上 ن。

例如：مالی-مالن، نائی-نائن، دلھا-دلھن

（2）阴性→阳性

在一般情况下，以阳性名词转化为阴性名词的情况居多，但也有个别时候由阴性名词转化成阳性名词，例如：

بھینس（母水牛）→ بھینسا（公水牛）

也可以用 نر（雄）或 مادہ（雌）来表示动物的性别。例如：

نر خرگوش（雄兔）→ مادہ خرگوش（雌兔）

4. 单性名词：

有的生物名词在习惯上只用一性（有的是因低级动物或小动物不易也不必分性）。例如：

阳性：کچھوا（乌龟），طوطا（鹦鹉），کوا（乌鸦）

阴性：لومڑی（狐狸），بطخ（鸭子），چیل（老鹰），مکھی（苍蝇）

5. 共性名词：

有的名词本身为阳性，但也可用来指阴性。例如：دوست، انسان، جانور، فنکار، وکیل، ماہر

如看到一匹母马时可以说：

多么好的一匹牲口！　　کیا اچھا جانور ہے!

6. 两性名词：

乌尔都语中有些名词可以算作阳性也可以算作阴性，一般有两种情况：

（1）一个含义，两种性别通用的。例如：سانس، بلبل، سائنس

（2）有些词在一个含义里是阳性，在另一个含义中是阴性，有时这与词源不同有关。例如：

تاک（波斯语）〔阳〕葡萄藤；（印地语）〔阴〕守候

مغرب〔阳〕西；〔阴〕伊斯兰教徒在日落时念的祷文

چینی〔阳〕中国人；〔阴〕白糖，瓷器，中国话

7. 外来语的词性问题：

外来语的词性有的随同义词的词性而定，如 ریل 的词性随其同义词 گاڑی 而为阴性。

有时随词尾而定，کیمرا 为阳性，یونیورسٹی为阴性。

五、数

1. 名词的数：

乌尔都语的普通名词有单数 واحد 和复数 جمع 的区别。名词的数随该名词的阴阳性的不同及有无后置词而有不同的变化规律。

2. 无后置词时数的变化：

（1）阳性名词

a. 词尾是 ا 或 ہ 的，由 ا 或 ہ 变为ے。例如：لڑکا-لڑکے، طبقہ-طبقے

但是印地语中对亲属的称呼。如：پتا، ابا، چچا، دادا ；来自梵文的词。如：راجا ；以 ا 或 ہ 结尾的阿拉伯词。如：صحرا ، خلیفہ ، مولانا ، خدا ；以 ا 或 ہ 结尾的波斯词。如：دریا، بنیا ، دانا 均不变。

b. 词尾不是 ا 或 ہ 的，复数不变。例如：گھر-گھر ، بھائی-بھائی

c. 词尾是 اں 的变 اں 为ئیں。例如：دھواں-دھوئیں

（2）阴性名词

a. 名词词尾是 ی 的，在其后加上اں。例如：لڑکی-لڑکیاں

b. 词尾是 یا的，在其后加上ں。例如：چڑیا-چڑیاں، بڑھیا-بڑھیاں

c. 词尾是 ا，و 的，在其后加上 ئیں 。例如：تمنا-تمنائیں، ہوا-ہوائیں، بہو-بہوئیں، خوشبو-خوشبوئیں، سبھا-سبھائیں، گھٹا-گھٹائیں، جورو-جوروئیں

d. 外来词以 یا 结尾的，复数一律照上条变化，如阿拉伯语词ریا-ریائیں، حیا-حیائیں ，

第一章　名词（اسم）

因为在阿语中把它们看作是以 ا 结尾的。

e. 除上述之外，其他一律加上 یں。例如：بہن-بہنیں

f. 也有约定俗成的情况。例如：ماں-مائیں، گائے-گائیں

3. 有后置词时单、复数名词的词尾变化：

（1）单数名词

　　a. 词尾为 ا 或 ہ 的，变 ا 或 ہ 为 ے。例如：

男孩子说。 لڑکے نے کہا۔

坐在幕后。 پردے میں بیٹھے ہیں۔

城堡里面 قلعے کے اندر

星期五的日子 جمعے کے روز

例外情况：以下情况名词词尾不变。

　　（a）以 ا 结尾的梵文名词。如：

他们参加大会。 وہ سبھا میں بیٹھے ہیں۔

　　（b）印地语亲属名称。如：

爸爸问。 ابا نے پوچھا۔

阿姨工作了。 خالہ نے کام کیا۔

又如：پتا، ماتا، نانا، دادا 等词均不变。

　　（c）地名不变。如：

加尔各答的人口有多少？ کلکتہ کی آبادی کتنی ہے؟

泰姬陵在阿格拉市。 تاج محل آگرہ میں ہے۔

（d）由三个字母组成的阿拉伯词，如 دعا، حیا، ہوا، بلا، دوا، غذا 等均不变。

药一点也没奏效。 دوا نے کچھ اثر نہ کیا۔

他不好意思地低下了头。 اس نے حیا سے سر نیچے کر لیا۔

风中带有凉意。 ہوا میں ٹھنڈک ہے۔

（e）由三个以上字母组成的，以 ا 结尾的阿拉伯词亦不变。如 تمنا، انتہا، ابتدا، التجا 等。

满怀希望而来。 بڑی تمنا سے آیا تھا۔

万事起头难。 ابتدا میں بہت مشکل ہے۔

（f）专有名词、职务名称以 ا 或 ہ 结尾的不变。如 مرزا، آقا، خلیفہ 等。

祖父呼唤米尔扎。 دادا نے مرزا کو بلایا۔

（g）河名、国名不变。如：گنگا، جمنا، برما، امریکہ

b. 词尾不是 ا 或 ہ 的，单数不变。例如：

兄弟做的。 بھائی نے کیا۔

女孩子说。 لڑکی نے کہا۔

他从城里来。 وہ شہر سے آیا۔

c. 以 اں 结尾的词变 اں 为 ئیں。例如：دھواں ـ دھوئیں سے، رواں ـ روئیں میں، کنواں ـ کنوئیں کو

d. 以 ع 结尾的阿拉伯语词有后置词时，词尾加 ے。如：مصرع ـ مصرعے

（2）复数名词

a. 以 ے 结尾的阳性复数名词去 ے 加 وں，如：لڑکے ـ لڑکوں نے، پردے ـ پردوں میں

b. 不以 ے 结尾的名词（包括阴、阳性）在词尾加 وں。如：

شہر ۔ شہروں میں ، مالی ۔ مالیوں کو ، لڑکی ۔ لڑکیوں سے، آرزو ۔ آرزوؤں کو

c. 也有约定俗成的情况。如：ماں ۔ ماؤں کو ، دھواں ۔ دھوئیں سے

4. 几种特殊情况：

（1）有的词外形是单数而意义是复数的，它们仍有复数词形。例如：

ایک جوڑا جوتا؛ دو جوڑے جوتے

ایک درجن پنسل؛ دو درجن پنسلیں

ایک ہفتہ؛ دو ہفتے

（2）有些词虽然是单数，却因习惯用作复数。例如：

这个字是什么意思？　　　معنی: اس لفظ کے کیا معنی ہیں؟

告诉我你好吗？　　　مزاج: کہیئے، مزاج تو اچھے ہیں؟

这本书多少钱？　　　دام: اس کتاب کے کیا دام ہیں؟

失去知觉。　　　اوسان: اوسان خطا ہو گئے۔

今天没有见到他。　　　درشن: آج ان کے درشن نہیں ہوئے۔

（3）对上级、长辈虽然名词是单数，但用作复数。例如：

您的父亲在哪里？　　　آپ کے والد کہاں ہیں؟

哟，你的老师没来。　　　ارے، تمہارے استاد نہیں آئے۔

（4）有些成语中的名词习惯用复数间接形式。例如：بھوکوں مرنا（饿死）、جاڑوں مرنا（冻死）

（5）有的名词为不可数名词，除特殊需要外，一般都用单数。

a. 抽象名词：表示动作、状态、品质或其他抽象概念。例如：

درد، بخار، مطالعہ، رفتار، زندگی، محنت، کوشش، امید، بھلائی

b. 物质名词：表示物质或不具备确定的形状和大小的实物。例如：

آگ، فولاد، کپاس، پانی، پھول، غلہ، تمباکو، نمک، لوہا

一般用单数是指某一种类，用复数时指许多种类。例如：

这种鹰嘴豆好。　　　　　　　　　　　　　یہ چنا اچھا ہے۔

把各种豆子混起来煮。　　　　　　　　　سب دالیں ملا کر پکاؤ!

用小麦、豆子、玉米三种粉做成了饼。　　گیہوں، چنا، جوار، ان تینوں کے آٹے ملا کر روٹی پکائی گئی۔

（6）有些指价格、时间、种类、方向的词，虽是复数也用单数词。例如：

我们用一千卢比买了这匹马。　　　　　یہ گھوڑا ہم نے ایک ہزار روپے میں خریدا۔

他有三个月没来。　　　　　　　　　وہ تین مہینے سے غیر حاضر ہے۔

他将在四个星期之内来。　　　　　　وہ چار ہفتے میں آ جائے گا۔

他六十岁。　　　　　　　　　　　　وہ ساٹھ برس کا ہے۔

两个世纪以来就是这样沿袭过来的。　　دو صدی سے یوں ہی چلا آتا ہے۔

我有好几种书。　　　　　　　　　میرے پاس کئی قسم کی کتابیں ہیں۔

从四面向他攻来。　　　　　　　　اس پر چاروں طرف سے حملہ ہوا۔

（7）双数，乌尔都语中没有，但被乌尔都语吸收的梵语、阿拉伯语中有。例如：阿拉伯词 والدین（双亲），طرفین（双方）

5. 波斯、阿拉伯语名词数的变化规律：

乌尔都语中所吸收的波斯、阿拉伯语名词的数，绝大部分都按乌尔都语的规律变化，但也有少数同时又按或只按波斯、阿拉伯语语法规律变化的，现说明如下：

（1）按波斯语规律变化的

a. 单数名词后加 ہا 如：سال-سال ہاسال

b. 单数名词后加 ان 如：مالک-مالکان، مرد-مردان، صاحب-صاحبان

（2）按阿拉伯语规律变化的

a. 阳性单数名词后加 ین 成复数。如：ناظر-ناظرین، حاضر-حاضرین

b.单数名词后加 ات 变成复数。例如：

کاغذ-کاغذات، خیال-خیالات، تجربہ-تجربات، جذبہ-جذبات، مکان-مکانات، حال-حالات، سوال-سوالات

注意：一部分由单数变来的复数名词后也可以加 ات ，成为双重复数名词，它在意义上与一般复数名词相同，可以通用。例如：

词义	单数	复数	双重复数
原因	وجہ	وجوہ	وجوہات
药	دوا	ادویہ	ادویات
事故	حادثہ	حوادث	حوادثات
开支	خرچ	اخراج	اخراجات

c. 三个字母组成的名词，在词首和词中各加一个 ا 变成复数，例如：

خرچ-اخراج، لفظ-الفاظ، وقت-اوقات

d. 只在单数名词中间加 ا 变成复数。例如：عجیب-عجائب، تصویر-تصاویر

6. 名词在作呼语时数的变化：

（1）名词以 ا 或 ہ 结尾时，单数变 ا 或 ہ 为ے，复数变 ا 或 ہ 为 و 。例如：

（单数）孩子，别吵！ لڑکے!شور نہ کرا!

（复数）孩子们，别吵！ لڑکو! شور نہ کرو!

单数也可以不变。如：

孩子，这事不好。 بیٹا! یہ بات اچھی نہیں ہے۔

（2）除上述之外，以其他字母结尾的名词，单数不变，复数加 و。例如：

（单数）	ساتھی	（复数）	ساتھیو
（单数）	کامریڈ	（复数）	کامریڈو

（复数）伙伴们，保持安静！ ساتھیو، چپ رہو!

（复数）同志们，专心听讲！ کامریڈو، غور سے سنو!

（3）部分以 ا 或 ہ 结尾的名词（如前"例外"所述范围，特别是表示亲属的）单复数都不变。例如：خالہ، دادا، چچا

六、指小名词和增大名词

1. 指小名词：

乌尔都语名词有一部分经过词性或词尾的变化，在含义上与原来的有所不同。例如：

（1）用来表示小

چمچہ （阳性）汤匙→ چمچی （阴性）小匙

ٹوکرا （阳性）大篮子→ ٹوکری （阴性）小篮子

（2）用来表示亲密无间 بہن - بہنا، بھائی - بھیا

（3）用来表示蔑视

مرد 男子→ مردوا 汉子

جورو　　妻子→　　جرُوا　　老婆

指小名词的构成：

（1）生物名词后加 ا 或 وا，如词首有长元音，把长元音改为短元音后再加 ا 或 وا。例如：بھائی - بھیا، جورو - جروا، مرد - مردوا

（2）非生物名词则变阳性标记 ا 或 ہ 为阴性标记 ی。如：ٹوکرا - ٹوکری، گولا - گولی، پیالہ - پیالی

（3）有时在名词后加 ڑا، ڑی، لی، یا 等或词中有些其他改变。例如：

مکھ - مکھڑا، کونڈا - کونڈی، لونڈا - لونڈیا، گٹھا - گٹھڑی، روپیہ - روپلی

（4）波斯语用词尾加 چہ 或 ک 的办法来表示指小名词。例如：

小花园 باغچہ，小人物 مردک，小册子 کتابچہ

2. 增大名词：

乌尔都语中，为了表示大、伟大，有时也表示轻蔑、讽刺，在名词前面加词头，或将名词作某些改变，就变成增大名词。

增大名词的构成：

（1）把名词作某些改变，变成为增大词。例如：

包头巾 پگڑی → 大包头巾 پگڑ

（2）在波斯语名词前加 شہ 或 شاہ 变成增大词。例如：

大路 راہ - شاہراہ，杰作 کار - شاہکار，大块木材 توت - شہ توت

（3）在印地语名词前加 مہا，变成增大词。例如：

伟大的灵魂 آتما - مہاتما，伟大的事业 کاج - مہاکاج

练习

一、指出下列名词的词性：

سستاپن ( ) مارچ ( ) کڑاپن ( ) شفا ( )

جمعرات ( ) ناشتا ( ) لگاؤ ( ) قیام گاہ ( )

چاندی ( ) شخصیت ( ) تپائی ( ) کہکشاں ( )

لوہا ( ) غیر حاضری ( ) پیر ( ) صدف ( )

صدا ( ) لاہوری ( ) لونڈیا ( ) التجا ( )

بیوہ ( ) کوا ( ) ماہر ( ) سامراجیت ( )

دھوبی ( ) بطخ ( ) سانس ( ) موتی ( )

二、写出下列阳性名词的阴性形式：

بھانجا- پٹھان- چھوٹا-

کبوتر- بھتیجا- ترکھان-

مرغا- تیتر- مور-

سنار- گدھا- استاد-

لنگڑا- ہرن- نانا-

فقیر- دادا- کمہار-

سالا- شیر- شہزادہ-

چمار- اندھا- مینڈک-

بادشاہ۔	مالک۔	راجہ۔
کتا۔	بیل۔	ہاتھی۔
بندر۔	بلا۔	بوڑھا۔
ہمسایہ۔	ماموں۔	رنڈوا۔
نواسہ۔	پوتا۔	بڈھا۔
چچا۔	پڑوسی۔	شاعر۔

三、写出下列名词的指小形式或增大形式：

ٹوکرا۔	پیالہ۔	روپیہ۔	پگڑ۔
چچا۔	ڈبہ۔	ڈھول۔	ہانڈی۔
کمبل۔	کتاب۔	دیگ۔	صندوق۔
در۔	راہ۔	کار۔	باز۔
سوار۔	بھارت۔	منتری۔	

四、按照"以 ی 结尾的阳性名词变为阴性名词要去掉 ی 加上 ن"的规律变化下列名词：

مثال: دھوبی - دھوبن

جوگی۔	حلوائی۔	تیلی۔
مالی۔	بھنگی۔	یہودی۔
موچی۔	بنگالی۔	حاجی۔

五、按要求填下表：

词性	单数	复数	单数有后置词	复数有后置词
	دھواں			
	رواں			
	چڑیا			
	دعا			
	دھوبی			
	تمنا			
	مصرع			
	دریا			
	ہوا			
	گائے			

六、写出下列名词的复数形式，并指出其变化规律：

فرد-   مسئلہ-   مسجد-   قسم-

مقصد-   قول-   فوج-   منزل-

وقت-   مکان-   اخبار-   علم-

عمارت-   حاضر-   ماہر-   مہاجر-

七、指出下列名词的单数形式及其变化规律：

خطوط-	مفکرین-	روایات-	صدہا-
آداب-	ارکان-	مردان-	برگھا-
عارفین-	صفحات-	بزرگان-	مائیں-
جوئیں-	ڈبیاں-	وفائیں-	کنوئیں-
تلواریں-	تعلیمات-	خدمات-	اسباب-
اقدام-	امراض-	فنون-	حدود-

八、写出下列复数名词的单数形式：

（文学家）	ادبا	（学者）	علما
（富人）	امرا	（绅士）	شرفا
（哈里发）	خلفا	（律师）	وکلا
（穷人）	غربا	（诗人）	شعرا
（部长）	وزرا	（乞丐、托钵僧）	فقرا

九、仿照所给例子，变化下列名词：

مثال:	واحد	جمع	جمع الجمع
	امر	امور	امورات
	جوہر		
	خرچ(خرج)		
	خبر		

رسم

وجہ

十、填入适当的后置词：

۱- اس ＿＿＿ کیا معنی ہیں؟

۲- اس ＿＿＿ کیا مطلب ہے؟

۳- اس کاپی ＿＿＿ کیا دام ہیں؟

۴- شیر دیکھ کر ان ＿＿＿ اوسان خطا ہو گئے۔

۵- مجھے فرمائش کرنے ＿＿＿ حق ہے۔

۶- اس شہر میں یورپین لباس ＿＿＿ رواج ہے۔

۷- ہمیں ابھی تک نئے پروفیسر ＿＿＿ درشن نہیں ہوئے۔

۸- جب لاہور ＿＿＿ جغرافیہ پوری طرح آپ ＿＿＿ ذہن نشین ہو جائے گا تو معلوم ہو گا کہ یہ ایک خوشگوار مقام ہے۔

۹- انسان کو غلام بنانے اور اسے غلامی ＿＿＿ زنجیروں سے آزاد کرانے ＿＿＿ یہ سلسلہ ہر زمانے میں موجود رہا ہے۔

۱۰- گھوڑے نے اس لڑکے ＿＿＿ لات ماری۔

۱۱- جمیلہ نے ان ＿＿＿ تھپڑ مارا۔

۱۲- میں نے بھائی ＿＿＿ چٹکی لی۔

۱۳- ہر شخص کو اپنے وعدے ＿＿＿ پابند رہنا چاہیئے۔

۱۴- آم درجنوں ＿＿＿ بھاؤ بکتے ہیں۔

۱۵- میں آپ ＿＿＿ مہربانی ＿＿＿ ممنون ہوں۔

۱۶- کمانڈر صاحب نے یہ فرض احمد ________ حوالے کر دیا۔

۱۷- جنگل میں اسے ایک شیر نظر آیا، اس ________ ہوش اڑ گئے۔

۱۸- چھٹی ________ دن میں بازار جاتا ہوں اور ضرورت کی چیزیں خرید تا ہوں۔

十一、写出下列名词的同义词：

مثال: کہانی۔ داستان، افسانہ، قصہ، ماجرا

خوف۔

خیال۔

دکھ۔

درخواست۔

تسلی۔

بناوٹ۔

موت۔

زبان۔

خوبی۔

ذلت۔

طریقہ۔

ضائع۔

صورت۔

غرور۔

بے پروائی۔

اصول۔

غم۔

قیمت۔

ہمت۔

ہوس۔

یقین۔

قصور۔

تقاضا۔

سادگی۔

تسلیم۔

十二、写出下列名词的反义词：

ابتدا۔	صفائی۔	امید۔	جنگ۔
درآمد۔	سکون۔	آمد۔	ضرر۔
حاکم۔	بے وقوفی۔	سستی۔	درست۔
چالاکی۔	سادگی۔	غفلت۔	سخی۔
غرور۔	غلطی۔	خوبی۔	اچھائی۔

دکھ۔   کامیابی۔

十三、用指定的名词来完成下列词组：

مثال: لوگوں کا۔ مجمع، بھیڑ، ہجوم （群）

چوروں کا _____ （伙）

کتابوں کا _____ （包）

غلے کا _____ （堆）

مزدوروں کی _____ （协会）

کشتیوں (جہازوں) کا _____ （队）

پھولوں کا _____ （束）

گھوڑوں (مویشیوں) کا _____ （群）

بھیڑ (بکریوں) کا _____ （群）

کپڑوں کا _____ （包）

لڑکوں کا _____ （群）

علماء کی _____ （协会）

امیروں کا _____ （协会）

مذہب کا _____ （派别）

واقعات کا _____ （过程）

درختوں کا _____ （丛）

چیونٹیوں کی _____ （行列）

پہاڑوں کا _____ （脉）

لکڑیوں کا _____ （捆）

کاغذوں کا _____ （捆）

سپاہیوں کا _____ （队）

مٹی کا _____ （块）

انگوروں (چابیوں) کا _____ （串）

مینہ کی _____ （毛毛细雨）

第二章 代词（ضمیر）

一、概说

1. 什么叫代词？

代替名词的词称为代词。

2. 代词在句中的用法：

（1）作主语：

他是位老师。　　وہ استاد ہیں۔

（2）作宾语：

王英给了我一个本子。　　وانگ ینگ نے مجھے ایک کاپی دی۔

（3）作表语：

对这件事负责的人不是他。　　اس بات کا ذمہ دار وہ نہیں ہے۔

（4）作定语：

他是我们的伙伴。　　وہ ہمارا ساتھی ہے۔

（5）作状语：

它有什么缺陷吗？　　اس میں کیا خامی ہے؟

3. 代词的分类：

（1）人称代词（ضمیرِ شخصی）：میں ، ہم ، تُو ، تم ، آپ ، یہ ، وہ

（2）物主代词（ضمیرِ ملکی）：میرا ، ہمارا ، تیرا ، تمہارا ، آپ کا ، اس کا ، ان کا

（3）自身代词（ضمیرِ نفس）：خود ، آپ ، اپنا

（4）指示代词（ضمیرِ اشارہ）：یہ ، وہ

（5）泛指代词（ضمیرِ تنکیر）: کچھ، کوئی، بعض، چند، فلاں

（6）疑问代词（ضمیرِ استفہامیہ）: کیا، کون

（7）关系代词（ضمیرِ موصولہ）: جو

4. 代词的性：

代词没有性的区别，它的性的特征主要表现在谓语动词的阴阳性变化上，而谓语动词是随代词所代替的名词的性而有性的变化。例如：

（阳性）　　　میں کام کرتا ہوں۔

（阴性）　　　میں کام کرتی ہوں۔

5. 代词的数：

代词有单数和复数的形式。例如：میں 我（单数），ہم 我们（复数）

6. 代词的词形变化：

代词在有后置词的情况下，一般本身要起词性变化，变化了词形的代词称为代词的间接形式，没起词形变化的代词称为代词的直接形式。例如：

直接形式：میں，　　　间接形式为：مجھ کو (مجھے)

7. 代词性质的形容词：

指示、泛指、疑问、关系等代词可作为形容词与名词连用，成为代词性质的形容词。例如：

这种花很好看。　　　یہ پھول بہت خوب صورت ہے۔

有些学生坐在那边。　　　کچھ طالب علم وہاں بیٹھے تھے۔

赶紧把来人送到我这边来！　　　جو شخص آئے، اسے فوراً میرے پاس بھیج دو！

这是哪位？　　　　یہ کون آدمی ہے؟

这份报是人民日报。　　　　اس اخبار کا نام عوامی روزنامہ ہے۔

二、人称代词

1. 定义：人称代词是用来指人或动物、物件的代词，表示我、你、他（她、它）、我们、他们（她们、它们）

2. 分类：人称代词分三类：

第一人称（指说话人）ضمائرِ متکلم： میں، ہم

第二人称（指对话人）ضمائرِ مخاطب： تو، تم، آپ

第三人称（指谈话中所提到的人）ضمائرِ غائب： یہ، وہ

3. 人称代词在句中不同地位时的变化形式：

人称	第一人称		第二人称			第三人称	
数 / 地位	单	复	单	单/复	单/复	单	复
主语	میں میں نے	ہم ہم نے	تُو تُو نے	تُم تُم نے	آپ آپ نے	یہ، وہ اس نے	یہ، وہ انہوں نے
宾语	مجھ کو مجھے	ہم کو ہمیں	تجھ کو تجھے	تم کو تمہیں	آپ کو	اس کو اسے	ان کو انہیں
状语	مجھ سے	ہم سے	تجھ سے	تم سے	آپ سے	اس سے	ان سے

注：后置词是 کو 时，宾语格中的上下两行可以通用。

4. 第一人称：

（1）میں（我）是第一人称单数

（2）ہم（我们）是第一人称复数，但也可以用作第一人称单数。这时有以下两种情况：

a. 为了表示谦虚，不愿在人面前提到自己本人或为了缓和语气。例如：

ہماری رائے میں تعلیم کی اصلاح میں نہایت سرگرمی سے کوشش کی جانی چاہیئے۔

我们认为应该积极努力地进行教育改革。

b. 报纸编辑常写文章不署名而自称 ہم。例如：

ہم سمجھتے ہیں کہ جارحانہ سرگرمی کو ضرور منہ کی کھانی پڑے گی۔

我们认为侵略活动一定会遭到失败。

5. 第二人称：

（1）تُو（你）是第二人称单数，它在句中有以下几种情况：

a. 表示说话人高人一等，如主人对仆人，其中含有轻蔑之意。

b. 表示长辈对小辈的爱与不必客气，如父母对孩子，另外老师对学生也可以用。

c. 非常熟悉的朋友之间表示毫不客气，不分彼此时用。

d. 伊斯兰教徒对真主用 تُو，表示真主是独一无二的，还表示对真主的敬意。

（2）تم（你，你们）是第二人称，单复数中均可用。可以表示亲近之意，在平辈中广泛使用，实际上除表示彼此随便、不拘束外，对仆人、地位较低的人及晚辈也使用。

（3）آپ（您，您们）是第二人称，单复数均可用，用来表示对听话人的客气和尊重。一般对上级、长辈、客人、师长等用。在贵宾之间相互介绍时，可用 آپ 来代替第三人称，以表示对被介绍人的尊重。例如：

آپ ایک شاعر ہیں۔ 这位先生是一位诗人。

6. 第三人称：

（1）یہ（他，他们，她，她们，它，它们）

（2）وہ（同上）

以上两词都是第三人称，在单复数阴阳性中均可用。不但可用来指人，还可以用来指动物、物件。

7. وہ، یہ، آپ، تم، ہم 这五个词分别在后面加上لوگ（人们）时一定表示复数，它们在有后置词时采取间接形式，即前三个代词（آپ، تم، ہم）不变形，后面的名词（لوگ）加 وں。后两个代词（وہ، یہ）及其后面的名词（لوگ）均变形。见下表：

人称 形式	第一人称	第二人称		第三人称	
直接形式	ہم لوگ	تم لوگ	آپ لوگ	یہ لوگ	وہ لوگ
间接形式	ہم لوگوں کو	تم لوگوں کو	آپ لوگوں کو	ان لوگوں کو	

三、物主代词

1. 定义：物主代词是表示所有关系的代词：

2. 各人称中的物主代词：

人称 类别	第一人称		第二人称			第三人称	
人称代词	میں	ہم	تو	تم	آپ	یہ ، وہ	
物主代词	میرا	ہمارا	تیرا	تمہارا	آپ کا	اس کا	ان کا
译义	我的	我们的	你的	你的 你们的	您的 您们的	他（她，它）的	他（她，它）们的

3. 物主代词的特点：

物主代词具有形容词的特点，它们可以和后面的名词组成一个词组，这时它就随着它后面的名词（中心词）的性、数的不同及该名词后有无后置词而有 ا، ے، ی 的变化。例如：

（阳性单数）	میرا بھائی	（阴性单数）	میری بہن
（阳性复数）	میرے بستے	（阴性复数）	میری کاپیاں
（阳性单数，但用复数形式表示尊敬）			میرے والد، ہمارے اُستاد

又如：

（阳性单数）	میرے بھائی کو	（阴性单数）	میری بہن کو
（阳性复数）	میرے بھائیوں کو	（阴性复数）	میری بہنوں کو

注：物主代词为 آپ کا 时，其变化形式为 آپ کا（阳单），آپ کے（阳复），آپ کی（阴单、阴复）

四、自身代词

1. 定义：自身代词（خود اپنا، اپنے آپ، اپنے، اپنا، خود، آپ）表示动作者自身，它的含义为“自己”、“亲自”。它一般不能单独使用，总是和句中的某个名词或代词发生关系。例如：

我们自己完成了这项工作。 ہم نے خود یہ کام پورا کیا ہے۔

艾哈迈德自己能做练习。 احمد آپ مشق کر سکتا ہے۔

2. 自身代词在句中的用法和词形变化：

（1）作主语的同位语：

他自己开汽车。 وہ خود موٹر چلاتا ہے۔

（2）作宾语：

儿子把自己置于父亲的对立面。 بیٹے نے اپنے آپ کو باپ کے خلاف کھڑا کر لیا ہے۔

（3）作定语：

我们应该自力更生。　　ہمیں اپنے پاؤں پر کھڑا ہونا چاہیئے۔

（4）作状语：

好吧，我自己去他那儿。　　اچھا تو میں خود اس کے پاس چلا جاؤں گا۔

我对自己有了一些信心。　　مجھے خود پر کچھ اعتماد پیدا ہوا۔

他自言自语。　　وہ اپنے سے (اپنے آپ سے) باتیں کر رہا ہے۔

每个孩子都希望自己得到新衣服。　　ہر بچہ خود اپنے لئے نئے کپڑوں کی آرزو رکھتا ہے۔

注意：آپ 与 خود 都无词形变化。اپنا 后有后置词时变为 اپنے。

3. 自身代词的作用：

（1）在句中作人称代词或物主代词的同位语，用来加强语气。例如：

你自己忘了。　　تم خود بھول گئے۔

他自己说的。　　انہوں نے خود فرمایا۔

这是我自己的工作。　　یہ میرا اپنا کام ہے۔

这是他自己的房间。　　یہ ان کا اپنا کمرا ہے۔

（2）句中如有名词或代词处于主语地位而同一名词或代词又要处于宾语或定语、状语地位，则后者就用自身代词。例如：

我们不应该自卑。　　ہمیں اپنے کو ہیچ نہیں سمجھنا چاہیئے۔

我工作忙没空。　　مجھے اپنے کام سے فرصت نہیں۔

他问自己一个问题。　　اس نے اپنے آپ سے ایک سوال پوچھا۔

（3）اپنا可以重复使用，表示“各自的”。例如：

他们各得其乐。 وہ لوگ اپنے اپنے حال میں مست ہیں۔

每个人在自己家都当家作主。 اپنے اپنے گھر میں سب بادشاہ ہیں۔

五、指示代词

1. 定义：表示"这个""那个""这些""那些"等指示概念的代词叫做指示代词，它们是随着手或眼的指点或示意用的。

指示代词有：یہ（这个，这些）用来指近的。

وہ（那个，那些）用来指远的。

例如：

拿这个还是拿那个？ وہ لوگے یا یہ؟

2. 指示代词 یہ、وہ 可以同时用作单复数，但在有后置词时，则有数的变化。

直接形式	یہ، وہ（单、复数均可）	
间接形式	اس نے（单数）	انہوں نے（复数）
	اس کو (اسے)（单数）	ان کو (انہیں)（复数）
	اس میں（单数）	ان میں（复数）

3. 用法：

（1）作主语：

这是赛里姆的相片。 یہ سلیم کی تصویر ہے۔

（2）作宾语：

你读过它吗？ کیا تم نے یہ پڑھا؟

（3）作定语：

这个女孩很机灵。　　یہ لڑکی بہت ہوشیار ہے۔

（4）作状语：

那里面有什么东西？　　اس میں کیا چیز ہے؟

4. سو 是古乌尔都语词，意思等于 وہ ，它常与关系代词 جو 相对用。例如：

该发生的事已经发生了。　　جو ہونا تھا، سو ہو چکا۔

六、泛指代词

1. 定义：泛指代词指不确定的人或物。

2. 种类：泛指代词主要有 کوئی 与 کچھ。一般说前者指人，是单数；后者指物，单复数均可用。کوئی 的间接形式是 کسی，کچھ 没有间接形式。例如：

有人吗？　　کوئی ہے؟

有没有东西呀？　　کچھ ہے یا نہیں؟

给我一些。　　مجھے کچھ دیجئے۔

姐姐没说过别人的闲话。　　بہن نے تو کسی کو کچھ نہیں کہا۔

3. کوئی 有时也可指物。例如：

没关系。　　کوئی بات نہیں۔

کچھ 有时也可指人。例如：

اس ہال میں بہت سے لوگ بیٹھے ہیں۔ کچھ یہاں کچھ وہاں۔

这个大厅里坐着许多人，有些在这边，有些在那边。

4. 泛指代词还可以和 جو، ہر 等词连用，表示更细致的意义。例如：

تم نے جو کچھ کہا ہے، بجا ہے

你说得都很正确。

جس کسی سے کہتا ہوں، وہ الٹا مجھ کو قائل کرتا ہے۔

不管我对谁说，他都反而来说服我。

ہر کوئی یہی کہتا ہے۔

每个人都这样说。

جو کوئی لالچ کے مارے دغا بازوں کی بات پر یقین کرتا ہے، اس کا انجام نقصان اٹھانے کے سوا کچھ نہیں ہوتا۔

不管是谁，如果由于贪婪而听信骗子的话，他必定要倒霉。

5. 泛指代词可以重叠使用，如کوئی کوئی 的意思是 ایک آدھ，而 کچھ کچھ 的意思是 ذرا ذرا ，有肯定的意思，但表示“少得可怜”“一丁点”“几乎没有”等。例如：

آج کل لوگ اس باغ میں نہیں جاتے، لیکن کبھی کبھار کوئی کوئی وہاں چلا جاتا ہے۔

近来人们不到那个花园里去，但偶尔有那么一两个人去。

آج کلاس میں استاد نے لیکچر میں جو کچھ پڑھایا، وہ میری سمجھ میں کچھ کچھ آیا۔ تمہیں کتنا سمجھ آیا ہے؟

老师今天课上讲的，我几乎没有懂。你听懂了多少？

6. 泛指代词在重叠使用时，中间可以加上 نہ，表示“肯定” 的意义。如：کوئی نہ کوئی的意思是 ایک نہ ایک （总有一个），而 کچھ نہ کچھ 的意思是“总有一些”。例如：

کوئی نہ کوئی ضرور آئے گا۔

总有人会来的（一定会有人来的）。

مجھے کچھ نہ کچھ ضرور ملے گا۔

我总会得到一些的（我一定会得到一些的）。

7. 泛指代词 کچھ 在重叠使用时，中间还可以加上 کا，这时表示事情有了本质的变化或区别。例如：

وہ کچھ کا کچھ سمجھنے لگا۔

他理解错了。

اس کی بہن کچھ کا کچھ کہہ رہی ہے۔

他的妹妹说的不是那么回事。

8. 泛指代词 کچھ 可以和 اور 连用。کچھ اور 的意思是"另外的"、"别的"。例如：

他别有用意。　　اس کا مطلب کچھ اور ہے۔

9. 乌尔都语的泛指代词中还包括来自阿拉伯语的(بعضے) بعض（有些），فلاں（某某）与波斯语的چند（一些）。例如：

有些人有这样的意见。　　بعض کا یہ خیال ہے۔

某人这么说。　　فلاں یہ کہتا ہے۔

有些人也是这样。　　بعض بعض ایسے بھی ہیں۔

有些人也这么做。　　چند یہ بھی کرتے ہیں۔

七、疑问代词

1. 疑问代词在对人或事发问时用。对人用کون（谁），对事用 کیا（什么），单复数均可用。例如：

是谁？　　کون ہے؟

要什么？　　کیا چاہیئے؟

2. 疑问代词کون 与کیا 的间接形式相同。详见下表：

地位＼数	单数	复数
主语	کس نے	کنھوں نے
宾语	کس کو (کسے)	کن کو (کنھیں)
定语	کس کا	کن کا
状语	کس میں	کن میں

3. 疑问代词在句中的用法：

（1）作主语：

谁说的？ کون کہتا ہے؟

（2）作宾语：

给谁了？ کس کو دیا؟

（3）作表语：

پانی کیا ہے؟ وہ آکسیجن اور ہائیڈروجن گیس کا، بے رنگ، بے مزہ، بے مہک اور سیال مرکب ہے۔

水是什么？水是氢氧化合物，无色、无味、无臭的液体。

（4）作定语：

这是谁的衣服？ یہ کس کا لباس ہے؟

（5）作状语：

我的书包在谁那里？ میرا بستہ کس کے پاس ہے؟

4. 疑问代词可重叠使用，这时既表示复数，又表示分别指每一个人或物。例如：

那里都有谁？ وہاں کون کون تھے؟

现在我做什么呢？ اب میں کیا کیا کروں؟

我对哪些人讲呢？ کن کن سے کہوں؟

给哪几个人呢？ کس کس کو دوں؟

5. کون سا(سے، سی) 强调所问事物的特点，而且往往是在许多事物中挑选一个的时候用（不论对人或对物均可用）。例如：

这些里面你要哪一个？ ان میں سے کون سی چاہیئے؟

他是怎么样的一个人？ یہ کون سا آدمی ہے؟

6. 疑问代词在句中往往带有"没有""不"等否定意义。例如：

老弟，谁在跟你要现款呀！	تم سے نقد مانگتا کون ہے بھائی !
谁能道出纳赛尔有多么高兴。	ناصر کی خوشی کا اندازہ کون کر سکتا تھا۔
弟弟说："在这笔交易中我们有什么损失？"	بھائی نے کہا ''اس سودے میں ہمیں کیا نقصان ہے ؟
我算什么？	میری کیا گنتی !
急什么？	ایسی جلدی کیا ہے ؟

八、关系代词

1. 关系代词 جو 用来引导主从复句中的名词性从句或形容词性从句，它引导的名词性从句代表主语中某一名词或代词（即相关词）；它引导的形容词性从句修饰或说明主句中的相关词，使相关词的意义更具体化。例如：

好吧，把你想的告诉我！	اچھا، جو تم نے سوچا ہے، وہ مجھے بتاؤ !
不劳动者不得食。	جو کام نہیں کرتا، اسے کھانا نہیں ملے گا۔

ایک ایسے عمر رسیدہ جہاں دیدہ کلرک وہاں بیٹھے ہوئے ہیں، جن کی ناک پر سالہاسال عینک کے استعمال کے باعث گہرا نشان پڑ گیا ہے۔

有一位因常年戴眼镜儿在鼻梁上留下印记的、阅历丰富的老职员坐在那里。

2. 关系代词 جو 可表示单复数，有间接形式和数的变化，请见下表：

数 地位	单数	复数
主语	جس نے	جنہوں نے
宾语	جس کو (جسے)	جن کو (جنہیں)
定语	جس کا	جن کا
状语	جس میں	جن میں

例如：

团结一切可以团结的人。 ان تمام لوگوں کو متحد کرو، جنہیں متحد کیا جا سکتا ہے۔

知识是任何小偷偷不走的财富。 علم ایک ایسا خزانہ ہے جسے کوئی چور چرا نہیں سکتا۔

我们看到三位穿长袍的妇女。 ہمیں تین عورتیں نظر آئیں، جنہوں نے فراک پہن رکھے تھے۔

3. 在关系代词 جو 用直接形式时，从句中其谓语动词的性、数随主句中相关词的性、数变化。例如：

那些经常帮助别人的女孩子是我的朋友。 وہ لڑکیاں جو اکثر دوسروں کی مدد کرتی ہیں، میری سہیلیاں ہیں۔

你给我的那本书非常好。 وہ کتاب جو تم نے مجھے دی ہے، بہت اچھی ہے۔

如果出现在句子中的 جو 是间接形式，则定语从句一般另有主语，从句中谓语的性、数就随另外的主语变。例如：

我有一个书包，里面有很多报纸。 میرے پاس ایک بستہ ہے جس میں بہت سے اخبار ہیں۔

如果 جو 的间接形式后面是 نے，则从句的谓语动词的性、数随该句的宾语变。例如：

昨天和你谈话的那个男孩很忠厚。 وہ لڑکا جس نے کل تم سے باتیں کیں، بہت نیک ہے۔

4. 带 جو 的主从复句有三种：

（1）主句在前，从句在后，这种复合句结构松懈。

ایک دفعہ انہوں نے جلسے میں ایک نظم پڑھی، جو بڑی مقبول ہے۔

有一次他在大会上朗诵了一首深受欢迎的诗。

世界上哪有解决不了的事？ دنیا میں بھلا ایسی کون سی بات ہے، جسے حل نہ کیا جا سکے۔

（2）从句插在主句中间，这时从句一定放在相关词之后，这种复合句结构比较严密，最常见。例如：

آپ کے کاغذ جو یہاں پڑے تھے، میں نے باہر پھینک دئے ہیں۔

您的纸原来在这儿，我把它扔到外面去了。

چین جس کی آبادی بنی نوع انسان کی مجموعی آبادی کا چوتھائی حصہ ہے، اب اٹھ کھڑا ہوا ہے۔

占人类人口总数四分之一的中国现在站起来了。

（3）从句在前，主句在后。这种复合句结构最紧密，它的从句可以被译成汉语的"凡是"。例如：

没有调查研究的人就没有发言权。   جو شخص تحقیق اور مطالعہ نہیں کرتا، اس کو بولنے کا کوئی حق نہیں۔

凡是游览杭州的人一定去看西湖。   جو ہانگ چو شہر کی سیر کرتا ہے، وہ سی ہُو جھیل ضرور دیکھنے جاتا ہے۔

心口如一。   جو دل میں ہے، وہی زبان پر ہے۔

愿给什么就给什么。   جو جی چاہے، دے دینا۔

5. 关系代词可以重叠使用，表示复数中的每一单个。

喜欢什么就拿什么！   جو جو پسند ہو، لے لو!

您要什么只管告诉我们。   آپ کو جو جو چاہیئے، سو سو ہمیں بتایئے۔

不论到谁那儿，他们都给这样的回答。   جن جن کے پاس گیا، انہوں نے یہی جواب دیا۔

6. جو 可以与 کوئی 或 کچھ 连用。表示单数意义。例如：

任何人犯了错误都应该改正。   جو کوئی بھی غلطی کرتا ہے، اسے چاہیئے کہ اس کی اصلاح کرے۔

您说的那些都被证实是对的。   آپ نے جو کچھ کہا ہے، بالکل درست ثابت ہوا ہے۔

我们按你说的去做。   جو کچھ تم کہو گے، ہم کریں گے۔

اُس وقت تُو جو کچھ بھی کرتی، میں اپنی کھلی آنکھوں سے دیکھتا۔

那时不论你做什么事，我都睁大眼睛看着。

7. جو 的特殊用法：

جو 除了作关系代词用外，有时还可以当作关系副词用，其含义与 جب 相同，例如：

آگ کے شعلے جو اٹھے تو اس کی آنکھ کھل گئی۔

当火焰升起时，他睁开了双眼。

تم وہاں کیوں گئیں؟

你为什么去那里？

کیسے نہ جاتی، ماں نے جو بلایا تھا؟

当妈妈叫时，怎么能不去？

有时 جو 还可以当副词用，其含义与 اگر 相同。例如：

اس کی ماں زور سے چیخی:"نکل جا یہاں سے.....خبردار جو اس کتاب کو ہاتھ لگایا۔

她的妈妈大声喊道："离开这里！……要是你碰一下那本书，可小心！"

练习

一、用代词的各种形式完成下列句子：

۱- وہ _____ کہہ رہا ہے۔ （对自己）

۲- میں _____ بہت یقین رکھتا ہوں۔ （自己）

۳- وہ لوگ _____ بھول کر کام میں لگ گئے۔ （自己）

۴- میں اپنے بچپن کی ساری باتیں بھول گیا ہوں، _____ باتیں یاد رہ گئی ہیں۔ （有些）

۵- اس دن کا واقعہ ہم نے اپنی آنکھوں سے دیکھا، لیکن اس نے _____ کہہ دیا۔ （说的不是那么回事）

۶- وہاں جا کر میں نے دیکھا کہ دوست کے پاس _____ ملنے والے بیٹھے ہوئے ہیں۔ （另外一些）

۷- وہ _____ نظروں سے مجھے دیکھیں گے؟ （哪种）

۸- آپ ______ کمرے میں بند کر کے کیا کر رہے ہیں؟（把自己）

۹-وہ لڑکیاں ______ استاد کے گھر گئیں؟（哪个）

۱۰- کیا آپ نے انیس کے علاوہ ______ شاعر کے مرثیے سنے ہیں؟（别的）

۱۱- اس مضمون میں ______ خیالات کا اظہار کیا گیا ہے؟（哪些）

۱۲-شاعر اس نظم میں معاشرے کے ______ لوگوں کا تذکرہ کرتا ہے؟（哪些）

۱۳- ______ کے پاس تھرمس اور پیالیاں ہیں؟（谁）

۱۴- ______ نہیں آیا۔（任何人）

۱۵- گاڑی ______ پلیٹ فارم سے چھوٹتی ہے؟（哪个）

۱۶- اگر ______ مجھ سے ملنے آیا تو مجھے بلا لینا۔（有人）

۱۷- آپ کی ______ ڈاک نہیں آئی۔（任何）

۱۸-وہ ______ اخبارات لے گیا؟（哪几种）

۱۹- ہم ______ طریقے سے اس مسئلہ کو حل کر لیں گے۔（某种）

۲۰-ان کی باتیں ______ سمجھ میں آرہی ہیں۔（有一点点）

۲۱- ہم ______ تدبیر ڈھونڈ نکالیں گے۔（总会有）

۲۲- ______ اس تقریب میں شریک ہوئے؟（都有谁）

۲۳- تھیلے میں ______ چیزیں رکھی ہوئی ہیں؟（哪些）

۲۴-ان میں سے ______ کتاب آپ کو پسند ہے؟（哪本）

۲۵-ان کی رائے یہ ہے کہ ہم ______ وکیل کی خدمات حاصل کر لیں۔（某个）

۲۶- آپ کو ان سے ________ کام ہے؟ （什么）

۲۷- آپ کو ________ سے ملنا ہے؟ （谁）

۲۸- تم ________ بات پر ہنس رہے ہو؟ （什么）

۲۹- ________ مشہور آدمی کی سوانح حیات لکھیے؟ （某个）

۳۰- تم ________ جگہیں دیکھو گے؟ （哪几个）

۳۱- میں آپ سے ________ نہیں چھپاؤں گا۔ （一点）

۳۲- ________ تمہیں چاہیئے، تم لے سکتے ہو۔ （哪些）

۳۳- ان میں سے ________ اجنبی معلوم ہوتے ہیں۔ （一两个）

۳۴- اس پیرا گراف میں فعل کی ________ قسمیں استعمال ہوئی ہیں؟ （哪些）

۳۵- بتائیے کہ وہ نظمیں ________ تاریخی واقعات کی طرف اشارہ کرتی ہیں؟ （哪些）

۳۶- اس شعر میں ________ چیز کو ________ چیز سے تشبیہ دی گئی ہے؟ （什么……什么）

۳۷- وہ ہمیشہ اس بات پر زور دیتا ہے کہ ________ کا کام ________ کیا جائے۔ （自己……自己）

۳۸- پھل جب پکتا ہے تو ________ درخت سے ٹوٹ کر زمین پر آ گرتا ہے۔ （自动）

二、仿照例子，写出下列人称代词与جیسا（جیسے 或 جیسی）组成的短语：

مثال: وہ ، وہ لوگ (استاد)

ان جیسے استاد ، ان لوگوں جیسے اساتذہ

۱- تُو (لڑکا)

۲- تم (طالب علم)

۳- آپ، آپ لوگ (پروفیسر)

۴- ہم، ہم لوگ (نوجوان)

۵- میں (لڑکی)

۶- وہ (بچہ)

三、翻译下列句子：

1. 您都写过哪些题目的论文？
2. 最后他为自己找到一个借口。
3. 连我自己都不知道这件事。
4. 每个人都踊跃参加了这次比赛。
5. 有些学生去了图书馆，有些去了教室。
6. 有些他给了我们，有些他自己拿走了。
7. 勤奋总会有收获的。
8. 到那时，这个问题自然会真相大白的。
9. 总会有人通知你的。
10. 我吃完饭就睡了，不知道其他人什么时候睡的。
11. 这件事瞒不过任何人。
12. 写文章时必须注意哪些事项？
13. 书架上放着的这些书中您喜欢哪几本？
14. 我曾在某个图书馆见过这本书。
15. 这儿有哪些值得观光的景点？

四、用定语从句完成下列句子：

۱- وہ ایک ایسا طالب علم ہے، _____ -

（所有的老师都喜欢他）

۲- _____ ، وہ کھو گئی۔

（他给我的那本书）

۳- میں ان دو لڑکیوں کو جانتی ہوں، _____-

（曾经帮助过您的）

۴- یہ وہ سڑک ہے، _____-

（它通向木尔坦）

۵- وہ صاحب _____ شکریہ ادا کرنے کے لئے آئے ہیں۔-

（被你从水中救起的）

۶- بہت سے قانون بنے ہیں، _____-

（由此农民的困难少了一些）

۷- یہ اسی روز کی تو بات ہے _____-

（我受伤了）

۸- احمد ایک نہایت غریب کسان تھا _____-

（大家都同情他）

۹- اس کا غم میرے دل کے لئے ایک ایسا زخم ثابت ہوا کہ _____-

（至今没能愈合）

۱۰- _____، انہوں نے اس حرکت کی مخالفت کی۔-

（那些注重自己地位的人）

۱۱- _____، ان پر ہم پوری توجہ دیں گے۔-

（凡是你提出的那一桩桩事）

۱۲- _____، ان میں غذائیت ہے؟-

（给孩子吃的东西）

۱۳- _____، وہ اس کے ماحول کی داد دئے بغیر نہیں رہ سکتا۔-

（见过珠海的人）

۱۴- _____، اس نوجوان نے ایک منٹ میں فیصلہ کر لیا۔-

（大人物几天未能解决的那些事）

五、用定语从句翻译下列句子：

1. 你派的人到现在还没到。
2. 应该好好照料那些做过手术的病人。
3. 我认识那个获奖的学生。
4. 您在路上遇到过的那个老者是我舅舅。
5. 那本有很多好看图片的书放在桌子上。
6. 请把诗人在诗中表达的思想复述一遍。
7. 我把礼物送给了那些曾经帮助过我的人。
8. 你见到那些从巴基斯坦来的作家了吗？
9. 难道市场里就没有一件你喜欢的衣服？
10. 请您考虑一下我在会上说的话。
11. 凡是想去长城游览的人，请坐这辆车。
12. 凡是读过这本书的人，都被其中的主题所打动。
13. 他们中有些人拿着报纸。
14. 得到通知的学生都来了。
15. 那个在会上发表演说的女孩子是艾哈迈德的妹妹。
16. 他正在对去年种过棉花的农民讲话。
17. 被大家称作吉米拉（جمیلہ）大婶的妇女住在这座房子里。
18. 他们很幸运，在困难时得到帮助。

六、用关系代词 جو 的各种形式填空：

۱-اس کے نو بچے تھے اور دو تین بیکار رشتے دار تھے، ________ اس کے گھر پر پڑے رہتے تھے۔

۲-میں ہی وہ آدمی ہوں، ______ نے امن کے معاہدے پر دستخط کرایا۔

۳-ایسی چیزیں ______ کا آپ ذکر کر رہے ہیں، اعتبار کے قابل نہیں۔

۴- ______ لوگوں کے تم نے نام لئے، ان سے بھی زیادہ پیارے لوگ چین میں موجود ہیں، ______ کوئی نہیں جانتا۔

۵- وہ اس پہاڑ پر چڑھنے لگا، ______ کی چوٹی پر اس کا ہوٹل تھا۔

۶- نگاہیں بہت کچھ کہہ گئیں، _____ الفاظ ادا نہ کر سکتے۔

۷- یہ اسی روز کی تو بات تھی، _____ روز میں یہاں سے بھاگا تھا۔

۸- آپ نے اچانک ایسی صورتِ حال پیدا کر دی، _____ کا کوئی توڑ ہی نہ تھا۔

۹- یہ ایک معصوم لڑکی کا معاملہ ہے، _____ میں نے ہمیشہ اپنی بیٹی کی طرح سمجھا ہے۔

۱۰- یہ لوگ _____ انہماک سے کام کرتے ہیں، اسی انہماک سے تفریح بھی کرتے ہیں۔

۱۱- مجھے اس باغ میں _____ چیز نے زیادہ متاثر کیا، وہ ایک چھوٹی سی جھیل ہے۔

۱۲- اس کی آنکھیں اندر کو دھنسی ہوئی تھیں، _____ میں زندگی کی چمک ماند پڑ چکی تھی۔

۱۳- آپ کو _____ چیز کی ضرورت ہو، بلا تکلف فرما دیجئے گا۔

۱۴- _____ نے اسے چھوٹی سے بڑی کیا، وہی اس کی شادی کا انتظام بھی کریں گے۔

۱۵- میں نے _____ _____ منگوایا تھا، سو سو مل گیا۔

۱۶- اس مضمون میں مصنف نے _____ خیالات کا اظہار کیا ہے، انہیں اپنے الفاظ میں لکھئے!

۱۷- یہ وہی آدمی ہے، _____ کے بارے میں لوشن نے ایک افسانہ لکھا تھا۔

۱۸- کیا یہ وہی لوگ ہیں، _____ نے آپ کو ہسپتال میں پہنچایا تھا۔

七、用定语从句解释下列名词：

مثال: کھجور: ایک قسم کا پھل، جو درخت پر لگتا ہے اور بہت میٹھا ہوتا ہے۔

گندہ پانی:

نصابی کتاب:

پھوپھی:

第二章 代词（ضمیر）

ماموں :

دادی :

قومی دن :

قلم :

کیمرا :

انوکھی چیز :

یونیورسٹی :

第三章　形容词（صفت）

一、概说

1. 定义：形容词是表示人或物的特征的词。例如：

   اچھا（好的），عظیم（伟大的），چھوٹا（小的），ہموار（平坦的），بہادر（勇敢的）

2. 用法：

   （1）作定语：

   他是个很用功的孩子。　　　　　　　　　　　　وہ بڑا محنتی لڑکا ہے۔

   阿兹姆有些平静。　　　　　　　　　　اعظم تھوڑا بہت سکون ہو گیا۔

   （2）作表语：

   我们的生活很幸福。　　　　　　　　ہماری زندگی بہت خوش حال ہے۔

   这个故事很奇怪。　　　　　　　　　　یہ کہانی بہت عجیب ہے۔

   （3）作状语：

   他唱得很好。　　　　　　　　　　　　　وہ اچھا گاتا ہے۔

   他说得很多。　　　　　　　　　　　　　وہ خوب بولتا ہے۔

   他发表了热情洋溢的演说。　　　　انہوں نے بڑی پرجوش تقریر کی۔

   他一直在看着。　　　　　　　　　　　وہ برابر دیکھتا رہا ہے۔

   （4）作名词（可在句中作主语、宾语等）：

   وہ اپنوں سے ایسا سلوک کرتا ہے تو غیروں سے کیا کچھ نہ کرے گا۔

   他要是对自己人都这样，那对外人还有什么不能做的。

他早把自己所有的东西给了穷人。　　انہوں نے اپنی ساری چیزیں غریبوں کو دی تھیں۔

可怜的（小女孩）哭起来了。　　بے چاری رونے لگی۔

（5）作补语（包括宾语补足语和主语补足语两种）：

他从没把别人看作与自己一样。（宾语补足语）　　وہ دوسروں کو اپنے برابر نہیں سمجھتا۔

他整天无所事事地坐着。（主语补足语）　　وہ سارے دن بیکار بیٹھے ہوئے ہیں۔

那个小男孩光着身子坐在床上。　　وہ چھوٹا بچہ پلنگ پر ننگا بیٹھا ہے۔

3. 形容词的性数变化：

乌尔都语的一部分形容词有性和数的变化。有性、数变化的形容词有如下特点：

（1）以 ا 和 ہ 结尾的形容词一般要根据它所修饰的中心语的性、数发生词尾变化。

以 اچھا 为例，示其变化如下：

性 数	阳单	阳复	阴单	阴复
直接形式	اچھا لڑکا	اچھے لڑکے	اچھی لڑکی	اچھی لڑکیاں
间接形式	اچھے لڑکے کو	اچھے لڑکوں کو	اچھی لڑکی کو	اچھی لڑکیوں کو

（2）不以 ا 或 ہ 结尾的形容词无词形变化。以 لال 为例，示其变化如下：

性 数	阳单	阳复	阴单	阴复
直接形式	لال جھنڈا	لال جھنڈے	لال تتلی	لال تتلیاں
间接形式	لال جھنڈے کو	لال جھنڈوں کو	لال تتلی کو	لال تتلیوں کو

4. 形容词的分类：

形容词可分为性质形容词（صفت ذاتی）和关系形容词（صفت نسبتی）两类。

二、性质形容词

1. 定义：性质形容词表示事物的内在情况和特征。

例如： مضبوط، شریر، ہلکا، بڑا، اچھا، برا، ہلکا، بھاری

2. 构成：

（1）单一的： چالاک، سفید، چھوٹا، پتلا، سرخ، کالا، انوکھا

（2）复合的： تھوڑا بہت، خوش حال، منہ پھٹ، خوب صورت، ہنس مکھ

（3）加前后缀的： خطرناک، فائدہ مند، ناامید، بے فکر، لاچار

3. 性质形容词的比较等级的表示法：

性质形容词因其有程度的区别，可以比较。

（1）用 سے 来表示。

甜（原级） میرا پھل میٹھا ہے۔

更甜（比较级） تمہارا پھل میرے پھل سے اور میٹھا ہے۔

最甜（最高级） اس کا پھل سب سے میٹھا ہے۔

سے 前后也可以用同一形容词，以强调该形容词的特征。例如：

بڑے سے بڑا کام، اچھے سے اچھا لڑکا، کم سے کم خرچ، اونچے سے اونچا پہاڑ، بھاری سے بھاری بوجھ

（2）按波斯语法加后缀。例如：

好 بہ

更好 (بہ + تر) بہتر

最好 (بہ + ترین) بہترین

最多 زیادہ ترین ， 更多 زیادہ تر ， 多 زیادہ

4. 加重语气的表示：

有时为了加重语气，在性质形容词前加上 بڑا، بہت، زیادہ، کہیں، بہت زیادہ، اعلیٰ درجے کا، اول نمبر کا 等词。例如：

你的兄弟比那个男孩大很多。	تمہارا بھائی اس لڑکے سے بہت بڑا ہے۔
哎呀，这是条很长的蛇。	ارے، یہ بڑا لمبا سانپ ہے۔
这个更加便宜。	یہ زیادہ سستا ہے۔
它好极了。（一般用在波斯、阿拉伯形容词前）	وہ نہایت عمدہ ہے۔
这个比那好多了。	یہ اس سے کہیں بہتر ہے۔
他们非常贪婪。	وہ لوگ بہت زیادہ لالچی ہیں۔

5. 性质形容词的重叠使用：

（1）放在名词前，以加强语气。例如：

幼芽	ننھے ننھے کلے
高楼大厦	اونچی اونچی عمارت
热茶	گرم گرم چائے
大而甜的椰枣儿	بڑی بڑی اور میٹھی میٹھی کھجوریں

（2）当重叠的性质形容词放在名词之后，而动词的意义又比较含糊（好像是、似乎是），这时表示形容词语气的减弱。例如：

| 豆子里有点泛黑的东西（事情可疑）。 | دال میں کچھ کالا کالا نظر آتا ہے۔ |
| 这茶有点儿甜。 | یہ چائے میٹھی میٹھی معلوم ہوتی ہے۔ |

6. 否定的性质形容词：

带有否定意义前缀的形容词，称为否定的性质形容词。例如：

不朽的 ا- امر

无知的 ان - انجان

无畏的 ن - نڈر

不懂事的 نا- ناسمجھ

不可能的 غیر- غیر ممکن

无力的 بے- بے بس

三、关系形容词

1. 定义：关系形容词表示两个事情之间的关系。例如：

   呢子衣服 اونی کپڑا ，土耳其语 ترکی زبان ，中国人民 چینی عوام

2. 构成：

   （1）关系形容词的构造，一般是名词后面加 ی 构成。例如：

   فارسی کتاب ، ہندوستانی کھانا ، آبی ذخیرہ ، خاندانی عورت ، انگریزی لغت ، نصابی کتاب ، قانونی دفعہ

   （2）如名词末词尾是 آ، ہ 或 ی 时则改成 و ， 再加 ی。例如：دہلی -- دہلوی ، عیسیٰ -- عیسوی

   （3）有时在名词后加 انہ 变成抽象形容词，这是波斯语法规则。例如：

   غلامانہ ، پاگلانہ ، مردانہ ، جاہلانہ ؛ دوستانہ ؛ ظالمانہ ، عالمانہ ، شاعرانہ ، غائبانہ ، غریبانہ ، سالانہ

   （4）也可以用带有 والا 的短语。例如：

   a. 名词+ والا

   赶车的人 گاڑی والا

   地球上的人 زمین والا

第三章　形容词（صفت）

明眼人	آنکھوں والا
乡下人	گاؤں والے
街坊	محلے والے
世人	دنیا والے
动脑筋的人	سوجھ بوجھ والا

b. 动词 + والا

前线士兵	محاذ پر لڑنے والے سپاہی
冠军	اول آنے والا کھلاڑی
胜者	جیتنے والا
探听情况的人	خبر لینے والا
蒸汽机	بھاپ کی طاقت سے چلنے والی مشینیں
本国原料	ملک میں پیدا ہونے والے خام مال
穆尔坦的产品	ملتان میں تیار کیا جانے والا مال
最流行的歌	سب سے زیادہ گایا جانے والا گانا

3. 关系形容词没有比较级。

四、形容词的特殊用法

有些形容词按语言习惯前面可带 کا（کی، کے），这时它实际上已起名词的作用。例如：

法官先生很坚持原则。　　　　　　جج صاحب اپنے اصول کے بڑے پکے تھے۔

他说话是算数的。	وہ اپنے قول کا سچا ہے۔
我兄弟是说一不二的。	میرا بھائی اپنی بات کا پکا ہے۔
你去把那只鸟带来，它从早晨起就饿着。	تم جا کر اس پرندے کو اٹھا لاؤ، صبح کا بھوکا ہے۔

五、关于形容词的两个问题

1. 形容词与سا، سے، سی 的关系问题：

（1）形容词后加 سا (سے، سی)，表示有些相似，这时包含减弱的意思。例如：

淡红色的衣服	لال سا کپڑا
淡黑色的衣服	کالا سا رنگ
有点儿傻的男孩	بے وقوف سا لڑکا

（2）سا (سے، سی)也往往放在名词或代词的后面，使它成为形容词，表示相似。例如：

棉絮似的云	روئی سا بادل
像我这样的运动员	مجھ سا کھلاڑی
像你这样的女孩子	تم سی لڑکی

（3）有时سا (سے، سی)和后面带有کا（或کے، کی）的名词连用，表示与该人、动物或物的一种东西相似。例如：

马脸似的脸	گھوڑے کا سا منہ
山羊胡子般的胡子	بکرے کی سی ڈاڑھی
像人说的语言般的语言	آدمی کی سی بولی

虎牙似的牙 شیر کے سے دانت

实际上这里面省略了一个名词。آدمی کی سی بولی 等于 آدمی کی بولی سی بولی ，其中省略了一个 بولی ，又如：

阳光像火一样炽烈。 دھوپ میں آگ کی سی تیزی ہے۔

您像小孩子一样说话。 آپ بھی بالکل بچوں کی سی باتیں کرتے ہیں۔

（4）有时 سا（سے، سی） 所指的东西可以省略不说。例如：

看起来像花一样。 پھل سا نظر آتا ہے۔

看上去像山峰一样。 پہاڑ کی چوٹی سی معلوم ہوتی ہے ۔

（5）سا（سے، سی） 也可以和名词合起来说明形容词。例如：

像花一样轻 پھول سا ہلکا

像石头一样硬 پتھر سا سخت

像蜜一样甜 شہد سا میٹھا

又如：

看，她给了你一个多么漂亮的儿子！ یہ دیکھ، انہوں نے تجھے کیسا چاند سا بیٹا دیا ہے۔

（6）سا（سے، سی）与形容词并用也可以表示加强语气。例如：

许许多多面粉 بہت سا آٹا

大家庭 بڑا سا گھر

一点儿时间 تھوڑا سا وقت

高高的山 اونچا سا پہاڑ

（7）形容词在句中作表语用时，有时在其后也可加上 سا，以减弱语气。例如：

开始时我们觉得乌尔都语有点怪。 شروع شروع میں اردو ہمیں عجیب سی لگتی ہے۔

昨天你的那份奶酸滋滋的。 کل تمہارا دودھ کچھ کھٹا کھٹا سا تھا۔

这件事有点复杂。 یہ معاملہ ٹیڑھا سا تھا۔

2. 形容词 بھر：

形容词 بھر 不单独用，一般总是附在名词之后，意义为“满了的”。它有以下几种情况：

（1）与表示份量的名词连用。

例如：一把 مٹھی بھر，一掬 چلو بھر

又如：

家里连一丁点儿草料也不剩了。 گھر میں چٹکی بھر بھی بھوسا نہیں رہا۔

میں بھی کہوں ، یہ کون ہاتھ ہاتھ بھر کی چیزیں کھڑی ہیں ؟

我要说站在这里的一点儿大的小东西是谁呀？

（2）与表示时间的名词连用。例如：

整天 دن بھر，整年 سال بھر，一生 عمر بھر，彻夜 ساری رات

（3）与表示距离的名词连用。例如：

整一码 گز بھر

整两英里 کوس بھر

一路上 راستہ بھر

（4）在极少数的情况下，也可以放在中心语前面。例如：

全年 بھر برس　　熟睡 بھر نیند سونا

仔细照顾 بھر نظر دیکھنا　　吃饱 بھر پیٹ کھانا

第三章 形容词（صفت）

练习

一、按所给的例子变化下列形容词：

مثال ۱: زیادہ، سب سے

اچھا: زیادہ اچھا، سب سے اچھا

برا: اونچا:

دور: چھوٹا:

ہلکا: بھاری:

نیلا: لال:

کڑوا: آہستہ:

کھٹا: مشکل:

کالا: آسان:

مثال ۲: تر، ترین

قریب: قریب تر، قریب ترین

خراب: وسیع:

خوبصورت: قوی:

خوشگوار: کمزور:

زیادہ: کم:

سخت: نرم:

سست:　　　　صاف:

مضبوط:　　　　میٹھا:

二、写出由下列前后缀组成的形容词：

بے:

با:

غیر:

ناک:

ان:

مند:

三、按规则变下列名词为抽象形容词：

انہ:　　مجاہد:　　زن:

مرد:　　سرمایہ دار:

حاکم:　　امیر:

سپاہی:　　ظالم:

ذمہ دار:　　غریب:

دوست:　　کافر:

جرم:　　رازدار:

عالم:　　گھر:

	روز:	ماه:
	شاعر:	برادر:
ی:	ریاست:	دیہات:
	موسم:	ملتان:
	مشرق:	صنعت:
	لاہور:	مصر:
	انسان:	ذہن:
	سوت:	اخلاق:
	جمالیات:	جنس:
	عقل:	تعلیم:
	عمل:	قوم:
	مرکز:	ملک:
	جعل:	نقل:
	حفاظت:	ثقافت:
	تجارت:	پیدائش:

四、变下列形容词为名词：

اچھا:	سچا:	کمزور:
برا:	خوب صورت:	زیادہ:

علیحدہ:	میٹھا:	مصروف:
لمبا:	شوخ:	صاف:
گہرا:	سرخ:	گندہ:
اہم:	روشن:	ابتدائی:
چوڑا:	موٹا:	عجیب:
پسندیدہ:	ٹھنڈا:	گرم:
ذہین:	غلط:	کامیاب:
رنگین:	پیچیدہ:	محنتی:
تاریک:	تازہ:	بے وقوف:
نیا:	انوکھا:	پیاسا:
تھکا:	رنجیدہ:	بلند:
اونچا:	ضروری:	نرم:
سخت:	سست:	چست:
علمی:	عملی:	عمدہ:
فنی:	لفظی:	لالچی:
حقیقی:	اصلی:	بھلا:
چالاک:	دلچسپ:	خراب:

五、写出下列词的反义词：

صاف: موٹا: خشک:

تھوڑا: تاریک: نڈر:

مختصر: بدحال: سست:

گاڑھا: خاص: قدیم:

کمزور: میٹھا: کم:

ناقص: پکا: تنگ:

پختہ: پیچیدہ: ٹیڑھا:

رنجیدہ: رنگین: بھلا:

نڈھال: تازہ: تلخ:

ٹھنڈا: نیا: عارضی:

بلند: غلط: ہلکا:

六、写出下列词组的性数变化：

مثال: پیارا بچہ (بچی): پیارے بچے، پیاری بچی، پیاری بچیاں

۱- ٹھنڈا پانی (چائے) ۲- دبلا لڑکا (لڑکی)

۳- کالی بلی (کتا) ۴- میٹھا چاول (چپاتی)

۵- موٹی پھوپھی (پھوپھا) ۶- نیا لفافہ (کتاب)

۷- پکا ارادہ (رائے) ۸- اندھیرا کمرا (جھونپڑی)

۹- انوکھا موتی (انگوٹھی) ۱۰- کڑوا سیب (ناشپاتی)

七、翻译下列句子：

1. 我比你们大十岁，是所有人中年龄最大的。
2. 谁被誉为乌尔都语文学史上最著名的诗人？
3. 是不是大多数工人星期天休息？
4. 你做的鱼味道相当不错，我很喜欢吃。
5. 在今天的作文(مضمون نویسی)比赛中，同学们写出了一些高水平的文章。
6. 他被认为是这个地区最著名的艺人(اول نمبر کا)。
7. 你至少应该喝一杯牛奶再走，否则会饿的。
8. 我最多再给你 10 分钟。
9. 两国的友好关系在日益发展。
10. 这件事之后，我才感到自己有点傻。
11. 我从没见过像他这样机灵的学生。
12. 他穿着一件雪白的衬衣。
13. 开车人突然扑向人群。
14. 似火的骄阳烤得人们个个无精打采。
15. 这所大学是全国最好的大学之一。
16. 像他这样的学生是需要帮助的。
17. 我从没见过这样的野兽。
18. 穿红色大衣的那个女孩我认识。

八、用 والا（或 والے، والی）或 سا（或 سے، سی）翻译下列词组：

1. 穿红色衣服的人
2. 踢足球的男孩
3. 工作者
4. 村里的妇女
5、城里人
6. 留着胡须的医生
7. 正在过马路的小女孩

8. 卖橘子的老人

9. 石头般的坚硬

10. 兄弟般的情谊

11. 足球一样的西瓜

12. 像他们那样的人

13. 淡蓝色的水

14. 有点窄的鞋

15. 火一般的炽热

16. 许多报纸

17. 像棉花一样轻

18. 老虎那样的爪子

19. 山羊般的胡子

20. 一点点茶

21. 上边那双鞋

22. 很多帽子

九、用形容词的重叠形式翻译下列词组：

1. 甜甜的甘蔗　　　2. 绿绿的菜

3. 高高的雪山　　　4. 大大的梨

5. 粗粗的毛线　　　6. 尖尖的声音

7. 小小的浪花　　　8. 黑黑的头发

9. 蓝蓝的海水　　　10. 红红的石榴

十、仿照例子解释下列名词：

مثال: باورچی: پکانے والا

مصنف:

موچی:

کمہار:

دھوبی:

مالی:

مصور:

افسانہ نگار:

درزی:

第四章 数词（تعداد）

一、概说

1. 定义：数词是用来表示事物的数目或次序的词。

2. 用法：

   （1）作定语：

   这个屋子里有 10 个学生在学习。　　　　　　اس کمرے میں دس طالب علم پڑھ رہے ہیں۔

   （2）作表语：

   二加二等于四。　　　　　　دو اور دو چار ہوتے ہیں۔

   （3）作主语：

   那里面第一个最长。　　　　　　ان میں پہلا سب سے لمبا ہے۔

   （4）作宾语：

   昨天在路上我看见（他们）两人。　　　　　　کل راستے میں میں نے دونوں کو دیکھا۔

3. 种类：

数词有两大类：

（1）定数——包括基数、序数、小数、分数、倍数、集数、个数。

（2）不定数——表示全部、所有的。如：کل、سب。

表示许多的：بہت، بہت سے

表示几个、一些、少许：بعض، چند، کچھ، کئی، تھوڑا، کم

二、定数

1. 基数（تعدادِ معین）：

   （1）基数又称普通数，它表示事物的数目。

   （2）在乌尔都语中，基数有两种书写方法：

بارہ	گیارہ	دس	نو	آٹھ	سات	چھ	پانچ	چار	تین	دو	ایک
۱۲	۱۱	۱۰	۹	۸	۷	۶	۵	۴	۳	۲	۱

چوبیس	تیئیس	بائیس	اکیس	بیس	انیس	اٹھارہ	سترہ	سولہ	پندرہ	چودہ	تیرہ
۲۴	۲۳	۲۲	۲۱	۲۰	۱۹	۱۸	۱۷	۱۶	۱۵	۱۴	۱۳

چھتیس	پینتیس	چونتیس	تنتیس	بتیس	اکتیس	تیس	انتیس	اٹھائیس	ستائیس	چھبیس	پچیس
۳۶	۳۵	۳۴	۳۳	۳۲	۳۱	۳۰	۲۹	۲۸	۲۷	۲۶	۲۵

سینتالیس	چھیالیس	پینتالیس	چوالیس	تینتالیس	بیالیس	اکیالیس	چالیس	انتالیس	اڑتیس	سینتیس
۴۷	۴۶	۴۵	۴۴	۴۳	۴۲	۴۱	۴۰	۳۹	۳۸	۳۷

انسٹھ	اٹھاون	ستاون	چھپن	پچپن	چون	ترپن	باون	اکیاون	پچاس	انچاس	اڑتالیس
۵۹	۵۸	۵۷	۵۶	۵۵	۵۴	۵۳	۵۲	۵۱	۵۰	۴۹	۴۸

اکھتر	ستر	انہتر	اڑسٹھ	سرسٹھ	چھیاسٹھ	پینسٹھ	چونسٹھ	ترسٹھ	باسٹھ	اکسٹھ	ساٹھ
۷۱	۷۰	۶۹	۶۸	۶۷	۶۶	۶۵	۶۴	۶۳	۶۲	۶۱	۶۰

چوراسی	تراسی	بیاسی	اکیاسی	اسی	اناسی	اٹھہتر	ستہتر	چھہتر	پچہتر	چوہتر	تہتر	بہتر
۸۴	۸۳	۸۲	۸۱	۸۰	۷۹	۷۸	۷۷	۷۶	۷۵	۷۴	۷۳	۷۲

پچاسی چھیاسی ستاسی اٹھاسی نواسی نوے اکیانوے بانوے ترانوے چورانوے پچانوے

۸۵ ۸۶ ۸۷ ۸۸ ۸۹ ۹۰ ۹۱ ۹۲ ۹۳ ۹۴ ۹۵

چھیانوے ستانوے اٹھانوے ننانوے سو

۹۶ ۹۷ ۹۸ ۹۹ ۱۰۰

（3）乌尔都语中有时也用波斯语的基数。

یک(اک) دو ، سہ، چہار ، پنچ ،شش ، ہفت ، ہشت ، نو، دہ

例如：

下午我将外出。 سہ پہر کو میں باہر جاؤں گا۔

他不知如何是好。 وہ شش و پنج میں پڑا ہے۔

我们执行了五年计划。 ہم پنج سالہ منصوبہ کو عمل میں لائے ہیں۔

（4）百 سو ， 千 ہزار ， 万 دس ہزار ， 十万 لاکھ ， 百万 دس لاکھ ， 千万 کروڑ ， 亿 دس کروڑ ，

十亿 ارب ， 千亿 کھرب

（5）基数的读法。

485 － ۴۸۵ چار سو پچاسی

2485 － ۲۴۸۵ دو ہزار چار سو پچاسی

12485 － ۱۲۴۸۵ بارہ ہزار چار سو پچاسی

312485 － ۳۱۲۴۸۵ تین لاکھ بارہ ہزار چار سو پچاسی

6312485 － ۶۳۱۲۴۸۵ ترسٹھ لاکھ بارہ ہزار چار سو پچاسی

76312485 － ۷۶۳۱۲۴۸۵ سات کروڑ ترسٹھ لاکھ بارہ ہزار چار سو پچاسی

976312485 － ۹۷۶۳۱۲۴۸۵ ستانوے کروڑ ترسٹھ لاکھ بارہ ہزار چار سو پچاسی

2. 序数(تعداد ترتیبی)：

（1）序数表示事物次序的先后，在汉语中译作“第一、第二……”。

（2）序数的构成是在基数后面加上 واں。例如：ساتواں。但前四数与第六数例外。现将十以内的序数写在下面：

第一 پہلا，第二 دوسرا，第三 تیسرا，第四 چوتھا，第五 پانچواں，

第六 چھٹا，第七 ساتواں，第八 آٹھواں，第九 نواں，第十 دسواں

（3）序数的间接形式的变化有两种情况，当序数词的中心语是阳性时，把直接形式中的 واں 变为 ویں（و + ے + ں）。前四数与第六数结尾为 ا，则把 ا 变为 ے。例如：

پہلے لڑکے(کو) ، آٹھویں سبق(کو)

如果序数词的中心语是阴性，以 ا 结尾的序数变 ا 为 ی；以 واں 结尾的序数变 واں 为 ویں（و + ی + ں）。这时直接形式与间接形式相同。例如：تیسری لڑکی(کو)، ساتویں کتاب(کو)

（4）波斯语序数是在波斯语的基数后面加 م，乌尔都语用得较少，有时会出现在古乌尔都语中。例如：

第一 یکم，第二 دوم，第三 سوم，第四 چہارم，第五 پنجم，

第六 ششم，第七 ہفتم，第八 ہشتم，第九 نہم，第十 دہم

3. 小数（کسر اعشاریہ）：

小数点写作 ٫ 读作 اعشاریہ

0.5 写作 ۰٫۵ 读作 صفر اعشاریہ پانچ

1.25 写作 ۱٫۲۵ 读作 ایک اعشاریہ دو پانچ

2.055 写作 ۲٫۰۵۵ 读作 دو اعشاریہ صفر پانچ پانچ

4. 分数（کسری اعداد）：

（1）乌尔都语有专用的分词，常用在表示时间、度量上。例如：

四分之一 چوتھائی، پاؤ 二分之一 آدھا

四分之三 پون 一又四分之一 سوا

一又二分之一 ڈیڑھ 二又二分之一 ڈھائی

此外另有两个分数词 ساڑھے 和 پونے，它们不单独使用，后面必须跟一个基数。پونے 是减四分之一， ساڑھے 是加二分之一。 پونے 后面的基数至少是二，如 پونے دو 为一又四分之三（即比二少四分之一）。 ساڑھے 后面的基数至少是三，如 ساڑھے تین 为三又二分之一。

550= ساڑھے پانچ سو 450000= ساڑھے چار لاکھ

1250= ساڑھے بارہ سو 425000000= ساڑھے بیالیس کروڑ

5500= ساڑھے پانچ ہزار

（2）当分子为一时，在 حصہ 这个词前加上表示分母的序数。

例如：五分之一 پانچواں حصہ，七分之一 ساتواں حصہ

这种分数表示法除了分子只能是一之外，分母至少是五。因为除了二分之一为 آدھا 之外，三分之一为 تہائی（或称 ایک تہائی），四分之一为 چوتھائی（或称ایک چوتھائی）。

（3）如果分子是二或二以上的数字时，一般用数目字写出。×又×分之×中的“又”为 صحیح，“分之”为 بٹا。例如：

五分之二为 دو بٹا پانچ

四又八分之三为 چار صحیح تین بٹا آٹھ

(4) 如果分母为一百，在表示百分之×时，"百分之"为 فیصدی (فی صدی)。例如：

百分之一为 ایک فیصدی，百分之九为 نو فیصدی

百分之一点五为 ڈیڑھ فیصدی，百分之百为 سو فیصدی

(5) 分数读法举例：

四分之一	پاؤ، ایک چوتھائی، ایک بٹا چار
一又四分之一	سوا، ایک صحیح ایک بٹا چار
二又四分之一	سوا دو، دو صحیح ایک بٹا چار
三又四分之一	سوا تین، تین صحیح ایک بٹا چار
二分之一	آدھا، ایک بٹا دو
一又二分之一	ڈیڑھ، ایک صحیح ایک بٹا دو
二又二分之一	ڈھائی، دو صحیح ایک بٹا دو
三又二分之一	ساڑھے تین، تین صحیح ایک بٹا دو
四分之三	پون (پونا)، تین چوتھائی، تین بٹا چار
一又四分之三	پونے دو، ایک صحیح تین بٹا چار
二又四分之三	پونے تین، دو صحیح تین بٹا چار
三又四分之三	پونے چار، تین صحیح تین بٹا چار
五分之一	پانچواں حصہ، ایک بٹا پانچ

第四章　数词（تعداد）

一又五分之一	ایک صحیح ایک بٹا پانچ
五分之二	دو بٹا پانچ
五分之三	تین بٹا پانچ
三分之一	تہائی، ایک تہائی، ایک بٹا تین
三分之二	دو تہائی، دو بٹا تین

注意：在以上分数中，پاؤ 只用于表示容量与重量的方面，آدھا 只用于表示长度、容量、重量方面。

5. 倍数（تعدادِ اضعافی）：

（1）乌尔都语表示事物的倍数有两种方法：

在基数的后面加上گنا，گنا 的词义是"倍"，它随中心语而有آ、ے、ی 的变化。例如：

三倍的报纸 تین گنے اخبارات，两倍的糖果 دو گنی مٹھائیاں

在表达倍数一至十时，按习惯还可以把有些基数中的长元音改为短元音。例如：

两倍	دو گنا (دگنا)	三倍	تین گنا (تگنا)
四倍	چار گنا (چوگنا)	五倍	پانچ گنا
六倍	چھ گنا	七倍	سات گنا (ستگنا)
八倍	آٹھ گنا	九倍	نو گنا
十倍	دس گن		

在基数后面加上چند，表示"倍"，这种情况一般用在波斯语的基数上。例如：

两倍 دو چند，三倍 سہ چند

(2) 倍数在句中的用法举例：

احمد 有八个果子，سید 有两个果子，

احمد 的果子是 سید 的果子的四倍。译作：

احمد کے پھل سید کے چوگنے پھلوں کے برابر ہیں۔

احمد 的果子比 سید 的果子多三倍。译作：

احمد کے پھل سید کے پھلوں سے چوگنے زیادہ ہیں۔

注意：按照乌尔都语的习惯，在表示多几倍时，数字要比汉语的数字加一。

6. 集数（جمعی عدد）：

(1) 在表示整体时，可在基数后加 وں，例如：تینوں، چاروں، پانچوں，但二的集数例外，是 دونوں。例如：

李和王两人都参加了这个会议。　　لی اور وانگ دونوں اس میٹنگ میں شامل ہوئے ہیں۔

四面都传出了歌声。　　چاروں طرف گانے کی آوازیں سنائی دے رہی ہیں۔

她们三人携手完成了这项工作。　　ان تینوں نے مل کر اس کام کو پورا کیا۔

(2) 若要加重语气，就把集数词重复，中间加上 کے，这时与集数词相连的名词往往省略。例如：

8个全来了。　　آٹھوں کے آٹھوں آگئے۔

10个都给了。　　دسوں کے دسوں دے دئے۔

(3) 数目大的集数有的可按习惯转义成"许多"。例如：

经理提了许多问题，最后他也没答应。　　منیجر نے بیسیوں سوال کئے اور آخر میں اجازت نہیں دی۔

7. 个数（واحدہ عدد）:

(1) 个数表示事物中的个别物件，这种数字乌尔都语中有 فی、ہر（每个），它们永远与单数名词连用。例如：

每个人 ہر آدمی，   每一百 فی صدی

(2) ہر 还可与 ایک 或 کوئی 连用。例如：

这不是每一个人的事。   ہر ایک آدمی کا یہ کام نہیں ہے۔

要每个人都做到是很困难的。   ہر کوئی اسے کرلے، یہ دشوار ہے۔

三、不定数

1. 不定数表示不确定数量，主要有以下几种：

(1) 表示全部、所有的：کل（全部的），سب（所有的），سارا（全部的），پورا（整个的、完全的）。例如：

所有的人都对此感到满意。   سب کے سب اس بات سے مطمئن ہیں۔

(2) 表示许多的：بہت（许多），بہت سے（许许多多），اور زیادہ（更多），بہت سارا（许许多多），例如：

许多学生去看电影了。   بہت سے طالب علم فلم دیکھنے گئے۔

我们应该多多储存粮食。   ہمیں بہت سارا اناج اکٹھا کرنا چاہیئے۔

还有更多的学生将会来参加。   اور زیادہ طالب علم شامل ہونے کے لئے آئیں گے۔

(3) 表示几个、一些的：کئی（几个），کچھ（一些），چند（几个），بعض（一些），تھوڑا（少许），کم（少）。例如：

我几次看见他在读报。   کئی بار میں نے اس کو اخبار پڑھتے دیکھا۔

我要一点点水。 مجھے تھوڑا سا پانی چاہیئے۔

几天后长出幼芽。 چند دن بعد ننھے ننھے کلے پھوٹ آتے ہیں۔

有些时候他坐着坐着就突然一惊。 بعض اوقات بیٹھے بیٹھے وہ ایک دم چونک پڑتا۔

2. 在整数后加上 ایک 也可以形成不定数。例如：

五十人左右来过这里。 پچاس ایک آدمی یہاں آئے ہیں۔

给我一两个。 مجھے دو ایک دیجئے۔

3. 波斯语的基数后加ہا 成不定数。例如：

صدہا(صدھا)（数百）　，　ہزارہا（数千）

4. 表示数量很多的不定数时，在十、百、千位之后加上 وں。例如：

我有很多工作。 مجھے دسوں کام ہیں۔

这座楼里有几十个房间。 اس عمارت میں بیسوں کمرے ہیں۔

قومی دن منانے کے لئے آج ہزاروں آدمیوں کا جلوس نکلا ہے۔

为庆祝国庆，今天出现了成千上万人组成的游行队伍。

四、年、月、日及时刻表示法

1. 年、月、日表示法：

（1）年代后用后置词میں ：

在 897 年，写作：۸۹۷ءمیں　　读作：سن آٹھ سو ستانوے میں

在 1961 年，写作：۱۹۶۱ءمیں　　读作：سن انیس سو اکسٹھ میں

在 1905 年，写作：۱۹۰۵ء میں　　读作：سن انیس سو پانچ میں

在 1800 年，写作：۱۸۰۰ء میں　　读作：سن اٹھارہ سو میں

（2）月份后用后置词 میں：

在一月 جنوری میں　　　　在二月 فروری میں

在三月 مارچ میں　　　　在四月 اپریل میں

在五月 مئی میں　　　　在六月 جون میں

在七月 جولائی میں　　　　在八月 اگست میں

在九月 ستمبر میں　　　　在十月 اکتوبر میں

在十一月 نومبر میں　　　　在十二月 دسمبر میں

（3）日期后用 کو：

星期 (ہفتہ)

在星期一 پیر کو　　　　在星期二 منگل کو

在星期三 بدھ کو　　　　在星期四 جمعرات کو

在星期五 جمعہ کو　　　　在星期六 سنیچر (ہفتہ) کو

在星期日 اتوار کو

日期 (تاریخ)

一日 پہلی تاریخ کو　　　　十八日 اٹھارہ تاریخ کو

三十一日 اکتیس تاریخ کو

（4）某月某日后用 کو ，例如：

在 5 月 1 日，写作：یکم مئی کو

读作：یکم مئی کو

（5）某年某月后用 میں ，例如：

在 1954 年 9 月，写作：ستمبر ۱۹۵۴ء میں

读作：ستمبر سن انیس سو چون میں

（6）某年某月某日后用 کو ，例如：

在 1949 年 10 月 1 日，写作：یکم اکتوبر ۱۹۴۹ء کو

读作：یکم اکتوبر سن انیس سو انچاس کو

在 1960 年 5 月 17 日，写作：۱۷/مئی ۱۹۶۰ء کو

读作：سترہ مئی سن انیس سو ساٹھ کو

在 1997 年 10 月 2 日，写作：۲/اکتوبر ۱۹۹۷ء کو

读作：دو اکتوبر سن انیس سو ستانوے کو

在 2001 年 9 月 15 日，写作：۱۵/ستمبر ۲۰۰۱ء کو

读作：پندرہ ستمبر سن دو ہزار ایک کو

在 2015 年 11 月 30 日，写作：۳۰/نومبر ۲۰۱۵ء کو

读作：تیس نومبر سن دو ہزار پندرہ کو

2. 时刻表示法：

（1）如说“几点整”，用一个数词与 بجے 连用即可。

例如：两点 دو بجے　　　四点 چار بجے

（2）如说"几点几分"，则用下列方法表示：

表示"几点几分"（分钟须在半小时之内），用 بج کر 。

例如：七点过五分 سات بج کر پانچ منٹ ，但"一刻"和几点"半"，用固定的表示方法。"一刻"用 سوا ，几点"半"用 ساڑھے 。例如：

　　八点一刻　سوا آٹھ بجے

　　九点半　ساڑھے نو بجے

表示"几点差几分"（分钟须在半小时以上），用 بجنے میں 。但几点差"一刻"，使用 پونے 。

例如：七点差五分　سات بجنے میں پانچ منٹ

　　八点差一刻　پونے آٹھ بجے

例外情况：

　　一点半　ڈیڑھ بجے

　　二点半　ڈھائی بجے

（3）表示时刻的常用句型：

　　敲过六点了。　　　　　　　　　　　چھ بج چکے ہیں۔

　　六点十分了。　　　　　　　　چھ بج کے دس منٹ ہوگئے ہیں۔

　　六点一刻了。　　　　　　　　　　　سوا چھ بج گئے۔

　　你可以和我在一起待一个多小时。　میرے ساتھ گھنٹہ ڈیڑھ گھنٹہ تم گزار سکتی ہو۔

（4）表示时间概念的特殊句型：

1. 主语 + کو + 过去分词或现在分词 + دن ہونا (ماہ، سال ہونا)：

赛伊达来医院已是第四天了。　سعیدہ کو ہسپتال آئے چوتھا دن تھا۔

我们来到这里还不到一年。（快一年了）　ہمیں یہاں آئے ہوئے مشکل سے سال بھر ہوا ہے۔

姐姐，给爸爸写信后又过了几天了？　باجی ، ابا جان کو خط لکھے ہوئے کتنے دن ہو گئے ؟

她教娜菲斯唱歌已有好几天了。　کئی دن اس کو نفیس کو گانا سکھاتے ہو چکے تھے۔

2. 时间 + ہونا (گزرنا) + کہ + 独立句：

一个月前从拉合尔来了封信。　ایک مہینے سے زیادہ ہوا کہ لاہور سے ایک خط آیا۔

三年前他外出谋生。　تین سال ہوئے کہ وہ کہیں ملازمت پر گئے۔

没过多久他得了肺病。　ابھی زیادہ عرصہ نہیں گزرا تھا کہ وہ تب دق کے مرض میں مبتلا ہو گیا۔

3. 表示时间的独立句 + 一般独立句：

时间 + ہونا (گزرنا) + 一般独立句

很久以前印度有过一个著名的国王。　بہت زمانہ ہوا ہندوستان میں ایک مشہور راجہ گزرا ہے۔

电报刚到。　ابھی تھوڑی دیر ہوئی تار آیا تھا۔

注意：表示时间的独立句也可以放在一般独立句中间，即放在一般独立句的主语之后。例如：

他刚刚给我治好了眼睛。　اس نے ابھی تھوڑی دیر ہوئی میری آنکھیں ٹھیک کی ہیں۔

前两天他写信给母亲。　امی کو تو انہوں نے دو تین دن ہوئے لکھا تھا۔

两年前他去世了。　وہ تو دو سال گزرے اللہ کو پیارے ہو گئے۔

五、一些数词在句中的习惯用法

1. 用 لاکھ 表示"许许多多"，用 ایک……نہ 表示"根本没有"。例如：

   我们一再向他们说明，然而他们根本不听。　　ان سے ہم نے لاکھ کہا، مگر انہوں نے ایک نہ سنی۔

   他的话我一句也不听。　　میں نے اس کی ایک نہ سنی۔

2. 用重复的数字表示各自多少。例如：

   晚上仍是那个女孩给他们各一张饼。　　رات کو وہی لڑکی انہیں ایک ایک روٹی دے جاتی۔

   猫三十卢比一只，共买了两只。　　تیس تیس تو دونوں بلیوں کے دیئے۔

3. 购物时一个卢比多少东西可以在两者之间加后置词 کا，并可以省略数词 ایک。如：

   顾客想买一卢比8赛尔的牛奶。　　گاہک روپے کا آٹھ سیر دودھ مانگتا ہے۔

练习

一、写出下列数字的读法：

365　　7839　　13542　　446921　　5874345　　1932487

二、写出下列日期的读法：

789 年　　　　　　1953 年 3 月　　　　　1820 年 12 月 13 日
1700 年　　　　　 1423 年 8 月　　　　　1017 年 6 月 30 日
1949 年　　　　　 1917 年 11 月　　　　 1921 年 7 月 1 日
2 月 8 日　　　　　12 月 12 日　　　　　 2015 年 12 月 12 日

三、翻译下列词组：

1. 十六个女孩　　　　　　　　　　2. 十二个学生

3. 二十个工人
4. 一年级学生
5. 第三辆车上
6. 第八课
7. 一年半
8. 第十四课里
9. 四分之一
10. 七倍
11. 二分之一
12. 二又二分之一
13. 四面八方
14. 每一个学生
15. 百分之百
16. 那三个人的工资
17. 成千上万的人
18. 所有的人
19. 第五个姑娘的后边
20. 二十人左右
21. 在七月
22. 七月一日
23. 二十三日
24. 星期三
25. 九点四十五分
26. 一点半
27. 两点半
28. 一点钟
29. 一点差一刻
30. 一点一刻
31. 十二点二十五分
32. 四点半
33. 两点四十八分
34. 三点一刻
35. 九点零三分
36. 零点三
37. 十点差一刻
38. 一点三五

四、改错：

۱- میں اس مکان میں چار سالوں سے رہتا ہوں-

۲- تین مہینوں کے انتظار کے بعد آپ کا خط ملا-

۳- لاہور اور سیالکوٹ کے درمیان اسی میلوں کا فاصلہ ہے-

۴- دس روپیوں میں آپ کتنا مال خرید سکیں گے ؟

۵- انہوں نے اسے ۲۴ گھنٹوں میں شہر چھوڑ دینے کا حکم دیا-

۶ - میں چھ آٹھ دن تک حاضر خدمت ہو جاؤں گا۔

۷ - وہ پچھلے سال دو تین دن کے وقفے سے میرے پاس آتا تھا۔

۸ - میں نے دو من گیہوں خرید لیا ہے۔

五、翻译下列句子：

1. 一月份我们放寒假。
2. 星期三我没有课，整个一天都有空（儿）。
3. 这个月的 24 日新专家要到我校。
4. 我生于 2005 年 8 月 27 日凌晨一点半。
5. 这个学期我们要学习第七册课本。
6. 第七张画和第八张画有很多共同点(یکسانیت)。
7. 第三个学生和第四个学生两人都走了。
8. 高铁正以每小时(فی گھنٹے)300 公里(کلومیٹر)的速度向前驶去。
9. 等我到达出事地点时，所有一切早就结束了。
10. 这次洪水给人们造成了很大损失，数万人无家可归(بے گھر ہونا)。
11. 给孩子们每人三块奶糖和一个苹果。
12. 每六小时给病人吃一次药。
13. 今年我们的收入(آمدنی)是去年的两倍。
14. 艾哈迈德读的书比斯巴特的多三倍。
15. 有两三个学生去图书馆了，四五个在宿舍里。
16. 操场上有十几个孩子在踢球，有五六个在看。
17. 老师给每个学生发了 10 个笔记本和 5 本书。
18. 请一个个进来，否则要浪费时间。

六、用数词的重叠规则翻译下列句子：

1. 给孩子们每人五个香蕉。
2. 给他们每人一百卢比。
3. 他们被分成四个小组。

4. 每三十本书捆在一起。

5. 老师们每人分到一套住房。

6. 每个篮子里装着两公斤梨。

7. 我们这儿每六个村庄划为一个县。

8. 今天所有的孩子都吃了两张饼。

9. 每次让两个学生进来。

10. 他们在每个国家访问两天。

七、运用乌尔都语倍数表达方式，翻译下列句子：

1. 这座塔比一般塔高出两倍。

2. 我家的东西比他家的多三倍。

3. 这棵树的椰子比那棵树的多五倍。

4. 这台机器的重量比那台重六倍。

5. 这个新操场比那个旧的大出四倍。

第五章　副词（تمیز）

一、定义

副词被用来说明动词、形容词或副词本身的性质、特点，表示行为或状态发生的时间、地点、程度、方式等概念。例如：

常常 اکثر，这里 یہاں，很 بہت，快 جلد

二、用法

副词在句中起状语作用。例如：

他悄悄地进来了。　　　　　　　　　　　　　　وہ چپکے چپکے اندر آئے۔

这是个非常好的消息。　　　　　　　　　　　یہ بڑی اچھی خبر ہے۔

我们非常细心地做科学实验。　　　　ہم نہایت احتیاط سے سائنسی تجربہ کر رہے ہیں۔

三、种类

1. 时间副词（تمیزِ زمان）

اب، آج، کل، پرسوں، ترسوں، پہلے، تڑکے، سویرے، پھر، سدا، ہمیشہ، اکثر، برابر، لگاتار، یکایک، اچانک، شب و روز، فوراً، راتوں رات

2. 地点副词（تمیزِ مکان）

یہاں، وہاں، آگے، پیچھے، اوپر، نیچے، اندر، باہر، پاس

3. 方向副词（تمیزِ سمت）

اِدھر، اُدھر

4. 方式方法副词（تمیزِ طور و طریق）

ایسے، ویسے، یوں، دھیرے، جلدی، جلد، ٹھیک، کیونکر

5. 程度副词　　　　بہت، زیادہ، خوب، کافی، نہایت، بالکل، ذرا

此外还有表示否定的 نہیں ，表示数量的 اتنا，表示语气的 صرف، بھی، تو، ہی ，表示感叹的 واہ، ہائے، اف، ارے، اہا اہا ，还有关系连词 جب، جہاں، جدھر، جتنا 等都是副词。

上面的副词还可以跨类。如 یکایک 可算时间副词也可算方式方法副词。此外，اندر، آج، کل، پرسوں، باہر 是副词，也是名词。而 خوب، بہت، ٹھیک، درست 是形容词，也是副词。例如：

خوب کہا۔ ٹھیک کہتے ہو۔ درست فرماتے ہیں۔

另外，ہزار، لاکھ 是数词，也可用作副词。如：

对你说了一千遍了，不要做坏事！　　　　تمہیں ہزار بار سمجھایا ہے کہ بری حرکتیں چھوڑ دو!

四、复合副词

复合副词的组成如下：

1. 名词后加 سے 或加 کے ساتھ

   例如：　　خوشی سے (کے ساتھ) ، ہمت سے (کے ساتھ) ، غصہ سے (کے ساتھ)، لاپروائی سے (کے ساتھ)

2. 形容词后加 طور پر

   例如：　　پختہ طور پر، صاف طور پر ، پورے طور پر ، عام طور پر ، خاص طور پر، یقینی طور پر، صحیح طور پر

3. 形容词后加 طرح

   例如：　　اچھی طرح، بُری طرح

4. 象声词作副词

   例如：　　دھڑام ، دھوم دھام ، دھڑدھڑ، گڑگڑ، گڑگڑاہٹ

5. 两词重叠成副词

例如：　رفتہ رفتہ، جلدی جلدی، دھیرے دھیرے، روز روز، خوشی خوشی، آہستہ آہستہ، تیز تیز

6. 两词或三词相连成副词

例如：آئے دن（每天），دن رات（日夜），آج کل（近来），کبھی کبھی（时时），جب کبھی（每当），جہاں کہیں（每处），دبے پاؤں（悄悄地），دخالی ہاتھ（空着手），کبھی نہ کبھی（总有一时），کہیں نہ کہیں（总有一处）

五、带有前缀或后缀的副词

1. 波斯语名词前加 ب 成为副词。

例如：بخوشی（高兴地），بخوبی（卓越地），بدل وجان（全心全意地），باآواز بلند（高声地）

2. 有些名词后加 وار 构成副词。

例如：تفصیل وار（详细地），ہفتہ وار（每周），ماہوار（每月）

练习

一、翻译下列复合副词：

悄悄	高兴
很好	草率
热火朝天	自动
狠狠	详细
严肃	认真
喧哗	一代接一代
逐字	踊跃

勉强	全心全意
无缘无故	兴致勃勃
慢慢	快速
热烈	四面八方
气愤	照常
眨眼间	强迫
卓越	一会儿
勤奋	齐声
全力以赴	不断
不在乎	不管愿不愿意（无缘无故地）
每时每刻	坦率
容易	执著
碰巧	轻步
轰轰烈烈	轻蔑
直接	故意
开玩笑	亲热
极其困难	无意识
低声	

二、翻译下列副词：

每天	每次
每月	再次
每夜	现在
最近	最近几年
有时	长时间
年复一年	重新
一会儿	通常
今天	白天
明天	晚上
后天	常常
傍晚	过去

中午	将来
突然	到处
实际上	大概
仍旧	周围
最后	立刻
确实	

三、仿照例子，把下列名词变成复合副词：

例:وقت :وقتی طور پر

جسم:	بنیاد:
یقین:	ضرور:
قدرت:	ذہن:
سرکار:	شعور:
دماغ:	علم:

四、用形容词加 طور پر 组成复合副词：

例:عام: عام طور پر

صاف:	چوری:
خاص:	مختصر:
ذاتی:	فوری:
اپنے:	مکمل:
یکساں:	عارضی:

第六章　动词概说（فعل）

一、定义

动词是表示动作或状态的词。例如：

他在看报纸。　　　　　　　　　　　　　　　　　وہ اخبار پڑھ رہا ہے۔

这朵花是红的。　　　　　　　　　　　　　　　　یہ پھول سرخ ہے۔

二、结构

乌尔都语的动词分为词根和词尾两部分。以 پڑھنا 为例：

پڑھنا 的词根是 پڑھ，词尾是 نا。在动词的时式态（时态、语气、语态）变化中，动词根不变，词尾随时式态的不同而有不同的变化。

三、种类

乌尔都语的动词可以分为以下几类：

1. 人称动词与非人称动词：

从可否作谓语来分，动词有人称动词与非人称动词两大类。

（1）人称动词在句中作谓语用，它有时、式、态以及性、数、人称的变化：

时（时态） ｛ 现在　（一般、进行、完成）
　　　　　　 过去　（单纯、一般、进行、完成）
　　　　　　 将来

式（语气）——陈述、命令、虚拟、犹豫、假定

态（语态）——主动、被动、无人称被动

人称动词是用来说明主语的，因此它必须与主语在性、数、人称上保持一致。不过，及物动词完成体的变化与主语不一致，而是与不带后置词的宾语一致。例如：

我们非常热爱自己的国家。　　　　　　　　　　ہم اپنے ملک کو بہت پیار کرتے ہیں۔

他给我一个本子　　　　　　　　　　　　　　اس نے مجھے ایک کاپی دے دی۔

（2）非人称动词：

非人称动词在句中一般不做谓语而做其他句子成分，它没有人称及语气的区别。非人称动词有两类：

a. 动词不定式：它兼有动词和名词的特点，所以又被称作动名词。例如：

救狼是件危险的事。　　　　　　　　　　　بھیڑیے کو بچانا ایک خطرناک بات ہے۔

锻炼身体对每个人都有好处。　　　　　　　کسرت کرنا سب کے لئے مفید ہوتا ہے۔

b. 分词：它兼有动词、形容词或副词的特点。分词有三种：

（a）现在分词。例如：

他克制着自己说道。　　　　　　　　　انہوں نے اپنے پر قابو پاتے ہوئے کہا۔

（b）过去分词。例如：

那头驴背上驮着一个装满书的大口袋。　اُس گدھے کی پیٹھ پر کتابوں سے بھرا ایک بڑا تھیلا لدا ہوا تھا۔

（c）完成分词。例如：

他打开门走了进去。　　　　　　　　　　وہ دروازہ کھول کر اندر چلا گیا۔

2. 及物动词（فعل متعدی）与不及物动词（فعل لازم）：

（1）从是否需要宾语来分，动词分及物动词和不及物动词两大类：

a. 及物动词表示动作直接及于其他事物上，所以它后面通常带有宾语。例如：

为了抢救小李许多人献了血。 شیاؤلئی کو بچانے کے لئے بہت سے لوگوں نے اپنا خون پیش کیا۔

他在给父母写信。 وہ اپنے والدین کو خط لکھ رہا ہے۔

第二句中有两个宾语，即直接宾语和间接宾语，直接宾语为 خط ，是物，其后面一般不加 کو ；间接宾语为 والدین，是人，其后一定要加 کو。根据乌尔都语的语法规则，直接宾语指物，后面是否使用介词，要视情况而定；而间接宾语指人，一定要使用介词。

有时上下文的对话中表述清楚，宾语可以被省略。例如：

您把书给他了吗？ آپ نے اسے کتاب دی ؟

是的，我交给他了。 جی ہاں، میں نے اسے دی۔

b. 不及物动词表示动作不及于其他事物，所以它后面没有宾语。例如：

他笑了。 وہ ہنسا۔

今天我们的目标实现了。 آج ہمارا مقصد پورا ہو گیا

-

（2）兼作及物动词和不及物动词：

乌尔都语有几个动词在无宾语时，用作不及物动词；在有宾语时，又可作及物动词。例如 بولنا، سمجھنا، بھرنا، بدلنا، ہارنا، لڑنا 等。请看以下例句：

情况变了。 حالت بدل گئی -

我们改变了那个情况。 تم نے اس حالت کو بدل لیا۔

你为什么跟他打架？ تم کیوں اس کے ساتھ لڑے ؟

他勇敢作战。 اس نے ہمت سے لڑائی لڑی -

孩子的肚子饱了。 بچے کا پیٹ بھرا۔

我把水壶灌满了水。 میں نے تھرمس میں پانی بھرا۔

他说。 وہ بولا۔

他说了一件事。 اس نے ایک بات بولی۔

我懂了。 میں سمجھا۔

我不懂这句话的意思。 میں نے یہ بات نہیں سمجھی۔

（3）乌尔都语有的动词意义上是及物，也可有宾语，但在完成体变化时主语后面不用加 نے，这时动词的性、数、人称变化与主语一致。例如：

昨天他把书带来了。 کل وہ کتابیں لایا تھا۔

我忘了这件事。 میں یہ بات بھول گیا۔

（4）在及物动词与不及物的助动词或部分情态动词搭配成复合动词时，句子处于完成体变化，其主语后不需要加 نے。例如：

我寄出一封信。 میں نے خط بھیجا۔

我已经把信寄出了。 میں خط بھیج چکا ہوں۔

她从我这里拿走两个卢比。 اس نے مجھ سے دو روپے لئے۔

她从我这里拿走两个卢比。 وہ مجھ سے دو روپے لے گئی۔

3. 实义动词、不完全动词、情态动词、助动词：

从在句中所起的作用来分，动词有实义动词、不完全动词、情态动词和助动词四类。

（1）实义动词：有完全的词义，在句中能独立用作谓语或独立用作动词的非人称形式。例如：

那些人朝前走去。 وہ لوگ آگے بڑھ رہے ہیں۔

说完这些后他走了。 یہ کہہ کر وہ چلا گیا۔

(2) 不完全动词（فعلِ ناقص）：它有一定的词义，但不完全，不能单独作谓语，只能与名词或形容词一起构成合成谓语。乌尔都语常用的不完全动词有：

ہونا（是）、بننا（成为）、نکلنا（显得）、پڑنا（成为）、لگنا（感到）、

معلوم ہونا（看上去）、دکھائی دینا（看起来）、نظر آنا（表现出，看上去）、رہنا（仍然是）

等。例如：

我感到这个学生很好。 مجھے یہ طالب علم اچھا لگتا ہے۔

他成为一名工人。 وہ ایک مزدور بن گیا۔

北京是中国的首都。 بیجنگ چین کا دارالحکومت ہے۔

也许他的话是真的。 شاید اس کی بات سچ نکلے۔

(3) 情态动词：它本身有词义，但是词义不完全，不能单独作谓语，只能与动词连用，构成复合谓语，这时它赋予该动词一定的附加意义，乌尔都语中常用的情态动词有 سکنا، چاہنا، چکنا، دینا، لینا، ہونا 等等。例如：

我们会讲乌尔都语。 ہم لوگ اردو بول سکتے ہیں۔

我当时真想把真实情况告诉他。 اُس وقت میں حقیقی حالت اسے بتانا چاہتا تھا۔

بابوجی، آپ یہ کیلے لے لیں، پانچ روپے درجن۔

先生，5个卢比一打，您就拿（买）走这些香蕉。

(4) 助动词（امدادی فعل）：它本身没有词义，不能单独用作谓语，只能和主要动词一起构成各种时态、语态、语气等动词形式，并表示出性、数、人称的特征，乌尔都语的助动词是 ہونا 与 رہنا。例如：

这位女歌手专唱民歌。 یہ گلوکارہ لوک گیت گاتی ہیں۔

中国正热火朝天地搞建设。 چین میں بڑے زوروں سے وطن کی تعمیر ہو رہی ہے۔

动词的这种分类不是绝对的，同一动词在不同场合下可以是实义动词，可以是不完全动词，可是情态动词，也可以是助动词。以 ہونا 为例：

这条高速公路正在修建。 اس ہائی وے کی تعمیر ہو رہی ہے۔

（实义动词）

他是一个农民。 وہ ایک کسان ہے۔

（不完全动词）

我得去那里了。 مجھے وہاں جانا ہے۔

（情态动词）

他屡次说过。 اس نے بار بار کہا تھا۔

（助动词）

4. 简单动词与复合词：

从结构来分，动词有简单动词与复合动词两类：

（1）简单动词：它由动词根 + نا 组成。例如：دیکھنا کھانا

（2）复合动词有四种：

（a）由动词+情态动词组成。例如：بول سکنا، چل دینا

（b）重叠复合动词。例如：پڑھنا لکھنا کھانا پینا

（c）由名词+动词组成。例如：کسرت کرنا

（d）由形容词+动词组成。例如：ٹھیک کرنا

四、用法

1. 人称动词在句中作谓语用。例如：

我们每天读新闻。 ہم ہر روز نئی خبریں پڑھتے ہیں۔

他曾是一位著名的医生。 وہ ایک مشہور ڈاکٹر تھے۔

2. 非人称动词在句中的用法如下：

（1）作主语

用热水洗澡有益于身体健康。 گرم پانی سے نہانا صحت مندی کے لئے بہت مفید ہے۔

（2）作宾语

他接受了我的话。 اس نے میرا کہنا مان لیا ہے۔

（3）作表语

和他打架等于送死。 اس سے لڑنا جان سے ہاتھ دھونا تھا۔

（4）作定语

这是饭厅。 یہ کھانے کا ہال ہے۔

那些好像是活人。 وہ چلتے پھرتے انسان معلوم ہوتے ہیں۔

（5）作状语

他唱着歌来了。 وہ گاتے گاتے آرہے ہیں۔

练习

一、用所给动词翻译下列句子：

1. 您告诉我的，我都懂了。（سمجھنا）
2. 现在我明白了，但昨天我没懂。（سمجھنا）
3. 我一清早就把所有的壶灌满了开水。（بھرنا）
4. 整个袋子装满了金币。（بھرنا）
5. 今天我忘了把你的书带来，明天一定带来。（بھولنا）
6. 唉，可别忘了带钥匙。（بھولنا）

7. 她说:"不完成作业我不睡觉。"(بولنا)
8. 您猜不出他说了一件什么样的事。(بولنا)
9. 我看到了一位俊俏的姑娘，她看上去有十七八岁。(معلوم ہونا)
10. 我觉得他很吝啬。(لگنا)
11. 难道你不觉得她有点怪吗？(لگنا)
12. 今天你看上去很高兴。(نظر آنا)
13. 十年后，我的家乡发生了很大的变化。(بدلنا)
14. 他这么快改变了观点，真令人难以接受。(بدلنا)
15. 今天晚上电影院放映一部外国片子。(دکھائی دینا)
16. 夜黑得伸手不见五指。(دکھائی دینا)
17. 他为自由而战，因此受到人民的崇敬。(لڑنا)
18. 两个男孩打架了，几分钟后又在一块儿说起话来。(لڑنا)

二、填空：

۱۔ چراغاں کا نظارہ دیکھنے کے لئے جا بجا تماشائیوں کے ہجوم ＿＿＿＿＿۔ (看得到)

۲۔ وسیع سمندر ہمارے سامنے تھا جو دور اور پرسکون ہونے کی وجہ سے نہایت نیلگوں آسمان کا ایک حصہ ＿＿＿＿＿۔ (仿佛是)

۳۔ جہاں تک نگاہ کام کرتی تھی، پانی ہی پانی ＿＿＿＿＿۔ (见到)

۴۔ ہمارے دل میں دنیا کی دوسری قوموں کے ساتھ دوستی کا جذبہ پیدا ہوتا ہے اور ہم اپنے کو دنیا کا شہری ＿＿＿＿＿۔ (认为)

۵۔ گندگی کی وجہ سے مارکیٹ کے اندر داخل ہونے کو ＿＿＿＿＿۔ (心里不想)

۶۔ اس وقت امام صاحب کی آواز کے سوا اور کوئی آواز ＿＿＿＿＿۔ (听不见)

۷۔ انہوں نے اپنے آپ کو وطن، قوم اور انسانیت کا خادم ＿＿＿＿＿۔ (认为)

۸۔ مجھے وہ عورت اپنی عمر سے چھوٹی ＿＿＿＿＿۔ (觉得)

第七章　动词的时和体（زمانہ اور وضع）

一、时的概念和种类

乌尔都语的时是一种动词形式。不同的时间概念表示动作和状态在什么时候发生的，是现在、过去还是将来。在乌尔都语中，只有陈述语气与祈使语气的谓语动词有时的区别。陈述语气有三种时，即现在时、过去时和将来时。而祈使语气只有两种时，即现在时和将来时。

二、体的概念和种类

在乌尔都语中，体也是一种动词形式，表示动作或状态处于何种情况下，是未完成的还是已完成的。未完成的包括经常性（一般的）和进行性（持续的），它们分别被称为经常体、进行体和完成体。在乌尔都语的谓语动词中，陈述语气现在时、陈述语气过去时、虚拟语气、犹豫语气和假定语气都具有上述三种体的形式。

三、体的构成

1. 经常体：构成经常体的动词形式是动词根+词尾 تا（或 تی، تے）+ 助动词ہونا 的变化形式，现以动词 آنا 为例，示其第三人称阳性单数变化形式于下：

آتا ہے　陈述语气：一般现在时

آتا تھا　陈述语气：一般过去时

آتا ہو　虚拟语气：经常体

آتا ہوگا　犹豫语气：经常体

آتا ہوتا　　假定语气：经常体

2. 进行体：构成进行体的动词形式是动词根+ رہا（或 رہی،رہے）+ 助动词 ہونا 的变化形式。现在以动词 کھانا 为例，示其第三人称阳性单数变化形式于下：

کھا رہا ہے　　陈述语气：现在进行时

کھا رہا تھا　　陈述语气：过去进行时

کھا رہا ہو　　虚拟语气：进行体

کھا رہا ہوگا　　犹豫语气：进行体

کھا رہا ہوتا　　假定语气：进行体

3. 完成体：构成完成体的动词形式是过去分词 + 助动词 ہونا 的变化形式。

现以动词 اٹھنا 为例，示其第三人称阳性单数变化形式于下：

اٹھا ہے　　陈述语气：现在完成时

اٹھا تھا　　陈述语气：过去完成时

اٹھا ہو　　虚拟语气：完成体

اٹھا ہوگا　　犹豫语气：完成体

اٹھا ہوتا　　假定语气：完成体

四、时态

总的来说，乌尔都语动词（陈述语气）共有八种时态：即一般现在时、现在进行时、现在完成时、单纯过去时、一般过去时、过去进行时、过去完成时和将来时。

五、与汉语的比较

汉语动词没有时态形式，也就是说，汉语动词不是用词形的变化，而是用特定的词汇来表示动作的各种不同的时间和情况。如表示时间用“现在”“过去”“曾经”“将要”“就要”等。表示情况用“经常”“正在”“了”“过”“已经”等。例如：

他经常锻炼。　　وہ اکثر کسرت کرتا ہے۔

我们现在正在吃饭。　　اس وقت ہم کھانا کھا رہے ہیں۔

我曾经和他谈过话。　　میں نے اس سے بات چیت کی۔

这里即将放假。　　یہاں جلدی چھٹی ہو گی۔

六、一般现在时

1. 一般现在时的形式：

（1）动词 ہونا 的一般现在时有综合式与分析式两种，综合式没有性的区别。其变化形式如下：

<table>
<tr><th>数
人称</th><th>单数</th><th colspan="2">复数</th></tr>
<tr><td>第一人称</td><td>میں ہوں</td><td colspan="2">ہم ہیں</td></tr>
<tr><td>第二人称</td><td>تُو ہے</td><td>تم ہو</td><td>آپ ہیں</td></tr>
<tr><td>第三人称</td><td>وہ ہے</td><td colspan="2">وہ ہیں</td></tr>
</table>

（2）动词ہونا 的分析式一般现在时的形式为动词根+ تا（或تے，تی）+ 助动词ہونا 的现在时变化形式（ہوں 或 ہیں，ہے，ہو），它有性、数和人称的区别。示其变化如下：

人称	第一人称		第二人称		第三人称	
性/数	单数	复数	单数	复数	单数	复数
阳性	میں ہوتا ہوں	ہم ہوتے ہیں	تُو ہوتا ہے	تُم ہوتے ہو آپ ہوتے ہیں	وہ ہوتا ہے	وہ ہوتے ہیں
阴性	میں ہوتی ہوں	ہم ہوتے ہیں	تُو ہوتی ہے	تُم ہوتی ہو آپ ہوتی ہیں	وہ ہوتی ہے	وہ ہوتی ہیں

（3）其他动词的一般现在时形式都是分析式的，没有综合式。即动词根+تا（或تے، تی）+ 助动词ہونا 的现在时变化形式（ہوں، ہو، ہے، ہیں）。以动词لانا 为例，示其变化于下：

人称	第一人称		第二人称		第三人称	
性/数	单数	复数	单数	复数	单数	复数
阳性	میں لاتا ہوں	ہم لاتے ہیں	تُو لاتا ہے	تُم لاتے ہو آپ لاتے ہیں	وہ لاتا ہے	وہ لاتے ہیں
阴性	میں لاتی ہوں	ہم لاتے ہیں	تُو لاتی ہے	تُم لاتی ہو آپ لاتی ہیں	وہ لاتی ہے	وہ لاتی ہیں

2. 一般现在时的否定形式，是在动词前加上否定词نہیں，作助动词用的 ہونا 习惯上要省略，而省略后的阴性复数变 تی 为 تیں （tīṇ）。

例如：نہیں لاتا ، نہیں لاتے ، نہیں لاتی ، نہیں لاتیں ,又如：

哈密德早上起得不晚。　　حامد صبح کو دیر سے نہیں اٹھتا۔

他们从不跑步吗？ وہ کبھی نہیں دوڑتے؟

妹妹常常不吃早饭。 بہن اکثر ناشتا نہیں کرتی۔

妈妈，您没把话听完。 امی، آپ تو پوری بات ہی نہیں سنتیں۔

你不喜欢吃米饭？ تم چاول پسند نہیں کرتے (کرتیں)؟

3. 一般现在时的基本概念及基本用法：

(1) 表示现在存在的习惯，经常发生的动作或存在的状态情况。

我们为祖国的利益而奋斗。 ہم وطن کی بھلائی کے لئے کوشاں ہیں۔

您的动作很快。 آپ تو ہوا کے گھوڑے پر سوار ہیں۔

我们维护世界和平。 ہم امنِ عالم کا تحفظ کرتے ہیں۔

她一来就做这件工作。 جب وہ آتی ہے، یہی کام کرتی ہے۔

这两兄弟总是同进同出。 یہ دونوں بھائی ہر جگہ ساتھ آتے اور ساتھ جاتے ہیں۔

我有两个兄弟。 میرے دو بھائی ہیں۔

(2) 表示主语所具有的某些特点。

他很用功。 وہ بہت محنتی ہے۔

他唱得好。 وہ اچھا گاتا ہے۔

那个男孩儿足球踢得不错。 وہ لڑکا فٹ بال اچھا کھیلتا ہے۔

(3) 表示客观真理或普遍真理。

我们的朋友遍天下。 ہمارے دوست ساری دنیا میں موجود ہیں۔

遵守时间是件好事。 وقت کی پابندی اچھی بات ہے۔

第七章　动词的时和体（زمانہ اور وضع）

太阳出来人身暖。 دھوپ نکلتی ہے تو بدن کچھ گرم ہوتا ہے۔

三加三等于六。 تین اور تین چھ ہوتے ہیں۔

太阳从东方升起。 سورج مشرق سے نکلتا ہے۔

月亮按规定的时间或圆或缺。 چاند اپنے مقررہ وقت پر گھٹتا اور بڑھتا ہے۔

（4）表示说话当时所发生着的事。

我们衷心欢迎您。 ہم آپ کا دلی استقبال کرتے ہیں۔

我现在换衣服。 میں لباس تبدیل کرتی ہوں۔

那面旗帜徐徐降落。 وہ پرچم آہستہ آہستہ اترتا ہے۔

你不相信我的话吗？ تم میری بات کا یقین کرنے سے انکار کرتے ہو؟

冬寒没有一点儿消失的迹象。 سردی ختم ہونے کا نام نہیں لیتی۔

4. 一般现在时的其他用法：

（1）表示最近的将来（马上、立即）。

走，我看看去。 چلو، میں دیکھتا ہوں۔

好吧，我现在就写。 اچھا، میں ابھی لکھتا ہوں۔

我现在就去。 میں ابھی جاتا ہوں۔

我现在就走了。再见！ اب میں چلتا ہوں۔ خدا حافظ!

唷，阿赫德尔，放下吧！我自己来沏茶。 ارے اختر میاں، رہنے دیجئے! میں خود چائے بناتا ہوں۔

（2）在图片说明、电影说明、故事重述、戏剧中的舞台说明部分，常用一般现在时，表示生动逼真。例如：

میں جو (جب) اندر گیا تو کیا دیکھتا ہوں کہ بے چاری بچی زمین پر پڑی رو رہی ہے۔

当我一进去，看到什么？看到可怜的小女孩在地上哭。

(اکبر اخبار پر سے نظر اٹھا کر دروازے کی طرف دیکھتا ہے۔)

（阿克巴尔的视线从报纸上转到门口）

(اعظم مسکراتا ہے اور بانو کو اٹھا کر اس کی پیشانی چومتا ہے اور اپنے ساتھ بٹھا کر اسے سمجھانے کے انداز میں کہتا ہے۔)

（阿兹姆微笑着，他把巴努抱起吻着他的前额，然后让他坐在身边以解释的口吻对他说道）

（3）有时也可以表示过去发生但现在还进行的动作。

میں چند روز سے دیکھتا ہوں کہ یہ لوگ اپنا فرض پورے طور پر ادا کرتے ہیں۔

几天来我看到这些人在充分地履行自己的职责。

（4）用在条件句中，表示真实的假设。

如果我说他几句，他是会接受的。　اگر میں اس کو کچھ کہتا ہوں تو وہ مان لیتا ہے۔

七、现在进行时

1. 现在进行时的形式：

现在进行时的形式为动词根+رہا (或رہے، رہی)+助动词 ہونا 的现在时变化形式（ہیں ، ہے، ہو، ہوں),

它有性、数和人称的区别。现以 آنا 为例，示其变化于下：

性/数 人称	阳（阴）性/单数	阳（阴）性/复数
第一人称	میں آرہا (رہی) ہوں	ہم آرہے ہیں
第二人称	تُو آرہا (رہی) ہے	
	تُم آرہے (رہی) ہو	تُم آرہے (رہی) ہو
	آپ آرہے (رہی) ہیں	آپ آرہے (رہی) ہیں
第三人称	یہ آرہا (رہی) ہے	یہ آرہے (رہی) ہیں
	وہ آرہا (رہی) ہے	وہ آرہے (رہی) ہیں

2. 现在进行时的概念及用法：

（1）强调在说话当时正在进行的动作，它并不表明这一动作从什么时候开始，到什么时候结束，汉语常用“快”、“正在”或“着”来表示这种时间关系。例如：

早饭快凉了。 ناشتا ٹھنڈا ہو رہا ہے۔

她在说谎。 وہ جھوٹ بول رہی ہے۔

面前有一条波浪翻滚的河。 سامنے ایک دریا موجیں مار رہا ہے۔

现在正敲十点钟。 اب دس بج رہے ہیں۔

听，外面树丛中风飕飕地刮着。 سنئے، باہر درختوں میں ہوا شائیں شائیں کر رہی ہے۔

（2）表示现阶段正进行着的动作，虽然此时此刻这个动作也可能并不在进行。例如：

他在写一本小说。 وہ ایک ناول لکھ رہے ہیں۔

我们的祖国正日新月异地发展。 ہمارا ملک اب دن دونی رات چوگنی ترقی کر رہا ہے۔

我正在拧手表上的发条呢。　　میں اپنی گھڑی کو چابی دے رہا ہوں۔

ایشیا اور افریقہ کے ممالک بین الاقوامی معاملات میں عظیم سے عظیم تر کردار ادا کر رہے ہیں۔

亚非国家在国际事务中正发挥着越来越大的作用。

（3）表示即将进行的动作。例如：

别喊我，我这就来。　　مجھے مت بُلاؤ، میں آ رہا ہوں۔

快来，我们马上出发了。　　فوراً آؤ، ہم روانہ ہو رہے ہیں۔

（4）在剧本的说明和故事的叙述中，用它来代替过去进行时，表示生动逼真。

(-----اکرم تخت پر لیٹا اخبار پڑھ رہا ہے۔ اسلم ایک طرف بیٹھا اپنے پیسے گن رہا ہے۔)

（阿格伦姆躺在卧榻上看报，阿斯伦姆在一边坐着数钱。）

(-----دائیں جانب چارپائی پر دو بچے مونگ پھلی کھا رہے ہیں۔ احمد فرش پر جھاڑو دے رہا ہے۔)

（右边床上有两个孩子坐着吃花生，阿赫默德在扫地。）

注意：在动词现在进行时的否定形式中，助动词 ہونا 可以省略。例如：

没在治病吗？　　علاج نہیں کر رہے؟

看不到一个人，也没一点热闹劲儿。　　کوئی نظر ہی نہیں آ رہا، نہ کچھ چہل پہل نہ رونق۔

难道您不相信这话是我对您讲的？　　کیا آپ کو یقین نہیں آ رہا کہ میں نے ہی آپ سے یہ بات کہی تھی۔

八、现在完成时

1. 现在完成时的形式为过去分词+助动词 ہونا 的现在时变化形式（ہیں،ہے،ہو،ہوں）,它有性、数、人称的区别，现以 آنا 为例，示其变化如下：

性/数 人称	阳（阴）性/单数	阳（阴）性/复数
第一人称	میں آیا (آئی) ہوں	ہم آئے ہیں
第二人称	تو آیا (آئی) ہے	
	تم آئے (آئی) ہو	تم آئے (آئی) ہو
	آپ آئے (آئی) ہیں	آپ آئے (آئی) ہیں
第三人称	یہ آیا (آئی) ہے	یہ آئے (آئی) ہیں
	وہ آیا (آئی) ہے	وہ آئے (آئی) ہیں

谓语为及物动词时，主语后要加نے，动词的性数与不带介词的宾语一致。宾语带介词或没出现宾语，这时动词的性数为阳单。例如：

您辛苦了。　آپ نے بہت زحمت اٹھائی ہے۔

我看见两只书包。　میں نے دو بستے دیکھے ہیں۔

他吩咐过。　انہوں نے فرمایا ہے۔

一分钱把我弄得很被动。　ایک پیسے نے مجھے مجبور دیا ہے۔

2. 现在完成时的概念及用法：

（1）表示动作到现在为止已经完成或刚完成。汉语常用“了”来表达。

我把这件工作做完了。　میں نے یہ کام پورا کیا ہے۔

已是十二点半了。　ساڑھے بارہ بج چکے ہیں۔

法蒂玛刚从城里回来。　فاطمہ ابھی شہر سے واپس آئی ہے۔

（2）动作在过去完成，表示现有的经验（经历）。汉语常用“过”来表示。

你看过这本书吗？   کیا تم نے یہ کتاب پڑھی ہے؟

是的，这本书我已看过。   جی ہاں، میں نے یہ کتاب پڑھی ہے۔

你吃过巴基斯坦饭吗？   کیا تم نے پاکستانی کھانا کھایا ہے؟

是的，我吃过两次巴基斯坦饭。   جی ہاں، میں نے دو بار پاکستانی کھانا کھایا ہے۔

他一辈子都在为祖国效劳。   انہوں نے ساری عمر اپنے ملک کی خدمت میں گزاری ہے۔

我们的友谊经历了巨大的考验。   ہماری دوستی بڑی بڑی آزمائشوں سے گزری ہے۔

（3）表示动作发生在过去，但动作的结果现在仍然存在。即用一个发生在过去的动作来说明现在的情况。

我打开了所有的窗子。   میں نے سب کھڑکیاں کھولی ہیں۔

满屋子都是花香。   پھول کی خوشبو سارے کمرے میں پھیلی ہوئی ہے۔

火车已到站了。   ریل گاڑی اسٹیشن پر آ پہنچی ہے۔

我们把他的相片挂在墙上。   ہم نے ان کی تصویر دیوار پر ٹانگی ہے۔

我们成了抗洪的主力。   سیلاب کے مقابلے میں ہم اصل قوت بن گئے ہیں۔

我们也发展了与周边国家的关系。   آس پاس کے ممالک سے بھی ہمارے تعلقات بڑھ گئے ہیں۔

گلیلیو سترہویں صدی عیسوی کا بڑا نامی گرامی سائنس دان گزرا ہے۔

伽利略是十七世纪出现的一位著名的大科学家。

（4）表示事情发生在过去，并且一直延续到现在，甚至还可能继续延续下去。

گذشتہ چالیس سے زائد برسوں میں ہم نے وطن کی تعمیر میں زبردست کامیابیاں حاصل کی ہیں۔

四十多年来，我们在建设祖国中取得了伟大成就。

您在北京待了几年？	آپ کتنے سال تک بیجنگ میں رہے ہیں؟
我在北京待了四年。	میں چار سال تک بیجیگ میں رہا ہوں۔
我已在这个大学里念了两年了。	میں نے اس یونیورسٹی میں دو سال تک پڑھا ہے۔
北京有光荣的革命传统。	بیجنگ کی شاندار انقلابی روایات رہی ہیں۔

九、单纯过去时

1. 单纯过去时的形式（ماضی مطلق）：

单纯过去时的形式有性数的变化，但无人称的区别。动词的单纯过去时形式有两种情况：

（1）动词根是以 آ 结尾的。在动词根后加 یا（或ے، ی، یں）。以 آنا 为例，示其变化如下：

性 \ 数	单数	复数
阳性	آیا	آئے
阴性	آئی	آئیں

（2）动词根不是以 آ 结尾的。在动词根后加 آ（或ے، ی، یں）。现以بولنا为例。示其变化于下：

性 \ 数	单数	复数
阳性	بولا	بولے
阴性	بولی	بولیں

（3）有几个动词的单纯过去时变化是不规则的。现列表于下：

动词 \ 性数	阳性		阴性	
	单数	复数	单数	复数
جانا	گیا	گئے	گئی	گئیں
کرنا	کیا	کئے	کی	کیں
لینا	لیا	لئے	لی	لیں
دینا	دیا	دئے	دی	دیں
پینا	پیا	پیئے	پی	پیں

（4）单纯过去时，动词如为及物动词，其主语后面必须加نے,及物动词的性数和句中的直接宾语一致。如宾语后有后置词或宾语不出现，则动词用阳性单数形式。例如：

他给了我一个本子。 اس نے مجھے ایک کاپی دی۔

我见过那个男孩。 میں نے اس لڑکے کو دیکھا۔

谁说的？ کس نے کہا؟

2. 单纯过去时的概念及用法：

（1）表示在过去时间内曾发生过的动作或状态。

前天有点儿热。 پرسوں کسی قدر گرمی تھی۔

他答应傍晚见面。 اس نے شام کو ملنے کا وعدہ کیا۔

انہوں نے اپنی جان قربان کر دی اور عظیم فتح کے لئے راستہ ہموار کر دیا۔

他牺牲了生命，为伟大的胜利铺平了道路。

一个水手来帮忙了。 ایک ملاح خدمت میں حاضر ہوا۔

第七章　动词的时和体 (زمانہ اور وضع)

میں نے انجینیری پاس کی۔　　　　　　　　　　我通过了工程师考试。

اس نے معذرت چاہی۔　　　　　　　　　　　　他请求原谅。

یکایک ہوا کا ایک تیز جھونکا آیا۔　　　　　　　突然刮来一阵大风。

آزادی کی لڑائی میں وہ ہمیشہ پیش پیش رہے۔　　在独立战争中他总是冲锋在前。

لوشن کی ولادت ۱۸۸۱ء میں ہوئی۔ جب وہ سمجھدار ہوئے تو ان کو عوام کی مفلسی اور مصیبتوں کا اندازہ ہوا، اپنے وقت کے تمام محب وطن نوجوانوں کی طرح ان کے دل پر بھی اس کا بہت اثر پڑا۔

鲁迅生于 1881 年。当他懂事时，感受到了人民的贫苦与困苦，也给了他和同龄的爱国青年很大的影响。

（2）代替将来时，表示"立即"。

میں ابھی حاضر ہوا۔　　　　　　　　　　　　我马上到。

آپ چلئے، میں ابھی آیا۔　　　　　　　　　　您走吧！我就来。

رضیہ، آؤ! ورنہ میں چلا۔　　　　　　　　　　拉齐娅，快来！否则我要走了。

（3）用于条件句中，表示强调语气"果真"。

اس نے سوچا کہ اگر کل مجھے کام نہ ملا تو بال بچے بھوکوں مر جائیں گے۔

他想："如果明天我找不到工作，孩子们就得挨饿了。"

اگر یہ حقیقت ہم نے نہ سمجھی تو پھر ہمارا علم کس کام کا۔

如果我们连这个道理都不明白，我们的知识还有什么用。

اگر ہم پر حملہ ہوا تو ہم یقیناً جوابی حملہ کریں گے۔　　人若犯我，我必犯人。

کل تک محل تیار نہ ہوا تو اس کی خیر نہیں۔　　到明天宫殿还完不了工的话，他就要倒霉了。

3. 单纯过去时与现在完成时的区别：

单纯过去时和现在完成时都表示过去做过的动作，但单纯过去时只表示动作发生在过去某一时刻，不表示它和现在的关系，而现在完成时除了表示过去完成的动作之外，还强调这一动作与现在的关系。如对现在产生的结果、影响等。试比较：

昨天我读了这本书。（只说明昨天我读过书这件事） کل میں نے یہ کتاب پڑھی۔

我读过这本书。（强调我知道它的内容） میں نے یہ کتاب پڑھی ہے۔

کس نے یہ دروازہ کھولا؟

谁打开了门？（指过去，与现在无关，没有说明现在是关着还是开着的）

谁把门打开了？（现在门还开着） کس نے یہ دروازہ کھولا ہے؟

他成为千万富翁。（现在还是） وہ لاکھوں کا مالک بن گیا ہے۔

他成为千万富翁。（曾经是，现在是不是不知道） وہ لاکھوں کا مالک بن گیا۔

十、一般过去时

1. 一般过去时的形式：

（1）动词 ہونا 的一般过去时也有综合式与分析式两种形式，它们只有性数的区别，无人称的区别。示其变化形式如下：

a. 综合式

数 / 性	单数	复数
阳性	تھا	تھے
阴性	تھی	تھیں

b. 动词 ہونا 的分析式一般过去时的形式为动词根+تا (或تی، تے)+助动词 ہونا 的过

去时变化形式（تھا或تھے،تھی،تھیں），它有性数的区别。示其变化如下：

性＼数	单数	复数
阳性	ہوتا تھا	ہوتے تھے
阴性	ہوتی تھی	ہوتی تھیں

（2）其他动词的一般过去时形式都是分析式，没有综合式。即动词根+تا（或تے،تی）+助动词 ہونا 的过去时变化形式（تھا 或 تھے،تھی،تھیں）。现以动词 آنا 为例，示其变化如下：

性＼数	单数	复数
阳性	آتا تھا	آتے تھے
阴性	آتی تھی	آتی تھیں

2. 一般过去时的概念及用法：

（1）表示过去存在的习惯，过去经常发生的动作或现象。

我父亲少年时代在这屋里学习。　　میرے والد لڑکپن میں اس کمرے میں پڑھتے تھے۔

他年轻时吃了不少苦。　　جوانی کے زمانے میں وہ بہت مصیبتیں اٹھاتے تھے۔

以前他早晨六点钟起床。　　پہلے وہ صبح چھ بجے اٹھتا تھا۔

他财运亨通。　　ان پر لکشمی مہربان تھی۔

这个钟报时很准。　　یہ گھڑی صحیح وقت دیتی تھی۔

他经营牛奶生意。　　وہ دودھ کا کاروبار کرتا تھا۔

他们俩受不了这种对待。　　وہ دونوں اس برتاؤ کے عادی نہ تھے۔

那里的空气比较清新凉爽。 وہاں کی ہوا میں کچھ تازگی اور ٹھنڈک تھی۔

（2）表示过去多次反复发生的动作，这时，往往在一定的上下文中可省略助动词تھا（或تھے، تھی، تھیں）。这种形式叫一般过去时的省略形式，在上下文中有一般过去时的完整形式。例如：

احمد نیک تھا، سچا تھا۔ سب اسے اچھا سمجھتے، مگر کچھ لوگ اس سے جلتے بھی تھے۔

艾哈迈德忠厚老实，大家都觉得他好，但也有人妒忌他。

（3）与疑问副词 کب 连用时，表示“不可能”、“没有”。

他什么时候在这里住过？ وہ یہاں کب رہتا تھا؟

王先生什么时候来过我们这里？ وانگ صاحب ہمارے یہاں کب آتے تھے؟

她什么时候认输过？ وہ ہار کب مانتی تھی؟

（4）动词一般过去时的否定形式是在动词前或复合动词中间加否定词نہیں,助动词 ہونا 不省略。例如：

那时他一般是不跳舞的。 وہ عام طور پر نہیں ناچتا تھا۔

从前那个地方的人不锻炼身体。 پہلے وہاں کے لوگ کسرت نہیں کرتے تھے۔

十一、过去进行时

1. 过去进行时的形式：

过去进行时的形式为动词根+رہا (或رہے، رہی)+助动词 ہونا 的过去时变化形式（تھا或تھے، تھی، تھیں)，它有性、数和人称的区别。 现以 آنا 为例，示其变化于下：

第七章　动词的时和体（زمانہ اور وضع）

性＼数	单数	复数
阳性	آرہا تھا	آرہے تھے
阴性	آرہی تھی	آرہی تھیں

2. 过去进行时的概念及用法：

(1) 表示在过去某一时刻或某一时间内正在进行的动作。例如：

昨天这个时候我正在城里看电影。　　　کل اس وقت میں شہر میں فلم دیکھ رہا تھا۔

当我进去时，她正在看一份杂志。　　　جب میں اندر گیا تو وہ ایک رسالہ پڑھ رہی تھی۔

(2) 表示过去正要进行的动作，往往是在这个动作要进行的过程中突然发生了另一动作或情况。例如：

我正要来您这儿，赛伊塔来我家了。　　　میں تو آپ کے یہاں آرہی تھی کہ سعیدہ میرے یہاں آگئی۔

他正要去开会时，电话铃响了。　　　وہ میٹنگ میں شریک ہونے جا رہا تھا کہ ٹیلیفون کی گھنٹی بجنے لگی۔

(3) 表示过去完成了的动作，体现动作的过程，它后面往往跟着表示否定意义的分句。例如：

昨天我倒是等了他，但是他没来。　　　کل میں اس کا انتظار کررہا تھا، لیکن وہ نہیں آیا۔

他给是给了，但我们没拿。　　　وہ دے تو رہا تھا لیکن ہم نے لیا نہیں۔

(4) 描写故事发生的背景。例如：

ہوا چلنے کی آوازیں آرہی تھیں، اس وقت سورج ڈوب چکا تھا، رات کا اندھیرا بڑھ رہا تھا، وہ نہر کے بڑے بند کے نیچے سے گزرا۔

那时正吹着风，太阳已落了山，夜色越来越浓了，他从运河的大坝下走过。

外面夜色沉沉，但马路上还有不少行驶的车辆。　　رات اندھیری تھی مگر سڑک چل رہی تھی۔

3. 过去进行时的否定形式：

（1）一般动词前加上否定词 نہیں,便构成否定形式。如：

娜菲斯也根本不在听。　　نفیس بھی کچھ نہیں سن رہی تھی۔

（2）复合动词的两个词中间加上否定词 نہیں ，便构成否定形式。如：

我不相信弟弟的话。　　مجھے بھائی کی بات کا یقین نہیں آرہا تھا۔

انہیں ٹھیک سے یاد نہیں آرہا تھا کہ انہوں نے کہاں اس شخص کو دیکھا تھا۔

他记不清在什么地方见过这个人。

苏曼自己心里并不想走。　　سمن کا خود ہی جی نہیں چاہ رہا تھا کہ جائے۔

十二、过去完成时

1. 过去完成时的形式为过去分词+助动词 ہونا 的过去时变化形式（تھیں، تھی، تھے或تھا）,它有性、数的区别。现以 آنا 为例，示其变化如下：

性 \ 数	单数	复数
阳性	آیا تھا	آئے تھے
阴性	آئی تھی	آئی تھیں

谓语为及物动词时，主语后要加نے，动词的性数与不带介词的宾语一致。宾语带介词或没出现宾语，这时动词的性数为阳单。例如：

我们买到好东西了。　　ہم نے اچھی اچھی چیزیں خریدی تھیں۔

我在地里施过肥。　　میں نے کھیت میں کھاد ڈالی تھی۔

是谁把他推出去的？　　کس نے اس کو باہر دھکیل دیا تھا؟

2. 过去完成时的概念及用法：

（1）表示过去已经完成的行为或状态，一般表示很久以前完成的事，在强调时也可用来表示刚才完成的事。例如：

日本侵略者侵略过中国。　　جاپانی حملہ آوروں نے چین پر حملہ کیا تھا۔

这部电影几个月以前上映过。　　یہ فلم چند مہینے پہلے دکھائی گئی تھی۔

我刚告诉过您我明天去上海。　　ابھی میں آپ سے کہنے آیا تھا کہ میں کل شنگھائی جاؤں گا۔

我已说过。　　میں نے کہا تھا۔

（2）表示过去某一时间以前已经完成了的动作，即“过去的过去”，例如：

وہ لوگ بہت خوش تھے کیونکہ ان لوگوں نے سارے گاؤں کو ڈوبنے سے بچا لیا تھا۔

他们很高兴，因为他们救了全村，使之免于淹没。

当我们到了那里时，其他人早已到了。　　جب ہم وہاں پہنچے تو دوسرے لوگ وہاں پہنچ گئے تھے۔

جب میں آج صبح سو کر اٹھا تو میرا بھائی ناشتا بھی کر چکا تھا۔

当我今晨起床时，我的兄弟已吃完早饭了。

十三、将来时

1. 将来时的形式：

（1）将来时的形式为：动词根+动词词尾的变化形式。它有性、数、人称的区别。

（2）将来时动词词尾的变化形式如下：

میں: وں گا(وں گی)

تو،وہ（单数）: ے گا(ے گی)

تم: (وگے)(وگی)

آپ،وہ（复数）: یں گے(یں گی)

ہم: یں گے

（3）现以بولنا为例，示其变化如下：

人称 / 数/性	第一人称		第二人称		第三人称	
	单数	复数	单数	复数	单数	复数
阳性	میں بولوں گا	ہم بولیں گے	تُو بولے گا	تم بولو گے آپ بولیں گے	وہ بولے گا	وہ بولیں گے
阴性	میں بولوں گی	ہم بولیں گے	تُو بولے گی	تم بولو گی آپ بولیں گی	وہ بولے گی	وہ بولیں گی

（4）动词 ہونا،لینا 和 دینا 的将来时变化形式是不规则的。现示其变化形式于下：

人称 / 动词/性数	第一人称		第二人称			第三人称	
	阳单	阳复	阳单	阳复	阳复	阳单	阳复
ہونا	میں ہوں گا	ہم ہوں گے	تُو ہو گا	تم ہو گے	آپ ہوں گے	وہ ہو گا	وہ ہوں گے
لینا	میں لوں گا	ہم لیں گے	تُو لے گا	تم لو گے	آپ لیں گے	وہ لے گا	وہ لیں گے
دینا	میں دوں گا	ہم دیں گے	تُو دے گا	تم دو گے	آپ دیں گے	وہ دے گا	وہ دیں گے

第七章 动词的时和体（زمانہ اور وضع）

除了 ہم 只有阳性复数的变化形式之外，其他阴性变化都是把 گا 或 گے 变为 گی。例如：دو گی، لے گی، ہوں گی 等。

2. 将来时的概念及用法：

(1) 表示将来的动作或状态。例如：

明天我们去公园。 کل ہم لوگ باغ جائیں گے۔

你将学乌尔都语吗？ کیا تم اردو سیکھو گے؟

明天见！ کل پھر ملاقات ہو گی۔

(2) 表示意志或决心。例如：

我们绝不拿原则做交易。 ہم کبھی اصول کا سودا نہیں کریں گے۔

中国人民要为人类做出更大的贡献。 چینی عوام بنی نوع انسان کے لئے عظیم ترخدمات انجام دیں گے۔

我们一定要把理想变为现实。 ہم اپنے نصب العین کو حقیقت میں بدل کر رہیں گے۔

(3) 表示肯定。例如：

这件工作总有办法完成。 کسی نہ کسی طرح یہ کام ضرور پورا ہو جائے گا۔

我一定会告诉她的。 میں ضرور انہیں بتاؤں گی۔

进步终究要取代落后。 ترقی آخر کار پسماندگی کی جگہ لے لے گی۔

(4) 用于条件句中，表示可能实现的假定。例如：

如果您去北京，请代我向他问好。 اگر آپ بیجنگ جائیں گے تو ان سے میرا آداب عرض کہیئے گا۔

如果您不反对的话，我就把芒果拿来。 اگر آپ کو اعتراض نہ ہو گا تو میں آم لے آؤں گا۔

(5) 有时也表示普遍真理。例如：

没有水鱼就会死去。 پانی کے بغیر مچھلی مر جائے گی۔

水一百度沸腾。 ۱۰۰ ڈگری پر پانی ابلے گا۔

（6）在谚语中，常用将来时表示一般的道理。例如：

纸做的船能驶多久。 کاغذ کی ناؤ کب تک چلے گی۔

公鸡不报晓，天还是要亮的。 چاہے مرغ بانگ نہ دے، پھر بھی سویرا ہوگا۔

练习

一、填出下列表内动词单纯过去时的变化形式：

性数 / 动词	阳性		阴性	
	单数	复数	单数	复数
جانا				
کرنا				
آنا				
لینا				
دینا				
پینا				
لانا				
پوچھنا				

二、按要求写出动词 بتانا، کھانا، ہونا، لینا، دینا، کرنا، پینا **将来时动词词尾的变化形式：**

________（阴性），________（阳性）:میں

________（阴性），________（阳性）:تو، وہ

تم：（阳性）__________，（阴性）__________

آپ،ہم،وہ：（阳性，复数）__________

（阴性，复数）__________

三、翻译下列句子：

1. 世界上有很多文明古国，它们都有着各自悠久的历史。
2. 行动胜过言论。
3. 我们衷心感谢你们的帮助。
4. 乌尔都语属于印欧语系（ہندویورپی زبانیں），它共有35个字母。
5. 他曾经是某工厂的工程师，如今在经营自己的生意（ذاتی کاروبار کرنا）。
6. 你先走，我马上就来。
7. 如果当时我在场，我会帮助警察抓那个小偷。
8. 我在想，他为什么要选择这个职业呢？
9. 学校操场里正在进行着体育比赛。
10. 两年前我去过上海，明天又要去了。
11. 房间的地上铺着一块漂亮的地毯。
12. 我们学习乌尔都语已经两年了。
13. 我们从这件事中受到了很大的教育。
14. 他来了，又走了。
15. 昨天隆重地举行了运动会开幕式。
16. 他告诉我说："只要他一回来，就来见我。"
17. 如果他有勇气承认错误，我可以原谅他。
18. 当我到达火车站时，火车早已开走了。
19. 雨就这样一直下了四个小时。
20. 我们在屋里谈话时，他正在打电话。
21. 我正要去您那儿时，来了一位朋友。
22. 电台早已宣布了这条消息，你没听见？
23. 今后你付出多少努力，就有多大的收获。

24. 在烈日下行走不大汗淋漓才怪呢。

25. 他来办公室了。

26. 我稍晚点到了他家，可他没等我。

27. 姐姐们从不让我打扫她们的房间。

28. 前天他在极力说服我，但我没同意。

29. 八国联军（آٹھ ممالک کی متحدہ افواج）烧毁了这座皇家园林，如今政府正在修复它。

30. 我读过您的论文（مقالہ）。

31. 您到现在还在睡，要是晚了，可怎么办？

32. 我建议，现在大家一起唱一支歌来庆贺我们成功的合作。

四、翻译下列短文和段落：

1. 他把我们带进一家咖啡馆，我们坐下喝咖啡。喝着喝着我的目光落在面前挂着的钟上。就在刚才我已看过表，这会儿我觉得我的表与咖啡馆的钟表的时间不同，仔细一看，发现我的表慢了三小时。心想：大概它停了吧。可是，当我把表贴在耳朵上，才知道还走着呢。其中一位主人（میزبان）猜到了我的疑惑（پریشانی），笑着对我说："巴基斯坦与中国的时差是三个小时。"这一点我也知道，可那会儿却忘得一干二净。巴基斯坦朋友的话提醒了我，我拨动了时针，让它向前了三个小时。

2. 大约过了三个小时，飞机降落在拉合尔机场上，我们从飞机上走下来，映入眼帘的是巴基斯坦朋友的微笑。

3. 有一条狗找到一块肉，为了能安心地吃，它叼着肉来到一条小河边。当它从桥上走过时，发现了河里自己的影子。它盯着看了一会儿，心想：河里还有一条狗，它嘴里叼着块肉（蹲着），我应该把它抢过来。于是它叫了一声。刚一张嘴，叼在嘴里的肉掉进了水里，他随后跳进水里去找那块肉。过了一会儿它才明白了：原来水里没有另外一条狗，那只不过是自己的影子。它努力去找那块肉，但肉早已被水冲走了。

五、用适当的动词形式填空：

یہ بات سن کر مہمان کہنے لگا: میرے ساتھ بھی ایسا ہی واقعہ پیش آیا کہ جیسے تم رخصت _____ (ہونا)، دو نہایت ہی خوفناک آدمی یہاں _____ (وارد ہونا) اور مجھے زبردستی یہاں سے _____ (لے جانا) اور تمام کمرے _____ (دکھانا) اور آخر کار

ایک کمرے میں ______ (لے جانا) جہاں مٹھائی کا خوان ______ (رکھنا) وہ خوان دکھا کر انہوں نے مجھ سے ______ (کہنا) کہ اسے ______ (کھانا)۔میں نے لاکھ ______ (منع کرنا) مگر وہ نہ ______ (ماننا) اور مجبور ہو کر مجھے تمام مٹھائی ______ (کھانا پڑنا)، پھر وہ مجھے یہاں لا کر ______ (چھوڑنا)۔

کنجوس نے جو یہ ماجرا ______ (سننا) تو بڑی حیرت سے ______ (پوچھنا) کہ،ہیں! تم نے وہ ساری مٹھائی ______ (کھانا)؟مہمان نے جواب دیا: میں کیا ______ (کرنا) ،مجھے تو ان دو آدمیوں نے مجبور کر ______ (کردینا)۔وہ کنجوس غصے میں ______ (کہنا): تم نے مجھے کیوں نیند سے نہ ______ (اٹھانا)؟ مہمان ______ (کہنا): اس وقت میں آپ کو کہاں تلاش ______ (کرنا)، کبھی آپ مشرق میں ______ (ہونا) ، کبھی مغرب میں، کبھی شمال تو کبھی جنوب میں ، بھلا آپ کو کس سمت میں تلاش ______ (کرنا)۔کنجوس یہ سن کر شرمندگی سے خاموش ______ (ہونا)۔

六、选择正确的动词形式填空：

ایک دفعہ دو دوست لمبے سفر پر روانہ ہوئے، یہ راستہ جنگل سے گزرتا تھا۔انہوں نے آپس میں فیصلہ ___۱___ کہ ہم ایک دوسرے کی مصیبت کے وقت مدد ___۲___۔تھوڑی ہی دیر بعد انہوں نے ایک ریچھ کو آتے ___۳___ ،ان میں سے ایک فوراً درخت پر ___۴___ اور ٹہنیوں میں ___۵___ ۔ دوسرا درخت پر چڑھنا نہیں جانتا تھا،وہ سانس روک کر زمین پر ___۶___ ۔ ریچھ لیٹے ہوئے آدمی کے پاس ___۷___ اور اسے ___۸___ ،ریچھ اسے مردہ خیال کر کے ___۹___ ۔جب ریچھ نظر سے اوجھل ___۱۰___ تو اس کا دوست درخت سے ___۱۱___ اور کہنے لگا: اٹھو،ریچھ ___۱۲___ ۔ہم اب خطرے سے باہر ___۱۳___ مجھے ___۱۴___ ،ریچھ تمہارے کانوں میں کیا ___۱۵___ ؟ اس نے جواب دیا: ریچھ نے صرف یہ ___۱۶___ کہ ایسے دوستوں سے خبردار ___۱۷___ ،جو مصیبت کے وقت اپنے دوستوں کے کام نہ ___۱۸___ !

(　　)　۱-　کیا تھا　کیاہے　کیا

(　　)　۲-　کریں گے　کریں　کرتے ہیں

( )	۳-	دیکھا	دیکھا ہے	دیکھا تھا
( )	۴-	چڑھا	چڑھ گیا	چڑھنے لگا
( )	۵-	چھپا	چھپنے لگا	چھپ گیا
( )	۶-	لیٹ رہا تھا	لیٹ گیا	لیٹا
( )	۷-	آ رہا تھا	آ گیا	آیا
( )	۸-	سونگھا	سونگھ رہا ہے	سونگھ گیا
( )	۹-	چھوڑا	چھوڑ گیا	چھوڑتا تھا
( )	۱۰-	ہو گیا	ہوا	ہونے لگا
( )	۱۱-	اتر چکا	اترا	اتر رہا تھا
( )	۱۲-	چل گیا	چلا گیا	چل رہا تھا
( )	۱۳-	ہوتے ہیں	ہوئے	ہیں
( )	۱۴-	بتاؤ	بتائیں	بتا
( )	۱۵-	کہا	کہہ رہا تھا	کہہ دیا
( )	۱۶-	کہہ دیا	کہا	کہہ رہا تھا
( )	۱۷-	رہیں	رہ	رہو
( )	۱۸-	آئے	آئیں گے	آئیں

第七章　动词的时和体 (زمانہ اور وضع)

七、用过去完成时完成下列句子：

(申请)	....	۱- میں نے پہلے ہی نوکری کے لئے
(没收到他的信)	....	۲- مجھے کئی دنوں سے
(早就做完了)	....	۳- میں اپنا کام
(她回到家了吗)	....	۴- کیا بارش ہونے سے پہلے
(饭做好了吗)	....	۵- کیا سلمان کے آنے سے پہلے تم
(从没这样做过)	....	۶- تم نے اس سے پہلے
(小偷跑了)	....	۷- پولیس کے آنے سے پہلے
(死了)	....	۸- ڈاکٹر کے آنے سے پہلے بڑھیا
(写完了信)	....	۹- ڈاکیے کے آنے سے پہلے میں
(早到城里了)	....	۱۰- ہم سورج چھپنے سے پہلے

八、用正确的动词形式填空：

۱- یہ باغ کس کی یاد میں _____ (بنانا)؟ (建造了)

اس باغ میں کیا کیا قابلِ دید عمارتیں _____ (بنانا)؟ (建造了)

۲- کیا تم نے اسے _____ (دیکھنا)؟ (看见)

تم نے کہاں، کس وقت اسے _____ (دیکھنا)؟ (看见了)

۳- کیا آپ امتحان میں پاس _____ (ہو جانا)؟ (通过了)

آپ کس مضمون کے امتحان میں پاس _____ (ہو جانا)؟ (通过了)

۴- کل اس نے مجھے ایک کتاب _____ (دینا)۔ (给了)

اس نے مجھے یہ کتاب پڑھنے کے لئے _____ ۔(دینا) （给了）

۵۔ پچھلے سال ان عمارتوں کی تعمیر _____ ۔(کرنا) （建成了）

حالیہ چند سالوں میں کافی عمارتیں تعمیر _____ ۔(کرنا) （建成了）

۶۔ یہ واقعہ مجھے معلوم ہے، انہوں نے مجھے _____ ۔(بتانا) （告诉了）

ان کے بتانے سے مجھے یہ واقعہ معلوم _____ ۔(ہونا) （知道了）

第八章 动词的语气（صورت）

一、概说

1. 语气是动词一种形式。它表示讲话人对他所说的行为和事情的看法和态度。即讲话人认为他所讲的是事实还是不是事实或是某种主观愿望、推测等。

2. 乌尔都语动词的语气有五种：

（1）陈述语气

عوام میں وطن کی تعمیر کے لئے بڑی گرمجوشی موجود ہے۔

群众中蕴藏着一种极大的建设祖国的积极性。

（2）祈使语气

把书拿走！ یہ کتاب لے جاؤ!

（3）虚拟语气

我怎么办？ اب کیا کروں؟

（4）犹豫语气

现在泽格利亚先生已经来了吧。 اس وقت زکریا صاحب آئے ہوں گے۔

（5）假定语气

如果我住在河边，那我就每天钓鱼。 اگر میں ندی کے پاس رہتا تو میں روز مچھلیاں پکڑتا۔

二、陈述语气

1. 动词陈述语气表示真实的动作（肯定的或否定的），它使用最广泛。例如：

我们把希望寄托在你们身上。 ہماری امیدیں تم لوگوں سے وابستہ ہیں۔

她不会说英语。 وہ انگریزی نہیں بول سکتی۔

火车在这个站台就停一会儿。 ریل گاڑی اس سٹیشن پر تھوڑی ہی دیر کھڑی ہوتی ہے۔

2. 动词的陈述语气有性、数、人称、时态、语态等全部变化形式，这些在其他章节里都有详细的叙述。

三、祈使语气

1. 祈使语气表示说话人要求对方完成某种动作，它可以用来表示命令、请求、建议、劝告、警告等意义。例如：

（命令）开动脑筋干活！ عقل سے کام کرو!

（命令）干你自己的活儿去！ اپنا کام دیکھ !

（请求）劳驾带我到办公室去。 مہربانی کرکے مجھے دفتر لے چلئے۔

（请求）要看到我的劳动！ میری محنت پر نظر کیجئے۔

（建议）走吧，一起去。 چلئے، ساتھ ساتھ چلیں۔

（劝告）不要和坏人交朋友！ بُروں کے ساتھ دوستی قائم مت کرو!

（警告）这人要动刀子了，留神！ یہ آدمی چھری چلائے گا، دیکھ لینا!

（警告）里面有毒，别吃！ اس میں زہر ہے، مت کھاؤ!

2. 祈使语气一般用于第二人称，它有两种时态，即现在时和将来时。现在时要求对方在当时完成某种动作，将来时在时间上的要求不那么急迫。例如：

快快读！ جلدی جلدی پڑھو!

明天请您来我们这里。 کل ہمارے یہاں آئیے گا۔

妹妹，干嘛走呢？吃点葡萄再走。　　بہن جاتی کیوں ہو؟ انگور کھالو، پھر چلی جانا۔

آج رات تو ہمارے گھر ٹھہر جا۔ جب دن چڑھے گا تو جہاں تیرا جی چاہے گا، چلا جانا۔

今晚就待在我们家吧，明天白天你想去哪儿都行。

现以 آنا 为例。示祈使语气变化形式于下：

时态 / 代词	现在时	将来时
تو	آ	آنا
تم	آؤ	آنا
آپ	آئیے	آئیے گا

动词لینا، دینا، کرنا، پینا的祈使语气变化形式是不规则的。现将其变化列表如下：

时态 / 代词/动词	现在时				将来时			
	لینا	دینا	کرنا	پینا	لینا	دینا	کرنا	پینا
تو	لے	دے	کر	پی	لینا	دینا	کرنا	پینا
تم	لو	دو	کرو	پیو	لینا	دینا	کرنا	پینا
آپ	لیجئے	دیجئے	کیجئے	پیجئے	لیجئے گا	دیجئے گا	کیجئے گا	پیجئے گا

注意：

第二人称 آپ 的谓语祈使语气也可以用虚拟式，用虚拟式比用祈使式更客气，更有礼貌。例如：

请坐下吧！　　آپ تشریف رکھیں۔

请吩咐吧！　　آپ فرمائیں۔

请到这边来吧! آپ یہاں تشریف لائیں۔

3. 第一人称和第三人称的虚拟语气的形式也可以看作祈使语气形式。它用于商量、建议和允许。

我们走吧! ہم جائیں۔

让他走吧! اسے جانے دیں۔

也让我听一听! ذرا میں بھی تو سنوں۔

我们吃过早餐后再出发,行吗? ہم پہلے ناشتا کریں، پھر روانہ ہو جائیں، ٹھیک ہے؟

4. 在现在分词后用 رہنا ，表示要求把动作持续下去。例如:

孩子,天天向上! ترقی کرتے رہو، بیٹا!

永远繁荣昌盛! پھولتا پھلتا رہ!

5. 祈使语气的否定形式是:在动词前加否定词 نہ 或 مت 。

نہ 的语气比较缓和,表示否定,也有禁止之意, مت 却只是禁止,在语气上比较严厉,有时为了强调,还可以把 مت 放在动词后面。例如:

不要总开玩笑! ہر وقت مذاق نہ کیا کرو!

别闹! شور نہ مچاؤ!

别自吹自擂了! اپنے منہ میاں مٹھو نہ بنو!

别发慌! گھبراؤ مت!

6. 有时动词祈使语气后面加 تو 表示加重语气。还有时后面加 نا ，这时表示商量的语气。例如:

听吧!   سنو تو!

坐吧!   بیٹھو تو!

来吧! 我们也走。   آؤ نا، ہم بھی چلیں۔

坐下!（怎么不坐下，还是坐下吧!）   بیٹھونا!

四、虚拟语气

1. 虚拟语气的概念：

虚拟语气表示说话人主观上考虑的行为或状态，它们在客观上有可能是事实，但也不一定能成为事实，如愿望、建议、推测等条件句也常用虚拟语气，有时它也表示某些客观事实。例如：

我希望你很快克服困难。   میری خواہش ہے کہ تم جلدی سے مشکلات کو دور کرو!

我建议我们再多考虑考虑。   میری تجویز ہے کہ ہم مزید غور و فکر کریں۔

ہم اپنے وطن کے لئے خدمات انجام دے سکتے ہیں بشرطیکہ ہم سائنسی علوم کا بغور مطالعہ کریں اور اس پر اچھی طرح دسترس حاصل کریں۔

只要努力学习掌握科学知识，我们就能为祖国做出贡献。

2. 虚拟语气的形式：

（1）虚拟语气的基本形式是动词的将来时形式去掉 گا 或 گے، گی, 它没有性的区别, 只有数与人称的区别。

现以 لکھنا ہونا 为例，示其变化于下：

数 人称/ 动词	单数		复数	
	ہونا	لکھنا	ہونا	لکھنا
第一人称	میں ہوں	میں لکھوں	ہم ہوں	ہم لکھیں
第二人称	تو ہو	تو لکھے	تم ہو آپ ہوں	تم لکھو آپ لکھیں
第三人称	وہ (یہ) ہو	وہ (یہ) لکھے	وہ (یہ) ہوں	وہ (یہ) لکھیں

（2）动词虚拟语气有主动语态与被动语态两种，被动语态的虚拟语气有性数的区别，没有人称的区别。例如：

ہمیں اچھے مقصد کے لئے متحد ہوجانا چاہیئے ،آپس کے تنازعے ختم کردئے جائیں۔

我们应该为了一个美好的目标团结起来，消除彼此间的分歧。

本句中的 دئے جائیں 是阳性复数，是随 تنازعے 变化而来。

بچے قوم کا سرمایہ ہیں ، ان کی تعلیم اور صحت کا خیال رکھا جائے۔

孩子是祖国的财富，要关心他们的教育和身体。

本句中的رکھا جائے 是阳性单数，是随 خیال 变化而来。

ایک تجویز یہ ہے کہ سعیدہ کی سالگرہ بڑی دھوم دھام سے منائی جائے۔

有一个建议是为赛伊达风风光光地庆祝生日。

本句中的منائی جائے 为阴性单数，是随 سالگرہ 变化而来。

میں نے کہا تھا کہ جلد از جلد دیواروں پر دو تین تصویریں لگائی جائیں۔

我说过了，尽快在墙上贴上几幅画。

第八章 动词的语气（صورت）

本句中 لگائی جائیں 是阴性复数，是随 تصویریں 变化而来。

（3）虚拟语气还有体的区别。一般来说，由于虚拟语气主要表示对客观情况的推测、估计、怀疑等，所以大量用表示将来意义的基本形式，只是在意义上有需要时，才用经常体、进行体或完成体。其形式如下：

虚拟语气经常体的形式为现在分词+ ہوں 或 ہو。

虚拟语气进行体的形式为动词根+ رہنا 的过去分词+ ہوں 或 ہو。

虚拟语气完成体的形式为过去分词+ ہوں 或 ہو。

现以 آنا 为例。一并示其变化于下：

人称	数	代词	基本形式	经常体	进行体	完成体
第一人称	单	میں	آؤں	آتا ہوں	آ رہا ہوں	آیا ہوں
	复	ہم	آئیں	آتے ہوں	آ رہے ہوں	آئے ہوں
第二人称	单	تو	آئے	آتا ہو	آ رہا ہو	آیا ہو
	复	تم	آؤ	آتے ہو	آ رہے ہو	آئے ہو
	复	آپ	آئیں	آتے ہوں	آ رہے ہوں	آئے ہوں
第三人称	单	وہ(یہ)	آئے	آتا ہو	آ رہا ہو	آیا ہو
	复	وہ(یہ)	آئیں	آتے ہوں	آ رہے ہوں	آئے ہوں

注意：上表均为阳性形式。后三种虚拟语气的阴性形式是把上述各分词变为阴性即可。（但 ہم 不变）

如果虚拟语气完成体的动词是及物动词，主语后要加 نے，动词的性数与不带介词的宾语一致。例如。

他大概吃过菜了。　　اس نے سبزی کھائی ہو۔

3. 虚拟语气的用法：

（1）表示祝愿

愿你长寿！　　عمر دراز ہو !

祝长寿幸福！　　عمر و اقبال بڑھے !

（2）表示犹豫不决

哪些事儿我做，哪些事儿我不做呢？　　کیا کروں، کیا نہ کروں؟

说还是不说呢？　　کہوں یا نہ کہوں؟

（3）表示口气缓和的命令

别吵了！　　شور نہ مچائیں!

来吧，咱俩商量一下。　　آؤ، ہم دونوں تبادلۂ خیال کریں۔

请代我向他问好。　　انہیں میرا سلام پہنچائیں۔

请经常说乌尔都语。　　ہمیشہ اردو ہی بولا کریں۔

请交款。　　براہ مہربانی قیمت ادا کر دیں۔

您把邮件寄来吧！　　آپ خطوط ڈاک کے ذریعے بھیج دیا کریں۔

（4）法律上的判决

۔۔۔۔۔۔ لالو کو اس کے بچے دے دئے جائیں، حجن کو بھی اس کا بچہ دے دیا جائے، لیکن اس کو ملک سے نکال دیا جائے۔

把拉鲁的孩子们归还给拉鲁，把赫金的孩子归还给赫金，但要把赫金驱逐出境。

（5）表示定理、公式

名词是事物的名称。　　اسم وہ لفظ ہے جو کسی شخص یا شے کا نام ہو۔

及物动词的影响通过主语及于宾语。　　فعل متعدی وہ ہے جس کا اثر فاعل سے گزر کر مفعول تک پہنچے۔

（6）用在谚语、格言中

蛇也死了，拐杖也未断。（两全其美）

سانپ مرے لاٹھی نہ ٹوٹے۔

自作自受。

جو کرے سو بھرے۔

自己输了却揍媳妇。

آپ ہارے بہو کو مارے۔

先点火，再观火。

آگ لگائے تماشا دیکھے۔

（7）表示请求允许

只要您准许的话我就说。

اجازت ہو تو عرض کروں۔

让他走吗？

کیا اسے جانے دیں ؟

我可以进来吗？

میں اندر آجاؤں ؟

我可以走了吗？

اب آپ مجھے اجازت دیں۔

（8）表示愿望、希望

我希望自己成为一名飞行员。

میری خواہش ہے کہ میں ایک ہوا باز بنوں۔

他想去北京看看天安门。

وہ چاہتا ہے کہ بیجنگ جا کر تھین آن من دیکھے۔

میری تمنا ہے کہ ہم سچائی کو سر بلند رکھیں اور غلطیوں کی اصلاح کریں۔

我的愿望是我们坚持真理，修正错误。

他希望不给任何人带来麻烦。

وہ چاہتا ہے کہ کسی کو تکلیف نہ پہنچے۔

（9）表示决心、决定

میرا ارادہ ہے کہ ڈاکٹر بن کر ملک وقوم کی خدمت کروں اور مثالی خدمت، دیانت اور فرض شناسی کا مظاہرہ کروں۔

我决心成为一位医生，为祖国服务，展现出优质的服务、真诚和责任心。

我们决定明天进城看电影。

ہمارا ارادہ ہے کہ کل شہر جا کر فلم دیکھیں۔

（10）表示应该、必要

ہمیں چاہیئے کہ جو وقت گزر چکا ہے، اس پر افسوس نہ کریں۔

我们不应该为逝去的光阴而感到遗憾。

ساری قوم کے عوام کو چاہیئے کہ ایک ساتھ متحد ہو جائیں ۔

全国人民应该团结在一起。

（11）表示担心

ہر ایک کو یہی خطرہ تھا کہ کہیں پڑوس کے مکان بھی آگ کی لپیٹ میں نہ آجائیں۔

每个人都担心，邻居家的房子可别被大火吞噬。

کہیں ایسا نہ ہو کہ ننھی سی جان ضائع ہو جائے۔

这小生命可别夭折了。

کہیں فیل ہو جاؤں تو یہ حضرت زندہ ہی نہ چھوڑیں گے۔

如果失败了，那这位先生决不会放过我的。

مجھے ڈر ہے کہ وہ کہیں گر نہ پڑے۔

我担心他可别在哪跌倒。

اس کو اندیشہ ہے کہ ایک آدھ دن میں بارش نہ ہو جائے۔

他担心一两天内不会下雨。

（12）表示怀疑、推测

مجھے شک ہے کہ آج وہ نہیں آئے۔

我担心他今天不会来。

شاید اس کا کہنا سچ نکلے۔

也许他的话是真的。

غالباً وہ دوسرے راستے سے غائب ہو گیا ہو۔

也许他从另一条路逃走了。

（13）表示建议、想法

بہتر یہ ہے کہ ہم شہری دفاع کی ازسرِ نو ترتیب حاصل کریں۔

我们最好重新布置城市安全设施。

میں نے سوچا کہ دنیا کی سیر کو نکلوں، نئے نئے علاقے دیکھوں، گھاٹ گھاٹ کا پانی پیوؤں ۔

我想周游世界，多看些地方，多长见识。

مجھے خیال آیا کہ کیوں نہ بچوں سے پوچھ لیا جائے۔

我想为什么不问问孩子们呢。

آپ امی سے کہیئے کہ وہ کپڑے نہ سیا کریں، ہم سے باتیں کیا کریں۔

请您对妈妈说，让她不要总做衣服，常跟我们说说话。

为什么不这样计算时间呢？　وقت کو کیوں نہ اسی طرح ناپا جائے۔

بہتر تو یہ ہے کہ ہم مشکلات کو تسلیم کریں، ان کا تجزیہ کریں اور ان کا مقابلہ کریں۔

我们最好是承认困难、分析困难、同困难作斗争。

（14）表示目的

我说这话是为了消除他的怀疑。　میں نے اس غرض سے کہا کہ اس کا شبہ جاتا رہے۔

وہ اس مقصد کے لئے آئے کہ ہمارے ساتھ ایک اہم مسئلہ پر تبادلہ ٔ خیال کریں۔

他来是为了和我们讨论一个重要问题。

میری خواہش ہے کہ اس ہسپتال میں صرف مریضوں کا علاج ہی نہ کیا جائے، بلکہ لوگوں کو صحت کے عام اصول بھی سمجھائے جائیں تاکہ لوگ صحت مند رہیں اور انہیں ہسپتال آنے کی ضرورت ہی نہ پڑے۔

我希望，这家医院不仅为患者治病，而且要人们懂得健康的一般常识，这样人们身体健康，就不必来医院了。

（15）表示条件

要是你看上了这头牛，就牵走吧！　اس گائے پر جی للچایا ہو تو لے لو!

میں اس پر عمل کرنے کو تیار ہوں بشرطیکہ ہمارے استاد اس پر راضی ہوں۔

只要我们的老师同意此事，我就去做。

只要我们及时拿到票，我们就去上海。　ہم شنگھائی جائیں گے بشرطیکہ ہمیں بروقت ٹکٹ مل جائیں۔

只要我有时间，我会帮助你的。　میں تمہاری مدد کروں گا بشرطیکہ مجھے فرصت مل جائے۔

（16）表示可能实现的假定

اگر دوستی نبھانے کے لئے ناانصافی کرنی پڑے تو وہ سچی دوستی نہیں۔

如果为了增进友谊而做违背原则的事，那就不是真正的友谊。

如果下雨，庄稼就能长得好。 پانی برسے تو کھیتی ہری ہو جائے۔

如果有雨，那可以舒适一些。 بارش ہو جائے تو کچھ سکون ملے۔

(17) 表示比喻

وہ اس طرح وحشت زدہ کھڑا تھا، جیسے کوئی بھرے مجمع میں ہرن کو کھڑا کر دے۔

他恐惧地站在那里，好像被放在人群中的鹿一样。

我感到他好像在做梦。 مجھے ایسا لگتا ہے کہ وہ اب خواب دیکھ رہا ہو۔

درختوں پر سے آم ایسے پٹ پٹ گر رہے ہیں جیسے اولے برس رہے ہوں۔

芒果吧嗒吧嗒从树上落下来，好像在下冰雹一样。

انہوں نے جوش و خروش سے کام کیا، گویا کوئی بڑا اہم فریضہ ادا کر رہے ہوں۔

他们热情地工作，好像在完成一件重要的大事。

(18) 表示可能

他可能现在正睡着。 ممکن ہے کہ وہ ابھی سو رہا ہو۔

他可能看过这部电影。 ممکن ہے کہ اس نے یہ فلم دیکھی ہو۔

他可能听过这件事。 ہو سکتا ہے کہ اس نے یہ بات سنی ہو۔

(19) 表示无论……，不管……

无论你怎么说，事实就是这样的。 خواہ آپ کچھ بھی کہیں، حقیقت یہی ہے۔

不管你来不来，对我都一样。 خواہ تم آؤ یا نہ آؤ، میرے لئے برابر ہے۔

不论您说多少他都不听。 آپ ہزار کہیں، وہ سنتا ہی نہیں۔

لومڑی چاہے کتنی چالاک کیوں نہ ہو، ایک نہ ایک دن ضرور پکڑی جائے گی۔

不管狐狸多么狡猾，总有一天会被逮住的。

پنکھا چلے تو مشکل، نہ چلے تو مشکل۔

不论开不开风扇都不好办。

（20）表示命令、指示、吩咐的内容

سپاہیوں کو حکم ملا کہ وہ صبح تک پوری پہاڑی پر قبضہ کر لیں۔

战士们得到命令，要他们在天亮以前占领山头。

لڑکوں سے کہو کہ وہ یہاں آئیں۔

叫男孩们到这里来。

ڈرائیور سے کہو کہ گاڑی تیار کرے۔

叫司机把车准备好。

（21）表示要求、呼吁和申请的内容。

انہوں نے مطالبہ کیا کہ پرانے بین الاقوامی نظام کو پاش پاش کر دیا جائے اور ہر ملک اپنی تقدیر کا خود مالک ہو۔

他们要求废除旧的国际秩序，让每个国家掌握自己的命运。

انہوں نے ہم سے اپیل کی کہ ہم وقت ضائع نہ کریں اور جلد از جلد اپنا کام پورا کریں۔

他要求我们不要浪费时间，尽快完成工作。

（22）表示反问

如果没有农民，我们从哪里得到这一切东西？ کسان نہ ہوں تو ہمیں یہ سب چیزیں کہاں سے ملیں؟

我现在正干得起劲，干吗要跟你玩呢？ میں تو اپنے کام میں لگی ہوئی ہوں، تمہارے ساتھ کیونکہ کھیلوں؟

我们为什么要去巴结他呢？ اس کی خوشامد کیوں کریں؟

（23）表示与人商量的口气

我们回去吗？ کیا ہم واپس جائیں؟

报复他吗？ اس کا بدلہ لوں؟

拿冰水来吗？   برف کا پانی لاؤں؟

穿不穿雨衣？   برساتی پہن لوں؟

多放糖还是少放？   شکر زیادہ ڈالوں یا کم؟

(24) 表示无可奈何，没办法

孩子们处境相当危险，然而现在怎么办呢？   بچے سخت خطرے میں ہیں، لیکن اب کیا کیا جائے۔

现在我怎么办呢？   اب کیا کروں؟

(25) 表示无所谓

叔叔在笑我谈恋爱，随他笑去吧！   چاچا میری محبت پر ہنستا ہے، ہنستا ہے تو ہنستا رہے۔

我做的都是正确的，她爱生气就生气吧！   میں نے جو کچھ کیا ہے وہ ٹھیک کیا۔ وہ بگڑتی ہے تو بگڑے۔

还有谁要去就去吧，我可不去！   کوئی اور جائے تو جائے۔ میں نہیں جاؤں گا۔

五、犹豫语气

1. 犹豫语气的概念：

犹豫语气表示说话人不能完全肯定的动作或状态，口气上相当于汉语里面的"吧"。这是一种基本上的肯定，但留有余地的说话方式。

那个男孩在唱歌吧。   وہ لڑکا گا رہا ہوگا۔

你吃过饭了吧。   تم نے کھانا کھایا ہوگا۔

那个教室里坐着很多学生，一定是教授正在授课吧。   اس بڑے کلاس روم میں کافی طالب علم بیٹھے ہوئے ہیں، پروفیسر لیکچر دے رہے ہوں گے۔

那座楼已经完工了吧。   وہ عمارت مکمل ہو گئی ہوگی۔

2. 犹豫语气的形式：

（1）犹豫语气没有简式，只有三种复式，即经常体、进行体和完成体。它们都有性、数和人称的区别。例如：

人们在雨中转来转去吧。　　لوگ بارش میں ادھر ادھر گھوم رہے ہوں گے۔

他在这所学校里念书吧。　　وہ اس اسکول میں پڑھتا ہو گا۔

犹豫语气经常体的形式为：现在分词+ہونا的将来时形式。

犹豫语气进行体的形式为：动词根+ رہنا 的过去分词+ ہونا 的将来时形式

犹豫语气完成体的形式为：过去分词+ ہونا 的将来时形式

现以动词 آنا 为例，示其变化于下：

人称	数	代词	经常体	进行体	完成体
第一人称	单	میں	آتا ہوں گا	آرہا ہوں گا	آیا ہوں گا
	复	ہم	آتے ہوں گے	آرہے ہوں گے	آئے ہوں گے
第二人称	单	تو	آتا ہو گا	آرہا ہو گا	آیا ہو گا
	复	تم	آتے ہو گے	آرہے ہو گے	آئے ہو گے
	复	آپ	آتے ہوں گے	آرہے ہوں گے	آئے ہوں گے
第三人称	单	وہ(یہ)	آتا ہو گا	آرہا ہو گا	آیا ہو گا
	复	وہ(یہ)	آتے ہوں گے	آرہے ہوں گے	آئے ہوں گے

注意：上表均为阳性形式，阴性形式则把上述各分词及动词将来时形式变为阴性即可（但主语为 ہم 的动词不变）。

犹豫语气完成体的动词如是及物动词时，主语后要加 نے，动词的性数与带介词的宾语一致。例如：

他吃过饼了吧。 اس نے روٹیاں کھائی ہوں گی۔

您有时一定感觉到了吧。 بعض اوقات آپ نے محسوس کیا ہوگا۔

（2）犹豫语气有主动语态和被动语态两种。以动词 کھانا 为例，示其变化于下：

语态 / 体	主动语态	被动语态
经常体	کھاتا ہوگا	کھایا جاتا ہوگا
进行体	کھا رہا ہوگا	کھایا جا رہا ہوگا
完成体	کھایا ہوگا	کھایا گیا ہوگا

上表只列阳性、单数变化形式，余类推。

（3）犹豫语气还有一种形式，即复合动词的过去分词+ ہونا 的将来时形式。这种形式，除了表示不确定的语气外，还强调复合动词本身的复合含义，这是犹豫语气表达方式的进一步深化。例如：

我们学习乌尔都语已经有一年了吧。 ہمیں اردو سیکھتے ہوئے ایک سال ہو گیا ہوگا۔

到现在为止，他该采了很多青石了吧。 اس وقت تک وہ کتنا نیلا پتھر کاٹ چکا ہوگا۔

猎人已经布下罗网了吧。 شکاری نے جال بھی بچھا رکھا ہوگا۔

ابا جان امی سے ناراض ہو کر چلے گئے ہوں گے۔ اس لئے تو امی روتی رہتی ہوں۔

大概爸爸生了妈妈的气出走了，所以妈妈经常哭泣。

路被雨水冲洗干净了吧。 سڑکیں پانی سے دھل گئی ہوں گی۔

第八章　动词的语气（صورت）

尘土已经不再飞扬了吧。　　　　　　　　　　　　　گرد بیٹھ گئی ہوگی۔

وہ اس کے جانے کے بعد دیر تک سوتے رہیں گے اور جب تک وہ اٹھیں گے، وہ میلوں دور جا چکی ہوگی۔

她走后他会一直睡着，等他睡醒时，她早走出去很远很远了吧。

3. 犹豫语气的用法：
   （1）动词的犹豫语气表示说话人对所说的动作或状态有某些怀疑、推测和不确定。
   与虚拟语气相比，它的肯定成分较多，用汉语表达时一般在陈述句后加个"吧"
   字缓和一下语气即可。例如：

   他现在正在来吧。　　　　　　　　　　　　　　　　وہ ابھی آ رہا ہوگا۔

   您已收到我的信了吧。　　　　　　　　　　　　آپ کو میرا خط مل گیا ہوگا۔

   这种油是从芝麻里榨出来的吧。　　　　　　　　یہ تیل تل سے نکلتا ہوگا۔

   不知他要焦虑多久。　　　　　　　نہ جانے وہ کتنی دیر بے قرار رہے ہوں گے۔

   你肯定要做些什么吧。　　　　　　　　تم کچھ نہ کچھ تو ضرور کرتی ہوگی۔

   孩子们在学校里坐着没事干吧。　　　اسکول میں لڑکے بیکار بیٹھے ہوں گے۔

（2）在对一件事物了解得不确切而随便地、漫不经心地回答时用犹豫语气。例如：

   纳吉布先生到这里来过吗？　　　　　　　نجیب صاحب یہاں آئے ہیں؟

   来过吧。　　　　　　　　　　　　　　　　　آئے ہوں گے۔

   他正在写一本书吗？　　　　　　　　کیا وہ ایک کتاب لکھ رہا ہے؟

   在写吧。　　　　　　　　　　　　　　　　　لکھ رہا ہوگا۔

（3）犹豫语气的进行体可以表示现在、过去和将来可能进行着的动作。例如：

   غالباً وہ بھی یہی سوچ رہا ہوگا کہ کاش یہ نئے کپڑے میں بھی پہن سکوں۔

   大概他也在想但愿他自己也能穿上这件新衣服。（现在进行）

چھ بج رہے ہوں گے جب موٹر ہسپتال میں داخل ہوئی۔

当汽车驶进医院时，大约正敲六点钟吧。（过去进行）

رات ہوتے ہوتے ہم وہاں پہنچ جائیں گے، وانگ صاحب آپ کا انتظار کر رہے ہوں گے۔

天黑以前我们就可以到达那里，也许那时王先生正在等您呢！（将来进行）

4. 犹豫语气经常体中动词 ہونا 的变化形式与陈述语气的将来时形式相同。例如：

آپ ہی لی منگ کے استاد ہوں گے؟ 您就是李明的老师吧。

وہ ایک مشہور کھلاڑی ہو گا۔ 他是一位有名的运动员吧。

六、假定语气

1. 假定语气的概念：

假定语气表示与客观事实相反，或说话人认为根本不可能发生的行为或状态。例如：

اگر ان کی مدد نہ ہوتی تو میری ترقی نہ ہوتی۔ 没有他的帮助就不会有我的进步。

اگر میں آیا ہوتا تو میں بھی تمہارے ساتھ یہ کام کرتا۔ 假如我来了，那我也会和你一起工作的。

کاش وہ آج ہمارے ساتھ ہوتا۔ 但愿他今天和我们在一起！

2、假定语气常用主语从句，其中条件句在前，结果在后。例如：

اگر آپ نے یہ کتاب پڑھی ہوتی تو ابھی ہم اس پر بحث کرتے ہوتے۔

假如您读过这本书，那么我们现在就能讨论它了。

اگر ہمارا ملک آزاد نہ ہوتا تو مجھے خوشحال زندگی بھی نہ ملتی۔

假如我们国家没解放，那我就绝对过不上好日子。

اگر گھوڑا ایک قدم بھی آگے بڑھ جاتا تو یقیناً اپاہج ہو جاتا۔ 假如马再向前迈一步，肯定会伤了脚。

اگراس کی آپ سے ملاقات نہ ہوتی تو ہو سکتا ہے کہ وہ کسی جرم میں لمبی قید کاٹ رہا ہوتا۔

假使他没有遇上你，很可能他就会因犯罪而被长期监禁。

3. 假定语气的形式：

（1）假定语气有一种基本形式，三种复合形式，即经常体、进行体和完成体。它们都有性和数的区别。基本形式使用最广泛，其他三种形式只是在说话人认为有必要时才用。

假定语气的基本形式为：动词根 + تا (或تے، تی، تیں)

假定语气经常体的形式为：现在分词 + ہونا 的现在分词

假定语气进行体的形式为：动词根 + رہنا 的过去分词 + ہونا 的现在分词

假定语气完成体的形式为：过去分词 + ہونا 的现在分词

现以动词 آنا 为例，示其变化于下：

性／数／形式	阳性		阴性	
	单数	复数	单数	复数
基本形式	آتا	آتے	آتی	آتیں
经常体	آتا ہوتا	آتے ہوتے	آتی ہوتی	آتی ہوتیں
进行体	آرہا ہوتا	آرہے ہوتے	آرہی ہوتی	آرہی ہوتیں
完成体	آیا ہوتا	آئے ہوتے	آئی ہوتی	آئی ہوتیں

请看下列例句：

اگر والدین پاس نہ ہوتے، پتہ نہیں کہ کیا رونما ہوتا۔　如果父母没在身边，不知要发生什么事。

اگر ٹیلیفون ایجاد نہ ہوا ہوتا تو ہم دور کے دوستوں سے باتیں نہ کرتے ہوتے۔

如果没发明电话，我们就不能和远方的朋友通话。

与其饿死，还不如没被您救。　　بھوکوں مرنے سے تو یہ بہتر تھا کہ آپ نے مجھے نہ بچایا ہوتا۔

注意：假定语气的完成体的动词如是及物动词时，主语后要加نے，动词的性数与不带介词的宾语一致。例如：

假如您拿了那些书那该多好啊！　　اگر آپ نے وہ کتابیں لے لی ہوتیں تو کتنا اچھا ہوتا!

（2）假定语气也有语态的区别，现以دیکھنا示其变化如下：

语态 形式	主动态	被动态
基本形式	دیکھتا	دیکھا جاتا
经常体	دیکھتا ہوتا	دیکھا جاتا ہوتا
进行体	دیکھ رہا ہوتا	دیکھا جا رہا ہوتا
完成体	دیکھا ہوتا	دیکھا گیا ہوتا

上表中只列阳性、单数的变化，余类推。

4. 假定语气、陈述语气与虚拟语气的区别：

（1）假定语气：表示与事实相反的，不能实现的假定。

假如我明天在家，我就会完成这件工作。　　اگر کل میں گھر میں ہوتا تو یہ کام پورا کرتا۔

（我明天肯定不在家。）

（2）陈述语气：表示所假定的事情是可以实现的。

如果我明天在家，我就一定完成这件工作。　　اگر کل میں گھر میں رہوں گا، تو یہ کام ضرور پورا کروں گا۔

（我明天可以在家。）

（3）虚拟语气：表示一种愿望，它着重在条件是否具备。如条件具备的话，这种愿望就可能实现。

اگر کل میں گھر میں رہوں تو یہ کام پورا کروں۔ 如果我明天在家的话，就完成这件工作。

（明天我不一定在家。）

练习

一、按要求完成下列句子：

1. 假定语气

۱۔کاش میں جوان ______۔(ہونا)

۲۔کاش مجھے کامیابی نصیب ______۔(ہونا)

۳۔اگر تم نے برا بھلا نہ ______ (کہنا)، تو وہ ناراض نہ ______۔(ہونا)

۴۔اگر میں وہاں نہ ______ (جانا) تو کتنا اچھا ______۔(ہونا)

۵۔اگر ہم نے برساتیاں نہ ______ (پہننا) تو ضرور ______۔(بھیگنا)

۶۔کوئی صاحب ان مباحث میں شریک نہیں ہوئے، اگر آپ خود تشریف ______ (لانا) یا کسی اور صاحب کو ______۔(بھیج دینا) تو بہت اچھا ______۔(ہونا)

۷۔اگر آپ کا خط مجھے لاولپنڈی میں ______ (مل جانا) تو میں وہاں سے سیدھا لاہور ______ (چلا آنا)۔

۸۔اگر آپ نے اس کی مدد نہ ______ (کرنا) تو وہ پانی میں ڈوب کر ______۔(مر جانا)

۹۔اگر میں وہاں ______ (جانا) تو اس سے ______۔(مل لینا)

۱۰۔کاش یہاں میرے رہنے کی جگہ ______۔(ہونا)

2. 犹豫语气

۱۔شاید وہ آج کل فلموں میں کام ______۔(کرنا)

۲۔اس وقت وہ نہا کر کپڑے تبدیل ______۔(کرنا)

۳۔اب وہ میرے بغیر اداس ________۔(ہونا)

۴۔وہ تو آپ کی جان پہچان ________۔(ہونا)

۵۔کل رات کو اولے ________۔(پڑنا)

۶۔اس وقت آپ تنہا ________(ڈرنا) اور میری یاد ________۔(آنا)

۷۔کل اس وقت ہم اپنا آخری امتحان ________۔(دینا)

۸۔پولیس نے چور کو ________(پکڑنا)

۹۔نرس نے مریض کو دوا ________۔(پلانا)

۱۰۔جب آپ اس کے سامنے گئے ہوں گے تو آپ کو دیکھ کر وہ خوشی سے ________۔(اچھل پڑنا)

۱۱۔آپ پہلے یہاں ________۔(رہ چکنا)

۱۲۔آپ کی ان سے جان پہچان ________۔(رہنا)

۱۳۔وہ ہر صبح ورزش ________۔(کرنا)

۱۴۔تم اپنے والد کے ساتھ کہیں ________؟(جانا)

۱۵۔تم نے اس سے پہلے ایسا برا برتاؤ نہیں ________۔(کرنا)

۱۶۔کل ہم سورج چھپنے سے پہلے شہر میں ________۔(پہنچ چکنا)

۱۷۔تمہارے آنے سے پہلے میں یہ کام ختم ________۔(کر چکنا)

۱۸۔وہ دو گھنٹے سے ________۔(لکھنا)

3. 虚拟语气

۱۔ٹھہرو، جب تک گاڑی کھڑی نہ ________۔(ہو جانا)

۲۔جلدی کرو، ایسا نہ ________(ہونا) کہ ہم گاڑی سے ________۔(رہ جانا)

۳-چاہے کوئی میری ________ (مدد کرنا) یا نہ ________ (کرنا)، میں اس ندی کو ضرور پار کروں گا۔

۴-دھیان سے چلو، کہیں ایسا نہ ________ (ہونا) کہ تمہیں ٹھوکر ________ ۔ (لگ جانا)

۵-تم ہمیشہ وقت کی پابندی کا خیال ________ ۔ (رکھنا)

۶-اگر آپ محسوس نہ ________ (کرنا) تو ایک بات ________ ۔(کہنا)

۷-آؤ، سیر کو ________ ۔ (چلنا)

۸-چلئے، ناشتا ________ ۔(کر لینا)

۹-خواہ آپ کچھ بھی ________ (کہنا)، حقیقت یہی ہے۔

۱۰-بہتر یہی ہے کہ تم وہاں خود ________ ۔(جانا)

۱۱-یوں لگتا ہے کہ جیسے بارش ________ ۔(ہونا)

۱۲-میری تجویز ہے کہ ہم ایک ساتھ سیر کرنے ________ ۔(نکلنا)

۱۳-خواہ تم یہ کتاب ________ (لینا) یا وہ، دونوں ایک جیسی ہیں۔

۱۴-کیا میں آپ کے لئے ٹیکسی ________ ۔(لے آنا)

۱۵-ان سے کہیئے گا کہ میرا انتظار ________ ۔(کرنا)

۱۶-اب میں اپنے بھائی کا آپ سے تعارف ________ ؟(کرانا)

۱۷-میری دعا ہے کہ آپ امتحان میں کامیاب ________ ۔(ہو جانا)۔

۱۸-میں چاہتی ہوں کہ تم ہمارے ساتھ ________ ۔(رہنا)

۱۹-فعل وہ کلمہ ہے جس میں کسی کام کا کرنا یا ہونا زمانے کے ساتھ ________ ۔(پانا)۔

۲۰-ممکن ہے کہ اس نے کھانا ________ ۔(کھا لینا)۔

۲۱- جب ہم وہاں پہنچ جائیں گے تو شاید اس نے تیاری مکمل _____ ۔(کر لینا)

۲۲- یہ نصب العین عملی جامہ پہنایا جا سکتا ہے بشرطیکہ سب لوگ متحد ہو کر کوشش _____ ۔(کرنا)

۲۳- دنیا میں ہر انسان خواہ وہ غریب _____ (ہونا) یا امیر، تعلیم یافتہ _____ (ہونا) یا جاہل، سب کے حقوق برابر ہیں۔

۲۴- وہ لوگ کتنی ہی محنت کیوں نہ _____ (کرنا)، اس کے مقابلہ میں نہیں جیت سکتے۔

۲۵- یہ بات نامناسب ہے کہ آپ مجھ سے ملنے آئیں اور میں آپ کے آتے ہی _____ ۔(چل دینا)

۲۶- ہمیں چاہیئے کہ اپنے مادر وطن کی ترقی کے لئے کام _____ ۔(کرنا)

۲۷- میری تمنا ہے کہ آپ ایک دوسرے کی مدد _____ ۔(کرنا)

۲۸- چونکہ آپ کی طبیعت ٹھیک نہیں ہے، اس لئے آپ اسکول کے کام کی بالکل فکر نہ _____ (کرنا)، بلکہ اپنی صحت کو بحال کرنے کی طرف پوری توجہ _____ (دینا)، چند روز تک مکمل آرام _____ (کرنا)، جب پورا افاقہ _____ ہو تو پھر اسکول _____ (جانا)۔

二、用指定的代词写出动词祈使语气的现在时和将来时形式：

مقابلہ کرنا (تو، تم، آپ)

تو: مقابلہ کر، مقابلہ کرنا

تم: مقابلہ کرو، مقابلہ کرنا

آپ: مقابلہ کیجئے، مقابلہ کیجئے گا

۱- شروع کرنا (تم)

۲- مجھے تنگ نہ کرنا (تو)

۳- سوچ کر بتانا (آپ، تم)

۴- میرے قریب آنا (تو)

۵- کوئی کہانی سنانا (آپ)

۶- اپنی حیثیت نہ بھولنا (تم)

۷- گندہ پانی نہ پینا (تو، آپ)

۸- جو پوچھنا ہے، جلد پوچھنا (تم، آپ)

۹- پہلے مجھے کام ختم کرنے دینا (تم، تو)

۱۰- اسے دیکھنے دینا (تو، آپ)

۱۱- میرے واپس آنے تک یہیں رہنا (تم)

۱۲- ہمیشہ صاف ستھرے کپڑے پہننا (تو، تم)

۱۳- بنا ضرورت بات مت کرنا (تو، تم)

۱۴- میری درخواست منظور فرمانا (آپ)

۱۵- ہمیشہ سفر میں سامان کم رکھنا (آپ، تم)

三、翻译下列句子：

1. 也许他正在洗衣服。
2. 这会儿他到家了吧。
3. 如果明天有雨，我们就改变计划。
4. 别担心，我已经通知他下午来开会。
5. 请让我把话说完。
6. 如果您能走快点，那就能准时到达目的地。
7. 今天已经很晚了，请您明天再来。
8. 我期盼（تمنا）我们的合作成功。

9. 我建议你们先商量一下，然后再做决定。

10. 当时我不知道说什么好。

11. 你允许的话，我们休息一下再往前走。

12. 请别介意（بُرا نہ ماننا）。

13. 我们应该热心地为人民服务。

14. 我担心会迟到。

15. 我们衷心希望你们获得更多的成绩。

16. 最好先吃饭再工作。

17. 一个人不管他多么聪明，不勤奋是不能成功的。

18. 快点吧，我们可别赶不上车。

19. 只要你努力，你就会成功。（بشرطیکہ）

20. 如果你不说这样的话，他就不会离开你。

21. 如果我们不反对，他的阴谋就会得逞。

22. 但愿你读过这封信。

23. 我觉得他很痛苦。

24. 他说“快把笔拿来，我要记下这句话。”

25. 连长命令战士们出击。

四、翻译下列短文：

1. 今天总统向全国发表了演说（قوم سے خطاب کرنا）。他说：“所有的人都应该为了一个共同的目标团结起来，关心下一代的教育和健康。每一个人，不管是工人、农民、知识分子，还是干部都是国家的一分子，都应该团结在一起把国家建设得更好，使它誉满全球。”（نام روشن کرنا）

2. 有一个老农民，他有四个儿子，经常争吵不休。有一天，农民把四个儿子叫到跟前，对他们说：“把这些散开的小木棒捆在一起！”接着又对他们说：“现在你们挨个去把这捆木棍（گٹھا）折断。”四个儿子一一试了一遍，都没能折断它。看到这里，老农民对他们说：“现在你们把这捆木棒散开，一根根折。”结果四个儿子轻而易举地把小木棒一根根折断了。这时，老农民对儿子说：“孩子们，我这样做是让你们看到：如果你们团结起来，就像捆好的木棒那样坚强有力，任何人也休想欺侮你们。如果你们闹分裂，就会像散开的小木棒一样脆弱（ خستہ ），什么人都可以欺侮你们。所以你们一定要团结。”

五、用适当的动词形式填空：

١ - کیا دیکھتا ہوں کہ ایک سہ منزلہ مکان کو آگ ______ (لگنا) اور شعلوں نے سارے مکان کو اپنی لپیٹ میں ______ (لے رکھنا)- گھر والے پریشانی کے عالم میں لوگوں کو مدد کے لئے ______ (بلانا) ، کوئی دعا ______ (مانگنا) اور کوئی سامان باہر ______ (پھینکنا) شور و غوغا سن کر وہاں آن کی آن میں خاصی بھیڑ لگ گئی، چند باہمت نوجوان مکان میں ______ (گھسنا) اور سامان باہر ______ (پھینکنا)- کئی آدمیوں نے گھڑے اور بالٹیاں ______ (اٹھانا) اور پانی لا لا کر جلتے ہوئے مکان پر ڈالنے لگے- ہر طرف ایک قیامت برپا ______ (ہونا)- ہر ایک کو یہی خطرہ تھا کہ کہیں پڑوس کے مکان بھی آگ کی لپیٹ میں نہ ______ (آنا)- ایک عورت چیخ پکار کرنے لگی اور ______ (کہنا) کہ ہائے، کوئی میرے لال کو ______ (بچانا) ، اس کا چار پانچ سالہ بچہ مکان میں ______ (رہ جانا)- میں گرتا پڑتا دوسری منزل تک پہنچ گیا اور وہاں بچے کو سینے سے چمٹا کر نیچے بھاگا، حالانکہ مجھے چوٹیں بہت ______ (آنا)، مگر میں بڑا خوش ______ (ہونا) کہ میں نے اپنا فرض ادا کیا- اس عورت نے میرا شکریہ ادا ______ (کرنا) اور ______ (کہنا) کہ اگر تم نے ہمت سے کام لے کر آگ سے میرے بیٹے کو نہ ______ (بچانا) تو وہ ______ (مرنا)- بعد میں میں نے اس قیامت کی وجہ ______ (پوچھنا)، لوگوں نے کہا کہ شاید کوئی آدمی باورچی خانے میں آگ بجھائے بغیر ہی ______ (چلا جانا)-

٢- ایک بارہ سنگھا ایک چشمے سے پانی ______ (پینا)، اچانک اس کی نظر اپنے عکس پر ______ (پڑنا)، وہ اپنے خوبصورت سینگوں کو دیکھ کر بہت خوش ______ (ہونا)- وہ ان سینگوں پر بہت ناز ______ (کرنا)- لیکن جب اس کی نظر اپنی پتلی پتلی بدنما ٹانگوں پر ______ (پڑنا) تو وہ رنجیدہ ______ (ہو جانا) اور سوچتا کہ کاش میری ٹانگیں بھی خوبصورت ______ (ہونا)-

第九章　动词的语态（طور）

一、概说

1. 语态的基本概念：

语态是动词的一种形式，用来说明主语和谓语动词之间的关系。从动词的语态中可以看出句子着重在动作的执行者上面，还是着重在动作的承受者上面，或着重在其他上面。

2. 乌尔都语动词有三种语态：主动语态、被动语态和无人称被动语态。

（1）主动语态（طورِ معروف）表示主语是动作的执行者。例如：

我们打败了敌人。　　ہم نے دشمنوں کو شکست دی۔

（2）被动语态表示主语是动作的承受者。例如：

敌人被打败了。　　دشمنوں کو شکست دی گئی۔

（3）无人称被动语态没有主语。例如：

这里不能坐。　　یہاں بیٹھا نہیں جاتا۔

下面主动语态略，只讲被动语态与无人称被动语态。

二、被动语态

1. 被动语态的基本概念：

被动语态是动词的一种特殊形式，它表示句子中的主语是动作的承受者，也就是动作的对象。一般来说只有需要动作对象的及物动词才有被动语态。汉语中往往用“被”“受”“给”等词来表示被动意义。当然也不必经常用这些词。

2. 被动语态的形式：

被动语态的形式为：及物动词的过去分词 + جانا 的各种变化形式。例如：

第九章　动词的语态（طور）　155

信写好了。　　　　خط لکھا گیا۔

在写信。　　　　خط لکھا جا رہا ہے۔

就要写信。　　　　خط لکھا جائے گا۔

在被动句中，动作的承受者后面一般不用后置词，这时动词的性数与它一致，但也可以用介词，在这种情况下动词用阳性单数形式。例如：

看到一个女孩。　　　　ایک لڑکی دیکھی گئی۔

看到了一个女孩。　　　　ایک لڑکی کو دیکھا گیا۔

又如：

强盗的本性不会改变。　　　　ڈاکو کی بنیادی فطرت بدلی نہیں جا سکتی۔

那个没礼貌的人已被赶出我们家。　　　　ہمارے گھر سے اس بد تمیز کو نکال دیا گیا ہے۔

那个特务将被逮捕。　　　　اس جاسوس کو پکڑا جائے گا۔

一个女孩被急驶的汽车压死。　　　　ایک لڑکی تیز کار کے نیچے آ کر کچلی گئی۔

这是他的命令，违抗不得。　　　　یہ ان کا حکم تھا، اسے ٹالا نہیں جا سکتا تھا۔

在被动句中，原主动句中的主语一般不出现，如有必要出现的话，它后面加سے，例如：

姐姐，我见不得妈妈落泪。　　　　باجی، مجھ سے امی جان کا رونا نہیں دیکھا جاتا۔

食物坏了，我们没法吃。　　　　یہ کھانا سڑ گیا ہے، ہم سے تو نہیں کھایا جاتا۔

3. 被动语态的用法：

（1）当我们不知道谁是动作的执行者或没有必要指出谁是动作的执行者时用。例如：

开斋节被认为是穆斯林最大的节日。　　　　عید مسلمانوں کا سب سے بڑا تہوار سمجھا جاتا ہے۔

信发走了。 خط بھیجا گیا۔

ایسا کہا جا سکتا ہے کہ پورے یورپ کا رقبہ چین کے رقبہ کے برابر ہے۔

可以说整个欧洲的面积与中国的面积相等。

许多高楼正在建造中。 بہت سی اونچی اونچی عمارتیں بنائی جا رہی ہیں۔

他的好几个剧本被拍成电影。 ان کی کئی کہانیاں فلمائی گئیں۔

不敢直视太阳光。 دھوپ کی طرف دیکھا نہیں جاتا۔

山下很热，没法吃饭喝水。 پہاڑ کے نیچے گرمی بہت ہے، کھایا پیا کچھ نہیں جاتا۔

（2）当我们对动作的承受者比对动作的执行者更关心或更感兴趣时用。例如：

计划被提前完成。 منصوبہ وقت سے پہلے پورا کیا گیا۔

这块地是留下来放牧用的。 یہ زمین چرائی کے لئے چھوڑ دی گئی ہے۔

这个问题如何解决？ یہ مسئلہ کیسے حل کیا جائے؟

他的书已被译成许多种外文。 ان کی کتابوں کا ترجمہ بہت سی غیر ملکی زبانوں میں کیا گیا ہے۔

他备受尊崇。 انہیں سر آنکھوں پر بٹھایا جاتا تھا۔

جو بات ایک جملے میں کہی جا سکے، اس کے لئے چار صفحے لکھنے کی کیا ضرورت؟

一句话就可以讲完的事有什么必要写上四页呢？

（3）由于某种特殊的理由，（如外交场合的说话技巧或表达细致感情）动作的执行者往往避免在句中出现时用。例如：

他的说法已被证明是撒谎。 اس کا کہنا جھوٹ ثابت کر دیا گیا ہے۔

这件事已经讲过了。 یہ بات بتائی گئی تھی۔

第九章 动词的语态（طور） 157

انعامات تقسیم کئے جارہے ہیں۔ 正在分发奖品。

یہ پھر دیکھا جائے گا۔ 以后再看吧。

ایک دفعہ ٹالا، دو دفعہ ٹالا، تیسری دفعہ نہ ٹالا جاسکا۔ 推卸一次、两次，第三次推不掉了。

（4）在政府公文以及法令中常用被动语态，这是因为动作的执行者是确定的，这样可以突出着重说明的事件并引人注意。例如：

اطلاع دی جاتی ہے۔ 兹通告（兹通知）。

سزا دی جائے گی۔ 将遭到惩罚。

（5）被动语态的否定句表示某种不利的客观因素迫使某一动作无法进行。例如：

یہ پانی پیا نہیں جاتا۔ 这水不能喝。（比如水中有毒）

ہم سے یہ دیکھا نہیں جاتا۔ 我们看不下去了。（比如场面惨不忍睹）

پیٹ اتنا بھر گیا ہے کہ مزید کھانا نہیں کھایا جارہا ہے۔ 肚子胀得不能再多吃了。

کھمبے پر پوسٹر لگا ہوا تھا، مگر اوپر بہت تھا اس لئے پڑھا نہیں جارہا تھا۔

柱子上贴着广告，但贴得太高，看不清楚。

4. 表示被动意义的其他手段：

乌尔都语中除了用被动语态来表示被动意义之外，还可以用其他语法手段或修辞来表示被动意义。

（1）用不及物动词的主动语态，这些不及物动词本身含有被动意义。例如：

پٹنا	挨打	لٹنا	被抢	تلنا	被秤
کھلنا	被打开	بٹنا	被分	سجنا	被装饰
کٹنا	被割	سلنا	被缝	بننا	被做成

例如：وہ پٹا۔（他挨揍了），وہ 在语法形式上是主语，但实际上它不是动作的执行者，而是动作的承受者，而打人者则是另一人。所以这句等于说 وہ پیٹا گیا۔ 。又如：

他的手指（被）割破了。	اس کی انگلی کٹ گئی۔
这座房子（被）盖好了。	یہ مکان بن گیا۔
那扇门（被）打开了。	وہ دروازہ کھلا۔

（2）及物动词的主动态的过去分词常常有被动意义。例如：

知道了这件事。	یہ بات جانی ہوئی ہے۔
这个敌人被抓了。	یہ دشمن پکڑا ہوا (پکڑا گیا) ہے۔
我们正沿着他所指引的道路前进。	ہم ان کے دکھائے ہوئے راستے پر آگے بڑھ رہے ہیں۔
落实你自己所制定的计划！	اپنے بنائے ہوئے منصوبے پر عمل کرو!

三、无人称被动语态

1. 无人称被动语态的概念：

无人称被动语态只能由不及物动词构成，它不着重动作的执行者，一般说来，在语法上它没有可以依据的主语，所以谓语动词始终用阳性单数形式。例如：

不准在这里跑。	یہاں دوڑا نہیں جاتا۔
不准到这个屋子里来。	اس کمرے میں آیا نہیں جاتا۔
	مطلب یہ کہ دشمنوں کے متعلق کسی خوش فہمی میں مبتلا نہ ہوا جائے، ان کی دھمکیوں سے خوف زدہ نہ ہوا جائے۔
意思是对敌人不抱幻想，不怕威吓。	

2. 无人称被动语态的形式：

无人称被动语态的形式为：不及物动词的过去分词 + جانا 的各种变化形式，例如：

第九章　动词的语态（طور）

这里待不下去了。　　　　　　　　　　　　　　　یہاں نہیں رہا جائے گا۔

这里不准跳。　　　　　　　　　　　　　　　　　یہاں کودا نہیں جاتا۔

如偶尔需要出现动作的执行者时，则其后面必须加后置词 سے，例如：

她忍不住了。　　　　　　　　　　　　　　　　　اس سے نہ رہا گیا۔

这工作不完成我睡不着觉。　　　　　یہ کام پورا کئے بغیر مجھ سے سویا نہیں جاتا۔

我一个人在这里会待不下去。　　　　　مجھ سے اکیلے یہاں نہ رہا جائے گا۔

我走不动，孩子！我已经很老了。　مجھ سے چلا نہیں جاتا بیٹا! بہت بوڑھا ہو چکا ہوں۔

动词 جانا 的无人称被动语态是 جایا جانا，而不是 گیا جانا。例如：

那里不能去。　　　　　　　　　　　　　　　　　ادھر جایا نہیں جاتا۔

3. 无人称被动语态的用法：

无人称被动语态大量用于否定句中，表示"不能"。例如：

他坐不下去了。　　　　　　　　　　　　　　　اس سے بیٹھا نہیں جاتا۔

他不能沉默下去了。　　　　　　　　　　　　اس سے خاموش نہ رہا گیا۔

我走不了十里路。　　　　　　　　　مجھ سے دس میل جایا نہیں جاتا۔

　　　مجھ سے تو کھڑا ہوا نہیں جاتا، میرے تو پاؤں تلے زمین نکلی جا رہی ہے۔

我站不住了，我感到天旋地转。

如果在无人称被动语态动词 جانا 的词根后面加上 سکنا 时，则语气更强烈些，有准许或禁止之意。例如：

准许在这里跑。　　　　　　　　　　　　　　یہاں دوڑا جا سکتا ہے۔

اس چارپائی پر سویا نہیں جاسکتا۔ 不准在这张床上睡觉。

练习

一、将主动句改为被动句：

例： اس نے یہ کام پورا کیا ہے۔

یہ کام پورا کیا گیا ہے۔

اس سے یہ کام پورا کیا گیا ہے۔

۱- پولیس نے چور کو پکڑا ہے۔

۲- آپ نے یہ خوبصورت تصویر لٹکائی۔

۳- انہوں نے مشکل وقت میں ہماری مدد کی ہے۔

۴- ڈاکیا دن میں دو بار ڈاک بانٹتا ہے۔

۵- وہ صدر کا استقبال کریں گے۔

۶- ڈاکٹر اس مریض کا علاج کر رہے ہیں۔

۷- اس نے ہمیں دھکا دیا۔

۸- وہ تجویزیں پیش کر رہے ہیں۔

二、用所给的汉语和被动语态完成下列句子：

۱- میرے گلے کا آپریشن _____ ۔（将要做）

۲- ایک مرتبہ وقت ہاتھ سے نکل جائے تو کسی قیمت پر _____ ۔（找不回来了）

第九章　动词的语态（طور）

۳۔ نئی نئی دکانیں ＿＿＿＿＿ ۔（开张了）

۴۔ میٹنگ میں قومی اتحاد پر ＿＿＿＿＿ ۔（强调了）

۵۔ وہ اتنی زور سے چلایا جیسے اسے ابلتے ہوئے پانی میں ＿＿＿＿＿ ۔（仿佛投进）

۶۔ سیب ایسا پھل ہے کہ اسے سرد خانوں میں ＿＿＿＿＿ （保存） تو کئی ماہ تک صحیح حالت میں رہتا ہے۔

۷۔ ہمارے ملک میں تیزی سے ＿＿＿＿＿ ۔（正在发展）

۸۔ اسے ہائی کورٹ میں ＿＿＿＿＿ ۔（将被传讯）

۹۔ ہائی کورٹ کے فیصلہ کے بعد سپریم کورٹ میں اپیل ＿＿＿＿＿ ۔（可以申诉）

۱۰۔ قانون کے ذریعے آپ کے ذاتی حقوق کی ＿＿＿＿＿ ۔（得到保护）

۱۱۔ صدر نے یہ اپیل کی کہ آپس کے تنازعے ＿＿＿＿＿ ۔（消除）

۱۲۔ قومی دن کے موقع پر شہر کو اچھی طرح ＿＿＿＿＿ ۔（装饰了）

۱۳۔ بچوں میں مٹھائی ＿＿＿＿＿ ۔（正在分）

۱۴۔ مجھ سے یہ کرسی ＿＿＿＿＿ ۔（举不起）

۱۵۔ ہم سے یہ میٹھا کھانا ＿＿＿＿＿ ۔（吃不了）

۱۶۔ کتاب کے اس حصے میں جملے کے مختلف اجزا پر مفصل ＿＿＿＿＿ ۔（讨论了）

三、写出下列及物动词的不及物动词：

	بچھانا		نکالنا		بنانا		کھولنا		باندھنا
	چلانا		چڑھانا		بجانا		سجانا		مٹانا
	رلانا		پڑھانا		بچانا		کاٹنا		پیٹنا
	ملانا		بھگانا		پالنا		ہنسانا		ٹھہرانا
	بگاڑنا		بٹھانا		اتارنا		اٹھانا		ڈرانا
	دھنسانا		دبانا		بانٹنا		بجھانا		بہانا
	جمانا		لٹانا		لگانا		چھپانا		سلانا
	مارنا		جلانا		لٹکانا		روکنا		پہنچانا
							پکانا		گرانا

四、把下列句子中动词的被动语态形式改为不及物动词的变化和过去分词形式：

例 ： دروازہ کھولا گیا ہے۔

دروازہ کھل گیا ہے

دروازہ کھولا ہوا ہے۔

۱۔ تصویر لٹکائی گئی ہے۔

۲۔ یہ بات جانی گئی ہے۔

۳۔ کھانا پکایا گیا ہے۔

۴- مجھے روکا گیا ہے۔

۵- ان لوگوں کو چھپایا گیا ہے۔

۶ - مکان بنایا گیا ہے۔

۷- ہال کو سجایا گیا ہے۔

۸- مریض کو لٹایا گیا ہے۔

۹- انڈے پکائے ہوئے ہیں۔

۱۰- ریلوں کا جال بچھایا گیا ہے۔

五、用动词的被动语态翻译下列句子：

1. 这儿建了许多楼房，马上还要建一座三层高的购物中心。
2. 如果这本书能出版，将会受到读者的欢迎。
3. 受伤的人被送进医院并很好地做了手术。
4. 我的这两件衣服洗过了。
5. 请求通过了，大家高兴地鼓起掌来。
6. 你将被派到美国学习英语。
7. 这个问题得到了相当的重视。
8. 给大家拍了几张照片。
9. 经过努力是能获得成功的。
10. 应该支持他的正当要求。
11. 每星期可以从银行取两次钱。
12. 他被解雇了。
13. 他做不了这个工作，只好半途而废。
14. 那儿到处都是泥潭，走不了。

六、用正确的动词形式填空：

۱- دنیا میں اب تک بہت سے بند ______ (بنانا)، یہ بند پانی کو ایک جگہ اکٹھا کرنے کے لئے بنائے جاتے ہیں، جو پانی ان بندوں میں ______ (جمع ہو جانا)، اس سے طرح طرح کے کام ______ (لینا)، اس پانی کی طاقت سے بجلی پیدا ______ (کرنا)، اس کا پانی نہروں کے ذریعے دور دور تک ______ (پہنچانا)، نہروں کے اس پانی سے کھیتی باڑی میں مدد ______ (ملنا)، یہ پانی بنجر زمینوں کو ہرے بھرے کھیتوں اور باغوں میں ______ (بدلنا)۔

منگلا بند سے بھی یہی کام ______ (لینا)، اس کے پانی سے بجلی پیدا کی جا رہی ہے اور زمینوں کو سیراب ______ (کرنا)۔ منگلا بند دنیا کا دوسرا سب سے بڑی مٹی کا ______ (بنانا) بند ہے، اس کی اونچائی شاہی مسجد لاہور کے میناروں سے دگنی ہے۔

۲- ۱۴/اگست کو ہر سال پاکستان کے طول و عرض میں بڑے جوش و خروش کے ساتھ یومِ آزادی منایا جاتا ہے۔ اس روز پورے ملک میں عام تعطیل ہوتی ہے، گلی کوچے، بازار اور عمارات کو آرستہ ______ (کرنا)۔ سرکاری عمارتوں پر پاکستانی جھنڈے ______ (لہرانا)۔ ساری عبادت گاہوں میں ملک کی ترقی اور خوش حالی کے لئے دعائیں ______ (مانگنا)۔ اسکولوں کے بچوں میں مٹھائیاں ______ (بانٹنا)، غریبوں، مسکینوں، بے کسوں اور محتاجوں کو مفت کھانا ______ (کھلانا)۔

第十章　动词不定式（مصدر）

一、概念

动词不定式是动词的原始形式。它由词根（مادہ）加不定式后缀 نا 构成。词典里面所载的动词就是不定式。例如：دیکھنا، پڑھنا، لینا، ہونا 等。

二、特点

动词不定式又称动名词，它是非人称动词的一种，它既有动词的特性又有名词的特性。现分述如下：

1. 动词不定式的动词特性：

（1）它有主动语态和被动语态的区别。例如：

رکھنا（主动态），رکھا جانا（被动态）

（2）及物动词的不定式可带宾语。例如：

看报对我们所有人都是必要的。　اخبار پڑھنا ہم سب کے لئے ضروری ہے۔

我们的目的就是解放生产力。　ہمارا مقصد پیداواری قوتوں کو آزاد کرانا ہے۔

读懂他写的东西对我来说是不自量力的。　اس کی تحریر سمجھنا میرے لئے جھوٹا منہ بڑی بات ہے۔

不懂就要学习，不必害羞。　جو چیز نہ آتی ہو، اس کے سمجھنے میں شرم نہ کرو!

（3）动词不定式可以有状语来说明。例如：

坦率地谈话是好事。　دل کھول کر بات چیت کرنا ایک اچھی بات ہے۔

为人民而死是伟大的。　عوام کی خاطر جان دینا ایک عظیم موت ہے۔

（4）不完全动词的不定式可以带表语。例如：

他成了工程师一事让我们都很高兴。　　ان کے انجینیر بننے سے ہم باغ باغ ہو گئے۔

对我们来说，困难多并不可怕。　　مشکلوں کا زیادہ ہونا ہمارے لئے ایک خوفناک بات نہیں ہے۔

（5）动词不定式还可以带有主语，表示动作的主体，但如该主体是人物名词时其后必须加 کا（或 کے），如是非人物名词时，则 کا（或 کے）可加可不加。例如：

他来这里使得我们很高兴。　　ان کا یہاں آنا ہمارے لئے خوشی کا باعث ہے۔

雨水适当对庄稼很有好处。　　پانی ٹھیک برسنے سے کھیتی کو بہت فائدہ ہوتا ہے۔

现在非常需要您的一位朋友在这里。　　اس وقت یہاں آپ کے ایک دوست کا ہونا بہت ضروری ہے۔

ایک کوئلے کے نہ ہونے سے سب کا ہونا نہ ہونا یکساں تھا۔

没有煤这件事使得其他各种条件不管具备与否都无足轻重。

2. 动词不定式的名词特性：

（1）动词不定式一般用作阳性单数抽象名词。例如：

保卫祖国是我们的义务。　　وطن کی حفاظت کرنا ہمارا فرض ہے۔

对坏人慈悲就是对自己施恶。　　بُروں کے ساتھ بھلائی کرنا خود کو مصیبت میں ڈالنا ہے۔

注意：如动词不定式含动宾结构，而其中宾语又是阴性名词，动词词根也可变 نا 为 نی，例如：

磨磨蹭蹭不好。　　زیادہ دیر لگانی بھی ٹھیک نہیں تھی۔

他学会吹新的口哨。　　اس نے نئی نئی سیٹی بجانی سیکھی تھی۔

初来乍到就不拘礼节是不对的。　　پہلی بار آنے میں اتنی بے تکلفی ظاہر کرنی ٹھیک نہیں۔

（2）动词不定式后如有后置词的话，则词尾变 نا 为 نے。例如：

شہیدوں کے قربان ہونے سے ہم آج خوش حال زندگی بسر کر سکتے ہیں۔

先烈们的牺牲使我们今天能过上幸福生活。

（3）动词不定式具有名词的句法功能，即它在句中可作主语、表语和宾语的作用。

a. 作主语

需要我去吗？　　کیا میرا چلنا ضروری ہے؟

言易行难（说起来容易，做起来难）。　　کہنا آسان ہے مگر کرنا مشکل ہے۔

区别真伪很重要。　　سچ اور جھوٹ کی تمیز کرنا بہت اہم ہے۔

b. 作表语

我们的目标是周游全世界。　　ہمارا نصب العین ساری دنیا کا سفر کرنا ہے۔

c. 作宾语

我将听您的话。　　میں آپ کا کہنا مانوں گا۔

牛开始吃草。　　گائے نے گھاس کھانی شروع کی۔

别见他，也别跟他讲话。　　اس سے ملنا چھوڑ دو! اس سے بات تک نہ کرو!

（4）在动词不定式的间接形式后加上一定的后置词可以作定语或状语。

a. 作定语

何利心里早就渴望买头牛。　　ہوری کے دل میں بھی گائے رکھنے کی خواہش مدت سے تھی۔

这是锻炼的时间。　　یہ کسرت کرنے کا وقت ہے۔

谁也没勇气去反驳他。　　اس کی تردید کرنے کی کسی میں جرات نہ تھی۔

b. 作状语

因吃多了，他拉肚子了。　　خوب کھانے سے اس کا پیٹ خراب ہو گیا۔

三、用法

1. 动词不定式可用来作句中的主语、表语与宾语（见上）。

2. 动词不定式的间接形式放在动词 دیکھنا، آنا، جانا، چلنا، بیٹھنا 之前表示这些动作的目的，这时不定式后面的 کو 或 کے لئے 经常被省略。例如：

我会来帮助你。 میں تمہاری مدد کرنے آؤں گی۔

他正去吃饭。 وہ کھانے جا رہا ہے۔

他坐下来看书。 وہ کتاب پڑھنے بیٹھ گیا۔

现在我们去喝茶吧。 اب ہم چائے پینے چلیں۔

3. 动词不定式的间接形式与后置词 کا（或 کے، کی）连用于否定句中，表示将来时，而且含有“坚决”、“肯定”之意，这时后面的动词一般不出现。例如：

我绝对不去。 میں نہیں جانے کا۔

这种东西肯定得不到。 ایسی چیز نہیں ملنے کی۔

4. 动词不定式间接形式与کو 连用，而谓语动词是 ہونا 时，表示即将发生的事。例如：

他就要去。 وہ جانے کو ہے۔

我们正要说些话。 ہم کچھ کہنے کو ہیں۔

5. 动词不定式间接形式加后置词 پر 可作句中状语。有“......之后”之意。例如：

到那里以后我们才知道会已经开完了。 وہاں جانے پر ہمیں معلوم ہوا کہ میٹنگ ختم ہو گئی ہے۔

ان کا ناول پڑھنے پر معلوم ہوا کہ ان کا ناول سچ سچ بہت دلچسپ ہے۔

读了他的小说后才知道他的小说确实很有趣。

第十章　动词不定式（مصدر）

6. 动词不定式间接形式与 والا 连用，作句中表语，有"将要""快要"的意思。例如：

他快要去北京了。　　　　　　　　　　　　وہ بیجنگ جانے والا ہے۔

我将给赛义德先生写信。　　　　　　میں سید صاحب کو خط لکھنے والا ہوں۔

他妹妹快来这里了。　　　　　　　　　ان کی بہن یہاں آنے والی ہیں۔

7. 重叠复合动词也可以用作动名词。例如：

演唱和演奏我都擅长。　　　　　　　گانا بجانا مجھے اچھی طرح آتا ہے۔

贾维德经常去他们家。　　　　　جاوید کا آنا جانا ان کے گھر پر ہی برابر قائم تھا۔

میں تمہیں خریدنا بیچنا سکھاؤں گا، میں تم کو ہوشیار سوداگر بنا دوں گا۔

我要教你做买卖，我要把你培养成精明的生意人。

练习

一、用动词不定式翻译下列句子：

1. 全心全意向学生传授知识是老师的职责。
2. 墙上禁止贴广告。
3. 公园里禁止摘花。
4. 在医生到来之前那女人已经死了。
5. 孩子们都喜欢听故事。
6. 在这种情况下没必要把他叫来。
7. 教育的目的之一是向受教育者传授各种知识。
8. 根据你们目前的水平，翻译乌尔都语小说是比较困难的。
9. 我成为北京大学的学生全家人都很高兴。
10. 他去图书馆学习了。
11. 他出去买东西了。

12. 我绝不同他说话。
13. 他刚要来这儿，却下起雨来。
14. 今天他本来要和我一起进餐的，却又有要紧事走了。
15. 同他进行了三个小时的长谈后，我们知道了他苦恼的原因。
16. 到家后才知道饭还没做好。
17. 会议快要结束了。
18. 他执意不和我们一块去。
19. 这水不是喝的。
20. 回家前我把所有的工作做完了。
21. 经过多次盘问，那妇女才把实情告诉警察。
22. 在这里待到我回来！
23. 食物是生存所必需的。
24. 我不想回家。
25. 游泳、滑冰、划船等都是很好的运动。
26. 为保持身心健康，运动是很重要的。

二、仿照例句翻译以下句子：

۱- میں وہاں جانے کا نہیں ہوں-

(میں وہاں نہیں جانے کا)

（1）我知道他肯定不会反对这项计划。
（2）他绝不会给我们钱。
（3）请放心，我决不失信。
（4）他们绝不会同意这件事。

میں کام پورا کرنے کو ہوں-

（1）我们马上就出发。
（2）话剧马上就开演。
（3）我正要关上灯睡觉，却听见敲门声。

（4）再等他一会儿，他马上就会回来。

پوچھنے پر اس نے ہمیں حقیقت بتائی۔

（1）经过我的劝说他才消了气。
（2）经过仔细的思考，我明白了这首诗的意思。
（3）经过一年的身体锻炼，我恢复了健康。
（4）上了《巴基斯坦概况》课以后，我学到了很多重要的知识。

مجھے ابھی کام مکمل کرنا تھا کہ بجلی چلی گئی۔

（1）我正要仔细看他一眼，他却昏倒在地。
（2）今天他本应同我去逛动物园，但他另有重要的事没来。
（3）我本来要打电话征求您的意见，可电话坏了。
（4）我正要向他解释，他却生气走了。

三、填空：

۱۔ صحت کے لئے ورزش بھی ضروری ہے، اس سے کھانا ہضم _____ (ہونا) میں مدد ملتی ہے۔ یوں تو دن بھر _____ (چلنا پھرنا) اور کام کاج میں لگے _____ (رہنا) سے بھی خاصی ورزش ہو جاتی ہے، مگر کھانا _____ (کھانا) کے بعد تھوڑی دیر _____ (ٹہلنا) اور دوپہر کے کھانے کے بعد آرام _____ (کرنا) بہت ضروری ہے۔

۲۔ اگر تمہیں اپنے گھر والوں سے کچھ سوالات _____ (پوچھنا) تو یہ جائزہ _____ (لینا) بہت ضروری ہے کہ وہ فارغ ہیں یا نہیں۔

۳۔ گاڑی _____ (آنا) میں ابھی آدھ گھنٹہ باقی تھا، مگر پلیٹ فارم پر اس قدر بھیڑ تھی کہ تل _____ (دھرنا) کو جگہ نظر نہ آتی تھی، جس کی وجہ سے سانس تک _____ (لینا) دشوار ہو رہا تھا۔

۴۔ اب بہت سے لوگ روزانہ اخبار _____ (پڑھنا) کے عادی ہیں۔ اخبار _____ (پڑھنا) والا نہ صرف اپنے ملک کے حالات سے باخبر رہتا ہے، بلکہ بیرونی دنیا کے واقعات سے بھی آگاہ ہو جاتا ہے۔ ظاہر ہے کہ ہر شخص کو دنیا کے ہر ملک میں _____ (گھومنا) کا موقع تو نہیں مل سکتا، اس ضرورت کو پورا _____ (کرنا) کا اہم ذریعہ اخبار کا مطالعہ ہے۔ اخبار

_____（پڑھنا）سے انسان گھر بیٹھے ساری دنیا کی سیر کر لیتا ہے۔

四、翻译下列短文：

第二天，按规定好的时间赛跑比赛开始了。兔子以极快的速度跳跃着，远远跑在龟的前面。跑出去很远后，它朝后看，连龟的影子也没见着。它想：干吗要这么着急呢？龟哪能和我比，我稍微休息一会儿再跑吧。于是，它在树荫下躺下。凉凉的风吹着，它很快便进入梦乡（خواب غفلت کے مزے لینا）。

这边，龟以顽强的毅力（مستقل مزاجی سے）慢慢爬着，它从兔子身边爬过，最后到达了目的地。当兔子睁开眼睛，仍不见龟的影子，心想：龟一定还在后边很远的地方，我只要跳跃两三下，就能到达终点。可是当它跑到那儿时，龟早就在那儿了。

第十一章　分词（حالیہ）

一、分词的概念与特性

分词是动词的一种形式。它分现在分词、过去分词、完成分词三种，它属于非人称动词，在句中不作谓语，它具有双重特性，一方面有动词特性，另一方面又有形容词和副词的特性。现分别说明如下：

1. 分词具有的动词特性：

（1）现在分词、过去分词有时态与语态的区别。例如：

时态＼语态	主动态	被动态
现在时	کھاتا ہوا	کھایا جاتا ہوا
过去时	کھایا ہوا	کھایا گیا ہوا

（2）及物动词的分词可带宾语。例如：

我看见他在看电影。　میں نے اس کو فلم دیکھتے دیکھا۔

他们唱着歌走了。　وہ لوگ گانا گاتے چلے گئے۔

（3）不完全动词的分词可以有表语。例如：

你上过学还读不了这本书？　تم پڑھے لکھے ہو کر بھی یہ کتاب پڑھ نہیں سکتے؟

这个（男）孩子都长大了还哭。　وہ لڑکا بڑا ہو کر بھی روتا ہے۔

（4）分词可有状语来说明它。例如：

他慢慢地走到了。　وہ آہستہ آہستہ چلتے ہوئے آپہنچے۔

انہوں نے اپنی جیب سے سگریٹ نکالتے ہوئے مجھ سے کہا کہ سگریٹ پیجئے!

他从衣袋里取出香烟对我说：“请抽烟！”

（5）分词可以有它自己的主语，表示其行为或状态的主体。如该主体是生物名词时，其后须加后置词 کا（或 کی,کے），如不是生物名词，可以不加。

光阴流逝不觉得慢。　وقت بیتتے ہوئے دیر نہیں لگتی۔

这是有人吃过的东西。　یہ کسی کا کھایا ہوا کھانا ہے۔

2．分词具有的形容词特性：

（1）分词作形容词时有性、数和形式的变化，其变化和以 ا 结尾的形容词相同。

例如：

正在行驶的车	چلتی گاڑی
回来的时候	لوٹتے وقت
流动图书馆	چلتا پھرتا کتب خانہ
落日	ڈوبتا سورج
飞鸟	اڑتی چڑیا
往事	بیتی ہوئی باتیں
栩栩如生的角色	جیتے جاگتے کردار
活生生的证据	منہ بولتا ثبوت
洗过的衣服里面	دھوئے ہوئے کپڑوں میں
由于健康每况愈下	گرتی ہوئی صحت سے

（2）分词可以说明名词，作名词的定语用。例如：

نیچے جلتی ہوئی ریت تھی، اوپر جلتا ہوا سورج۔

下面是炙热的沙地，上面是烈火般的太阳。

你为什么叫这个行人？
تم نے اس چلتے ہوئے آدمی کو کیوں پکارا؟

你要一直工作到生命终止！
تم مرتے دم تک کام کرو!

وہ بے چارا جہاز کے ایک ٹوٹے ہوئے تختے پر ڈوبتا اچھلتا ایک جزیرے کے کنارے جا لگا۔

那个可怜的人靠着一块破船板漂流着，靠上了一个海岛。

（3）和形容词一样，分词在句中可用作表语。例如：

墙上贴着一张美丽的图片。
دیوار پر ایک خوب صورت تصویر لگی ہوئی ہے۔

这棵树种在我的院子里。
یہ درخت میرے آنگن میں لگا ہوا ہے۔

他为自己的处女作而陶醉。
وہ اپنی پہلی کتاب کے نشے میں ڈوبے ہوئے تھے۔

（4）形容词性的分词还可以起名词的作用，在句中作主语、宾语或其他句子成分用。例如：

他说的话是对的。（主语）
اس کا کہا ٹھیک ہے۔

将死之人还有什么不能做的。（主语）
مرتا کیا نہ کرتا۔

他靠父亲过活。（宾语）
وہ اپنے والد کا دیا کھاتا ہے۔

我说的话有谁听？（宾语）
میرا کہا کون سنتا ہے؟

他为自己的所作所为而懊悔。（状语）
وہ اپنے کیئے پر پچھتاتا ہے۔

他一瘸一瘸地走路。（状语）
وہ چلتے میں لنگڑاتے ہیں۔

他在睡梦中感到有喊叫声。（状语）
سوتے میں اس کو ایسا محسوس ہوا کہ کچھ چیخ و پکار ہو رہی ہے۔

3. 分词具有的副词特性：

分词可以用来说明动词（但不能用来说明形容词或副词）。例如：

黑夜渐渐消失了。

ہوتے ہوتے رات بیت گئی۔

他听着歌睡着了。

گانا سنتے سنتے وہ سو گیا۔

他微微笑了笑说。

وہ مسکرا کر بولا۔

二、分词的用法

1. 形容词性的分词（现在分词、过去分词）的用法。

（1）作定语。例如：

伸出颤抖的手。

اس کا کانپتا ہوا ہاتھ بڑھا۔

这里毫无生气。

یہاں تو بڑا سویا ہوا ماحول ہے۔

把烤熟的饼从炉子里取出来吧！

پکی ہوئی روٹیوں کو چولہے سے باہر نکالو!

（2）做主语或宾语的补足语。例如：

这时猎人来了

اتنے میں شکاری آتا ہوا دکھائی دیا۔

（主补）

میمنے کو پانی پیتے دیکھ کر خرگوش نے کہا: "ارے یہ پانی تو صاف نہیں ہے۔"

（宾补）

兔子看见小羊在喝水说道：“呦，这水不干净。”

پورنا کی دونوں آنکھیں تشکر سے بھری ہوئی زمین کی طرف تاک رہی تھیں۔

（主补）

波尔纳带着感激的目光凝视着地面。

我看见一张饼烧焦了。

میں نے ایک روٹی جلی ہوئی دیکھی۔

（宾补）

我们看见他说乌尔都语。

ہم نے اس کو اردو میں بولتے دیکھا۔

（宾补）

看上去好像全村都在微笑。

سارا گاؤں مسکراتا ہوا معلوم ہوتا ہے۔

（主补）

（3）作表语。例如：

太阳出来了。

دھوپ نکلی ہوئی ہے۔

他的脖子朝一边耷拉着。

اس کی گردن ایک طرف کو جھکی ہوئی ہے۔

عظیم سوشلسٹ چین ایک قوی ہیکل دیو کی طرح مشرق میں کھڑا ہوا ہے۔

伟大的社会主义中国像一个巨人一样屹立在东方。

（4）起名词作用，在句中做主语、宾语或其他成分用，例如：

好像是熟人。

کوئی پہچانا ہوا معلوم ہوتا ہے۔

好，我按你说的做。

اچھا، میں تمہارے کہے پر عمل کروں گا۔

阿里巴巴把他从睡梦中唤醒。

علی بابا نے اس کو سوتے سے جگایا۔

想到这里，苏曼突然从床上坐了起来。

اس خیال کے آتے ہی سمن لیٹے سے ایک دم اٹھ بیٹھی۔

2. 副词性的分词（现在分词、过去分词、完成分词）的作用：
副词性的分词在句中作状语用。例如：

他们手捧着花进入大厅。

وہ لوگ ہاتھ میں پھول لئے بڑے ہال میں پہنچ گئے۔

他微笑着说："我们欢迎您。"

اس نے مسکراتے ہوئے کہا: ہم آپ کا استقبال کرتے ہیں۔

他生气地走了。

وہ غصہ ہو کر چلا گیا۔

我们高举着旗帜前进。

ہم پرچم کو سر بلند رکھتے ہوئے آگے بڑھ رہے ہیں۔

三、分词的性、数变化规则

1. 在句中起定语作用的分词的性、数随其中心词变化，在句中起表语作用的分词的性、数随句中主语变化，它们都有 ا، ے، ی 的变化。例如：

飞鸟　　　　اڑتی چڑیا

逝去的时光　　　　گیا ہوا وقت

行人（活人）　　　　چلتے پھرتے آدمی

四周笼罩着寂静。　　　　چاروں طرف بالکل خاموشی چھائی ہوئی ہے۔

看得到海里行驶的船只。　　　　سمندر میں جہاز چلتے دکھائی دیتے ہیں۔

2. 在句中起主语或宾语的补足语作用的分词的变化规则：

（1）补足主语意义的分词限于现在分词和过去分词。它有两种情况：

a. 现在分词做主语补足语时，句子的谓语动词通常是不完全动词 نظر آنا، دکھائی دینا، سنائی دینا، ہونا، بننا، معلوم ہونا 和被动语态（无宾语）等。这时分词的作用是强调主语正在做什么事。它的变化随主语而有 ا، ے، ی 变化。例如：

一个女孩跑着来了。　　　　ایک لڑکی دوڑتی ہوئی نظر آئی۔

当时我们看见有些人在打扫卫生。　　　　ہمیں کچھ لوگ صفائی کا کام کرتے دکھائی دے رہے تھے۔

那只狗在跑着的时候被打死了。　　　　وہ کتا دوڑتا ہوا مارا گیا۔

看上去好像全村都在微笑。　　　　سارا گاؤں مسکراتا ہوا معلوم ہوتا ہے۔

b. 过去分词做主语补足语时，必须具备几个条件。首先分词的谓语动词必须是及物动词的阳性复数形式，其次句中主语后不加 نے，第三，谓语动词是 ہونا 。这时过去分词强调主语的动作已完成，并在保持着。例如：

当时这个运动员一直在盯着球。　　　　کھلاڑی گیند پر نظر جمائے ہوئے تھا۔

昨天她披着一个大披巾。　　　　کل وہ ایک چادر اوڑھے ہوئے تھی۔

他的身后有一位工人手提着包，肩扛着铺盖卷。

اس کے پیچھے ایک مزدور بیگ اور بستر اٹھائے ہوئے تھا۔

（2）补足宾语意义的分词的特点及其变化规则：

a. 宾语后不带后置词 کو，分词有 ا، ے، ی 变化。例如：

我看见你的帽子洗过了。　　میں نے تمہاری ٹوپی دھوئی ہوئی دیکھی۔

b. 宾语后带后置词 کو 的过去分词词尾用 ا（有时用 ے），例如：

警察抓住了那个在逃的特务。　　پولیس نے اس جاسوس کو بھاگتے ہوئے پکڑا۔

他看见一个小女孩倒在地上。　　انہوں نے ایک چھوٹی بچی کو زمین پر پڑا ہوا دیکھا۔

3. 在句中起作状语作用的分词的变化规律：起状语用的现在分词和过去分词一般都用阳性复数形式。例如：

晚上他总是边吃饭边看电视？　　رات کو وہ کھاتے ہوئے ٹی وی دیکھتے ہیں ؟

这个女孩唱着歌来了。　　یہ لڑکی گاتے ہوئے آرہی ہے۔

他低着头来了。　　وہ سر جھکائے ہوئے آیا۔

他穿着大衣出去了。　　وہ کوٹ پہنے باہر چلے گئے۔

除了以上分词的变化规则外，还有例外情况。作状语用的分词一般是用阳性复数形式，但是有时也可以随主语的性、数变化，这时作分词的动词多是不及物动词、主语一般是非生物、小动物或者是不受重视的人物。例如：

飞机慢慢地滑行着朝机场大楼驶去。　　جہاز ہولے ہولے ٹیکسی کرتا ہوا ہوائی اڈے کی عمارت کی طرف بڑھ رہا تھا۔

马趾高气扬地走着。　　گھوڑا غرور سے اکڑتا ہوا چل رہا تھا۔

چوہیا کی سانس ایسی پھولی کہ اسے اپنے بل میں گھستے ہی ہانپتی کانپتی زمین پر لیٹ گئی۔

雌鼠气喘吁吁地一钻进洞里就颤抖地躺在地下。

女孩子们边唱边跳。 لڑکیاں گاتی ہوئی ناچ رہی تھیں۔

’’بچاؤ! بچاؤ!‘‘ کی آواز سن کر ایک بوڑھا دوڑا ہوا آیا۔

听到“救命!”，“救命!”的呼声，一个老人跑来了。

她坐在桌旁看书。 وہ میز کے پاس بیٹھی ہوئی پڑھ رہی ہے۔

四、三种分词分述

1. 现在分词（حالیہ ناتمام）

（1）形式：动词词根+ تا（或 تے، تی）+ ہوا（或 ہوئے، ہوئی）

注：ہونا 的过去分词可省略不用，阴性单复数形式相同。

现在以动词 آنا 为例，示其变化如下：

性 / 数	阳性	阴性
单数	آتا ہوا	آتی ہوئی
复数	آتے ہوئے	آتی ہوئی

（2）时间范畴

现在分词表示未完成的、与谓语动词同时进行着的动作或状态。在汉语里有“......着”的意思。例如：

波丽玛抽噎着说。 پریما نے سسکیاں لیتے ہوئے کہا۔

战士们喊着口号向敌人冲锋。 سپاہیوں نے نعرے لگاتے ہوئے دشمن پر حملہ کر دیا۔

（3）用法

a. 作形容词，起定语作用。例如：

بھائی صاحب ایسی ایسی لگتی باتیں کہتے تھے کہ میرے جگر کے ٹکڑے ہو جاتے۔

哥哥说这样贴心话，使我的心都碎了。

وہ چلتی موٹر سے ٹکر کر گر پڑا۔

他被一辆行驶着的汽车撞倒了。

ہمارا وطن مشرق سے ابھرتے ہوئے سورج کی مانند ہے۔

我们的祖国像旭日东升的太阳。

وہ ہانپتی ہوئی آواز میں کہہ رہا تھا۔

他气喘吁吁地说着。

b. 作主语或宾语的补足语。例如：

میں نے کسان کو ہل چلاتے دیکھا ہے۔

我看见农民犁地。

کسی نے انہیں باہر نکلتے نہ دیکھا۔

谁也没有看见他出去。

ہم نے اندھے لڑکے کو گرتے ہوئے دیکھا۔

我们看见瞎眼男孩跌倒了。

رات کو میں نے بھابی کو کہتے سنا تھا۔

晚上我听见嫂子在说话。

انہوں نے ایک خوبصورت پرندے کو اڑتے دیکھا ہے۔

他看见一只美丽的鸟在飞。

وہ برابر لوگوں کو کام کرتے دیکھا کرتا ہے۔

他经常目不转睛地看人家做事。

اس نے دریا میں ٹوکری تیرتی دیکھی۔

他看见篮子在河里漂着。

پہاڑوں پر بہت سے درخت آسمان سے باتیں کرتے نظر آتے ہیں۔

山上有许多高耸入云的树。

دور راستے میں دھول اڑتی دکھائی دی۔

远处路上尘土飞扬。

چالیس سوار سامنے آتے دکھائی دئے۔

有四十名骑士过来了。

c. 起名词作用。例如：

سوتے کو جگانا آسان ہے مگر جاگتے کو جگانا مشکل ہے۔

唤醒睡着的人容易，唤醒醒着的人困难。

ڈوبتے کو تنکے کا سہارا بہت ہے۔

对淹在水里的人来说能抓住一根草棍也是好的。

بیگم ہاتھ دھو رہی تھیں، سلمان کی آواز سن کر ہاتھ دھوتے سے مڑیں: "تم کہاں تھے سلمان؟"

夫人在洗手，听到素里曼的声音便转身问道：“素里曼，你去哪里了？”

آتے کا منہ دیکھتی تھی، جاتے کی پیٹھ۔

他一直瞧迎面走来人的脸和去者的背。（指烦躁不安地等人）

d. 起副词作用，用作状语。例如：

优素福跑回家了。 یوسف بھاگتے ہوئے گھر پہنچا۔

他们笑着走了。 وہ لوگ ہنستے ہوئے چلے گئے۔

我们俩就这样说着话到了邮局。 اس طرح باتیں کرتے ہم دونوں ڈاک خانے پہنچے۔

到天亮才合上眼。 صبح ہوتے آنکھ لگ گئی۔

我强忍着泪水问道。 میں نے مشکل سے اپنے آنسو پیتے ہوئے پوچھا۔

سرائے میں اس کے سوتے ہوئے کسی نے اس کی قیمتی چیزیں نکال لیں۔

在旅馆里，他睡着时有人偷走了他的贵重物品。

2. 过去分词（حالیہ تمام）：

（1）形式：动词的单纯过去时形式+ ہوا（或 ہوئے، ہوئی）

注：ہونا 的过去分词可以省略不用，阴性单、复数形式相同。现以动词 آنا 为例，示其变化于下：

数＼性	阳性	阴性
单数	آیا ہوا	آئی ہوئی
复数	آئے ہوئے	آئی ہوئی

第十一章　分词（حالیہ）

（2）时间范畴：

过去分词表示已完成的情况、状态、在谓语动词动作时它已成为一种完成了的情况或状态。例如：

他面朝着太阳站着。	وہ سورج کی طرف منہ کئے کھڑے ہیں۔
就是这个人手捧着一只很大的碗来了。	یہی آدمی اپنے ہاتھ میں ایک بہت بڑا برتن لئے حاضر ہوا۔
她盖着被子躺着。	وہ رضائی اوڑھے لیٹی تھی۔

（3）用法：

  a. 作形容词，起定语作用。例如：

把你眼中的泪水擦掉！	اپنی آنکھوں میں آئے ہوئے آنسو پونچھنا！
这里生产的布料很有名。	یہاں کا بنا ہوا کپڑا بہت مشہور ہے۔
被挡住的水向另一边流去。	رکا ہوا پانی دوسری جانب جا رہا تھا۔
他是公认的大师。	وہ مانا ہوا استاد ہے۔
我是个饱尝艰辛的旅客。	میں مصیبت کا مارا مسافر ہوں۔
他一口喝完了剩下的酒。	اس نے ایک گھونٹ میں باقی بچی ہوئی شراب کا خاتمہ کر دیا۔

  b. 作宾语的补足语。例如：

我们看见桌上放着许多书。	ہم نے بہت سی کتابیں میز پر رکھی ہوئی دیکھیں۔
我在桌子下发现了您的手包。	میں نے آپ کا پرس میز کے نیچے پڑا پایا۔

  c. 作表语。例如：

外面到处都开着花。	باہر ہر طرف پھول کھلے ہوئے ہیں۔
这个工人的家充满着欢乐。	اس مزدور کے گھر میں خوشی چھائی ہوئی ہے۔
发生了什么事？您的脸也沉下来了。	کیا ہوا؟ آپ کا چہرہ بھی اترا ہوا ہے۔

اس کے لب آہستہ آہستہ ہل رہے تھے اور نگاہیں کتاب پر جمی ہوئی تھیں۔

他的嘴唇轻轻地动着，目光一直盯在书上。

这匹马驮着医疗器械。 اس گھوڑے پر طبی امداد کا سامان لدا ہوا ہے۔

他有多少夜晚未曾合眼？ وہ کتنی راتوں کا جاگا ہوا ہے؟

میرے کپڑے پھٹے ہوئے تھے۔ میری ڈاڑھی بڑھی ہوئی تھی اور میرے ذہن میں آگ سی لگی ہوئی تھی۔

我的衣服是破的，胡子很长，脑子里似乎有一团火。

d. 起名词作用。例如：

这是我们的劳动成果，不是任何人的恩赐。 یہ ہماری محنت کا نتیجہ ہے کسی کا دیا نہیں۔

他罪有应得。 اس نے اپنے کئے کی سزا پائی۔

按老师的话去做！ اپنے استاد کے کہے پر عمل کرو!

说这是他命中注定的，不对。 یہ بات ٹھیک نہیں کہ یہ اس کی قسمت کا لکھا ہے۔

法鲁克博士辞职，碍我什么事？ ڈاکٹر فاروق نے استعفیٰ دے دیا تو میرا کیا بگڑا۔

e. 作状语，起副词作用。例如：

你一个人坐在这里干什么？ تم یہاں اکیلے بیٹھے کیا کر رہے ہو؟

恩沃尔两眼含泪站在我面前。 انور میرے سامنے آنکھوں میں آنسو بھرے کھڑا ہے۔

他头上顶着一捆草来了。 وہ سر پر گھاس کا گٹھار کھے آتا ہے۔

她提心吊胆地坐在船上。 وہ جان کو مٹھی میں لئے ہوئے کشتی میں بیٹھ جاتی ہے۔

3. 完成分词（حالیہ معطوفہ）：

（1）形成：动词词根 +کر（或کے）如：جا کر، کھا کر، سوچ کر

第十一章　分词（حالیہ）　185

他走到最前面去站好。　　وہ سب سے آگے جا کر کھڑا ہو گیا۔

她缝好了新被子来的。　　وہ نئی رضائی سی کے آئی تھی۔

注意：动词 کرنا 的完成分词为 کر کے 。例如：

请给我一杯水。　　مہربانی کر کے مجھے ایک گلاس پانی دیجئے۔

可怜的她靠推磨度日。　　بے چاری پسائی کر کے دن کاٹ رہی ہے۔

（2）时间范畴：

完成分词一般表示比句中谓语动词稍前一点时间或几乎同时完成的动词。用完成分词是为了表示两个动词紧密相连，有时简直就是同一时间完成的。例如：

我从他那里取来一本书。　　میں ان کے یہاں سے ایک کتاب لے آیا۔

他笑笑说。　　وہ ہنس کر بولا۔

我听了这位劳模的故事很受感动。　　اس مثالی مزدور کی کہانی سن کر میں بہت متاثر ہوا۔

（3）用法：

完成分词在句中作状语用。例如：

水像喷泉一样涌出灌溉着田地。　　پانی فوارے کی طرح نکل کر کھیتوں کو سیراب کرنے لگا۔

他们俩挥手喊叫起来。　　وہ دونوں ہاتھ ہلا کر چلانے لگے۔

看见妹妹受辱，他热血沸腾。　　اپنی بہن کی ذلت دیکھ کر اس کا خون کھول رہا تھا۔

我从那里飞快地逃走了。　　میں وہاں سے سر پر پاؤں رکھ کر بھاگ نکلا۔

（4）完成分词的一些习惯用法：

a. 完成分词 رہ رہ کر 的意思是“不时地”，相当于 بار بار 或 ٹھہر ٹھہر کر。例如：

我不时地想，那些坏家伙多么会骗人。　　مجھے رہ رہ کر خیال آتا ہے کہ ان کمبختوں نے کیسا دھوکا دیا۔

她心烦不已，只想着这一件事。

وہ جھنجھلاہٹ میں رہ رہ کر بس یہی سوچ رہی تھی۔

他不时地为自己儿子的愚蠢而气恼。

اسے اپنے بیٹے کی بے وقوفی پر رہ رہ کر غصہ آرہا تھا۔

b. 成语谚语中常用完成分词。例如：

此后，我赶快从那里逃走。

اس کے بعد میں وہاں سے سر پر پاؤں رکھ کر بھاگتا ہوں۔

住在河里却和鳄鱼作对。（指不合适）

دریا میں رہ کر مگرمچھ سے بیر۔

c. خدا خدا کرکے 的意思是“好不容易地”。例如：

好不容易到了夜里两点钟。

خدا خدا کرکے رات کے دو بجے۔

d. ہو کر رہ جانا 的意思是“已经是”。例如：

在城市里这已经是很普通的事情了。

شہروں میں تو یہ ایک عام سی بات ہو کر رہ گئی ہے۔

五、三种分词的比较

1. 时态方面：

（1）现在分词表示未完成的、与谓语动词同时进行的动作。

（2）过去分词表示已完成的情况、状态，在谓语动词动作时它已经成为一种完成了的情况。

（3）完成分词表示已完成的行为、动作，谓语动词的动作是在它发生之后紧接着发生的。例如：

他不好意思地说：“你胡说些什么？”

اس نے شرماتے ہوئے کہا: "تم کیا بکواس کر رہے ہو؟"

他闭着眼睛走着。

وہ آنکھیں بند کئے ہوئے چل رہا ہے۔

他戴上眼镜看起报来。

وہ عینک لگا کر اخبار پڑھنے لگا۔

2. 语态方面：

（1）现在分词有主动意义。例如：

微笑着的男孩　　ہنستا ہوا لڑکا

气喘吁吁的声音　　ہانپتی ہوئی آواز

落日　　ڈوبتا ہوا سورج

（2）及物动词的过去分词主动态常有被动意义。例如：

洗过的衣服　　دھویا ہوا کپڑا

做过的工作　　کیا ہوا کام

写过的信　　لکھا ہوا خط

3. 变化形式：

（1）现在分词与过去分词有ی، ے، ا 变化。

（2）完成分词没有 ی، ے، ا 变化。

4. 语法作用：

（1）现在分词、过去分词起名词、形容词、副词作用。

（2）完成分词只起副词作用。

六、几种特殊的分词和分词的特殊用法

1. 现在分词的重叠，表示做分词的动词一直持续着，直到谓语动词达到了一个结果或产生了一种状况。现在分词的重叠多用阳性复数形式。例如：

听了他的话笑得（我）肚子痛了起来。　　ان کی باتیں سن کر ہنستے ہنستے پیٹ دکھنے لگتا ہے۔

他溜达着来到我跟前。　　وہ ٹہلتے ٹہلتے میرے پاس آ پہنچے۔

他走着走着就累了。　　وہ چلتے چلتے تھک گیا۔

马尔维哭得不成样子。　　ماروی کا روتے روتے برا حال ہو گیا تھا۔

آخر کار سفر کرتے کرتے وہ ایک ایسی جگہ پر پہنچ گئے جہاں سے دو راستے الگ الگ جاتے ہیں۔

他们一路奔波着最后来到岔路口上。

现在分词的重叠形式也有同主语的性、数一致的情况，这时通常是作分词的谓语是不及物动词、句中主语是非生物、动物，或者不受重视的人物。例如：

他找来找去总算来到门口。　　وہ ڈھونڈتا ڈھونڈتا دروازے پر پہنچا۔

狼想："让我跟他说几句话就走。"　　بھیڑیے نے سوچا: "میں اس سے دو چار باتیں کرتا کرتا چلوں۔"

2. 过去分词的重叠形式表示做分词的动词完成，并一直保持着，直到谓语动词达到了一个结果，这时如果作分词的动词是不及物词，它多随主语的性数变化。如果是及物动词，使用阳性复数形式。

最后大象躺倒在洞内慢慢死去。　　آخر ہاتھی غار کے اندر پڑا پڑا مر گیا۔

他跑着回家，忙着去干活了。　　وہ دوڑا دوڑا گھر آیا اور کام میں مصروف ہو گیا۔

他跑到妈妈身边。　　وہ بھاگا بھاگا ماں کے پاس پہنچا۔

你整天在家里待着想什么？　　تم دن بھر گھر پر بیٹھے بیٹھے کیا سوچتے ہو؟

不管在什么地方，她都一直拽着母亲纱丽的衣角。　　وہ ہر جگہ ماں کی ساڑھی کا پلو پکڑے پکڑے گھومتی تھی۔

松鼠每天都在山上跑来跑去。　　گلہری ہر روز پہاڑ پر بھاگی بھاگی پھرتی ہے۔

3. 分词重叠也表示逐渐。例如：

夜幕渐渐降临。　　ہوتے ہوتے اندھیرا ہونے لگا۔

逐渐地学会乌尔都语。　　آتی ہے اردو زبان آتے آتے۔

学着学着就掌握了。 سیکھتے سیکھتے ہی سیکھے گا۔

4. 现在分词的阳性复数形式 + ہی，表示"一……就……"。例如：

她一躺到床上就睡着了。 وہ چارپائی پر لیٹتے ہی سوگئی۔

大家一见老师就鼓起掌来。 استاد کو دیکھتے ہی سب لوگ تالیاں بجانے لگے۔

车子一进站台就热闹起来了。 گاڑی آتے ہی اسٹیشن پر چہل پہل ہوگئی۔

司令员一来大家鼓起掌来。 کمانڈر کے آتے ہی سب لوگ تالیاں بجانے لگے۔

注意：分词的主语与谓语的主语不是一词时，分词的主语是生物名词的话，其后要加 کے。如非生物名词则可不加。

5. 有的分词在句中是独立的短语，它的主语与谓语动词的主语不一致，该分词一般在句中起状语作用。例如：

走着走着天黑了下来。 چلتے چلتے شام ہو گئی۔

太阳老高了他才起床。 وہ دن چڑھے اٹھا۔

他天一亮就走了。 وہ صبح ہوتے چل دیا۔

6. 完成分词的动词词根重复，表示不止一次的断断续续的动作。

外面孩子们不断地滑倒。 باہر بچے پھسل پھسل کر گر رہے ہیں۔

他们不断从树上摘果子吃。 وہ لوگ درخت سے پھل توڑ توڑ کر کھانے لگے۔

他结结巴巴地说着英语。 وہ رک رک کر انگریزی بولتا ہے۔

大会一结束，大家一个个站起来往外走。 جلسہ ختم ہوتے ہی سب لوگ اٹھ اٹھ کر باہر چلے گئے۔

树叶不断变枯落下。 پتے خشک ہو ہو کر جھڑ گئے۔

7. 现在分词的阳性复数形式 + 语气词 بھی，表示"虽然……还是……""尽管……还是……"。这种形式中不用过去分词。例如：

尽管他知道，还是问我。　　اس نے جانتے ہوئے بھی مجھ سے پوچھا تھا۔

有声却似无声。　　آواز ہوتے ہوئے بھی بے آواز بن گئی تھی۔

尽管有这些因素（干扰），他还是走自己的路。　　ان سب باتوں کے ہوتے ہوئے بھی وہ اپنے راستے پر چل دیا۔

نہ دیکھتے ہوئے بھی دیکھتا ہے، نہ سوچتے ہوئے بھی سوچتا ہے، نہ یاد کرتے ہوئے بھی یاد کرتا ہے۔

即使不去看也还是看，即使不去想也还是想，即使不去回忆也还是回忆。

8. 现在分词或过去分词的阳性复数形式+ہوئے（ہوئے也可省略）表示“某某做某事已有多少时间”。“某某”的后面要加 کو，例如：

您来中国有 12 天了。　　آپ کو چین آئے ہوئے بارہ دن ہو گئے۔

确实我已在中国住了很长时间了。　　سچ مچ چین میں رہتے ہوئے مجھے اب کافی دن ہو گئے ہیں۔

我们的军队作战到现在已有 12 个月了。　　ہماری فوج کو لڑتے ہوئے بارہ مہینے گزر چکے تھے۔

艾哈迈德已睡了四个小时了。　　احمد کو سوئے چار گھنٹے ہو گئے۔

优素福在商店工作已有几天了。　　یوسف کو اس دکان میں کام کرتے کئی دن ہو چکے تھے۔

9. 现在分词的阳性复数形式 + وقت 表示“正在……的时候”。这种用法与“动词不定式 + کا وقت”不同。请见下例：

正在吃饭的时候　　کھاتے وقت

吃饭的时间　　کھانے کا وقت

正在来的时候　　آتے وقت

来的时候　　آنے کا وقت

第十一章 分词（حالیہ） 191

正在洗澡的时候 نہاتے وقت

洗澡的时候 نہانے کا وقت

10. 有些动词的现在分词阳性复数的重叠形式和 رہنا، بچنا 等动词连用，有“差一点（没）……”“险些……”的意思。例如：

苏曼差一点喊了出来。 سمن کی چیخ نکلتے نکلتے رہ گئی۔

我差点（没）摔下去。 میں گرتے گرتے بچ گیا۔

那个男孩差点死了。 وہ لڑکا مرتے مرتے بچا۔

他差一点淹死了。 وہ ڈوبتے مرتے بچ گیا۔

我险些说出这句话来。 میرے منہ سے یہ بات نکلتے نکلتے رہ گئی۔

我的心快碎了。 میرا دل ٹوٹتے ٹوٹتے بچ گیا۔

11. 现在分词阳性复数重叠形式还可以表示时间概念，这时分词的动作和谓语动词的动作在时间上几乎同时发生，表示就在“……那时……发生了……事”。分词的动作主体如为生物名词，后面需要加 کے。如非生物名词，也可不加 کے。例如：

他到达时我也快到了。 اس کے پہنچتے پہنچتے میں آجاؤں گا۔

入夜，我们就从那里动身了。 رات ہوتے ہوتے ہم وہاں سے روانہ ہوئے۔

我眼见花苞开放，从中走出一位仙女来。 میرے دیکھتے دیکھتے وہ کلی کھل گئی اور اس میں سے ایک پری نکلی۔

12. 过去分词的阳性复数形式和 بغیر 连用，表示“不……”，“没有……”的意思。例如：

没问过老师，任何人不能外出。 استاد سے پوچھے بغیر کوئی باہر جا نہیں سکتا۔

你晚上不睡觉能工作多少天？ رات کو سوئے بغیر کتنے دن تک کام کر سکتے ہو؟

分词的动作主体如与谓语动词的主语不一致，而又是生物名词时其后需要加 کے，例如：

他没发话我们就不能走。 ان کے کہے بغیر، ہم جا نہیں سکتے۔

13．不及物动词的否定形式和它的及物动词的过去分词阳性复数形式连用表示努力做某件事，但不能做成，有"怎么样也……不了"的意思。例如：

اس ملک میں بغاوت کی آگ اگر سلگ اٹھی تو کسی کے بجھائے نہ بجھے گی۔

要是这个国家一旦燃起造反的烈火，谁也扑灭不了。

这件事在(我)心灵上留下了不可磨灭的印象。 اس بات کا دل پر اتنا گھرا نقش پڑجاتا ہے کہ مٹائے نہیں مٹتا۔

它是一股不可阻挡的洪流。 ایک لہر تھی جو روکے نہ رکتی تھی۔

天热得晚上很难熬。 گرمی کی وجہ سے رات کاٹے نہیں کٹتی۔

这座房子怎么建也没建成。 یہ مکان بنائے نہ بنا۔

这副重担怎么挑也挑不起来。 یہ بوجھ اٹھائے نہ اٹھا۔

这块石头怎么搬也搬不动。 یہ پتھر ہٹائے نہ ہٹا۔

如果谓语是及物动词时，则将其过去分词的阳性复数形式与它的被动态否定形式连用来表示上述意义。例如：

怎么吃也吃不下。 کھائے نہیں کھایا جاتا۔

怎么写也写不出来。 لکھے نہیں لکھا جاتا۔

14. 有些分词或分词词组常失去其原有意义，用作惯用词组。例如：

经过、经由、通过 ہو کر ، ہوتے ہوئے

ریل اندھیرے دروں میں سے <u>ہو کر</u> نکلی۔	火车通过了漆黑的隧道。
<u>بڑھ کر</u>	比……更进一步，更好地
اس سے <u>بڑھ کر</u> وہ اور کیا کر سکتا ہے۔	他还能做比这更好的事？
یہاں محنت کش عوام کی سیر و تفریح کے لئے ایک سے ایک <u>بڑھ کر</u> جگہیں ہیں۔	

这里有一个比一个（建得）更好的场所供劳动人民消遣游览。

میرے لئے اس سے <u>بڑھ کر</u> کون سی نعمت ہو سکتی ہے کہ چند روز آپ کی صحبت رہے۔	

对我来说，和你在一起待几天是最好不过的事了。

<u>جان بوجھ کر</u>	故意地、有意地
اس نے <u>جان بوجھ کر</u> یہ کام کیا تھا۔	他故意做这件事。
تم نے کیوں <u>جان بوجھ کر</u> مجھ کو خط نہیں لکھا۔	你为什么故意不给我写信？
ہم لوگ <u>جان بوجھ کر</u> زور سے باتیں کر رہے ہیں۔	我们故意大声谈话。
<u>ہوتے ہوتے</u>	慢慢地、渐渐
شام <u>ہوتے ہوتے</u> وہ گاؤں کے قریب پہنچ گیا۔	天渐黑时他到了村边。
<u>ہوتے ہوتے</u> یہ ہوا کہ لوگ ایک دوسرے سے باتیں کرنے لگے۔	人们渐渐地彼此攀谈起来。
اس اسکول نے بہت ترقی کی اور <u>ہوتے ہوتے</u> یہ بہت بڑا کالج بن گیا۔	这个学校很兴旺，它慢慢变成了一座学院。
<u>دیکھتے دیکھتے</u>	很快，眼见着
<u>دیکھتے دیکھتے</u> سارا آسمان تاروں سے جگمگا اٹھا۔	眼见着整个天空都被星星照亮了。

注意：在加强语气时，还可以变<u>دیکھتے دیکھتے</u>为<u>دیکھتے ہی دیکھتے</u>（一转眼、一瞬间、眼见着）例如：

一转眼，我后面又排了 15 个人。

دیکھتے ہی دیکھتے میرے پیچھے پندرہ آدمی اور آ کے کھڑے ہو گئے۔

一瞬间整个大楼被烈火包围了。

دیکھتے ہی دیکھتے ساری عمارت آگ کی لپیٹ میں آگئی۔

眼见着浓云笼罩了整个天空。

دیکھتے ہی دیکھتے کالی گھٹا سارے آسمان پر چھا گئی۔

这种形式也可以用于其他动词。例如：

他的日子就这么在泪水中度过。

اس کے دن روتے ہی روتے بیتے۔

15. 有几个形容词或数词与 کرکے 或 کر 构成分词词组常用作惯用词组。例如：

一个个地

ایک ایک کرکے

他把书一本本从袋子里取出来。

وہ تھیلے سے کتابوں کو ایک ایک کرکے باہر نکالنے لگے۔

特别是

خاص کر

سب لوگوں کو خاص کر نوجوانوں کو اچھی طرح عوام کی خدمت کرنی چاہیئے۔

所有的人，特别是青年人应该很好地为人民服务。

16. 完成分词加 رہنا 的将来时形式表示强调分词的内容。例如：

我一定要当一名记者。

میں ایک اخبار نویس بن کر رہوں گا۔

我一定要把弟弟找到。

میں اپنے بھائی کو تلاش کرکے رہوں گا۔

她日益相信她一定会把他们赶出去。

روز بروز اسے یقین ہوتا جاتا تھا کہ وہ انہیں ضرور نکال کر رہے گی۔

他说：“我一定要了解到这个湖的奥秘。”

انہوں نے کہا: میں اس جھیل کا راز جان کر ہی رہوں گا۔

17. رہ جانا 与分词的几种结合形式：

（1）رہ جانا 与现在分词的三种结合形式

a. 现在分词 + رہ جانا ，表示一直在持续的动作被保持下来。

جو بھی اس خوبصورت لڑکی کو دیکھتا، بس دیکھتا ہی رہ جاتا۔

谁见了这位美女都目不转睛地看个没完。

لوگ عمر کے اندازہ کے لئے خواہ مخواہ چہروں کو گھورتے رہ جاتے ہیں۔

有人总是无缘无故地盯着别人的脸来估算他的年龄。

b. 现在分词重叠 + رہ جانا ，表示“差一点”“险些”。前边“10”中已讲过，此处不再举例。

c. 重叠的现在分词中间有کا（کے، کی）+ رہ جانا ，表示分词的动作被定在一再发生这一点上，没在向前发展。

老妇人在河边哭个不停。　　بڑھیا وہیں دریا کے کنارے روتی کی روتی رہ گئی۔

وہ موقع لگتے ہی احاطہ کی دیوار پھاند کر ایسا رفو چکر ہوا کہ پولیس کے کانسٹبل دیکھتے کے دیکھتے ہی رہ گئے۔

他得到机会就翻过院墙溜走了，警官只能干瞪眼。

میں روکتی کی روکتی رہ گئی، وہ یہ جا وہ جا، بہت دور نکل گئے۔

我没能拦住他，他立即逃走，走出很远。

（2）رہ جانا 与过去分词结合有两种形式

a. 过去分词+رہ جانا ，表示动作完成，被رہ جانا保留下来，处于一种状态中。

عائشہ کی آخری شلوار قمیص اس کے ماں باپ کے گھر کی ایک کھونٹی پر لٹکی رہ گئی تھی۔

阿伊莎的最后一套衣裤就一直挂在她父母家中的木钉上（废弃不用）了。

b. 重叠的过去分词中间有کا（کے، کی）+رہ جانا ，是过去分词+رہ جانا 的强调形式。

她睁大了双眼，一直盯着（照片）。　　اس کی آنکھیں پھٹی کی پھٹی رہ گئی تھیں۔

我一动不动地站在那儿。 میں وہیں کھڑے کا کھڑا رہ گیا۔

看到这种情形，毛拉惊得一直张大着嘴。 یہ دیکھ کر حیرت سے ملاّ کا منہ کھلے کا کھلا رہ گیا۔

（3）رہ جانا 与完成分词结合，表示动作完成，被保留下来。强调的是动作完成的状态。

这台机器没用了，成了一个玩具。 یہ مشین بیکار ثابت ہوئی اور محض ایک کھلونا بن کر رہ گئی۔

بھابی کا دل بھی کٹا جا رہا تھا، مگر وہ کیا کر سکتیں، آنچل سے اپنے آنسو پونچھ پونچھ کے رہ جاتیں۔

嫂子同样心如刀绞，但是她什么也不能做，只能一个劲地用衣襟擦着泪水。

她把手张开伸向空中。 وہ ہوا میں ہاتھ پھیلا کر رہ گئیں۔

七、乌尔都语分词与汉语连动式的比较

汉语连动式是一种动词连用的格式，即在谓语中连着用两个或两个以上的动词，它们同属于一个主语，其特点是谓语中无语音停顿，而且第一个动词往往重叠或第一个动词后带有“着”“了”等词。例如：

我站着听。 میں کھڑا سن رہا ہوں۔

你拿去吧！ تم لے جاؤ!

吃了药再走！ دوا کھا کر جاؤ!

想想再回答！ سوچ کر جواب دو!

汉语连动式动词之间的关系（与乌尔都语分词有关）

1. 谓语中的动词表示连续动作，它们有时间上的先后，第一动词后往往带上“了”字，翻译成乌尔都语时往往用完成分词。例如：

他到了那儿就会高兴的。 وہ وہاں پہنچ کر خوش ہوگا۔

他打断了我的话说道。 اس نے میری بات کاٹ کر کہا۔

他走到了门前停住。 وہ دروازے تک جا کر رک گیا۔

2. 前一动词表示后一动词动作的方式，汉语中往往用"地""着"来表示。

这种情况下翻译成乌尔都语时一般用现在分词或过去分词来表示。例如：

他每天晚上关着窗子睡觉。 ہر رات وہ کھڑکی بند کئے سوتا ہے۔

他害羞地往后退。 وہ شرماتے ہوئے پیچھے ہٹ رہے ہیں۔

你坐在这里干什么呢？ تم یہاں بیٹھے کیا کر رہے ہو؟

他神气十足地说。 وہ اکڑتا ہوا بولا۔

他压制住自己的惊讶说。 اس نے اپنی حیرت کو دباتے ہوئے کہا۔

练习

一、使用指定的分词翻译下列句子：

1. 现在分词

（1）你能边看电视边打毛衣吗？

（2）猎犬闻着气味在河边寻找着什么东西。

（3）他边跑边喊着我的名字。

（4）她嘟嘟囔囔地(بڑبڑانا)往壶里灌水。

（5）这个学生出生在富裕的家庭。

（6）请仔细听，做报告人的嗓子都哑了。

（7）那匹奔驰着的马是哪位先生的？

（8）我从没看见过你游泳。

（9）看见大人们在哭，孩子们也哭了。

（10）"为什么"他装作惊奇的样子问道。

（11）这时有一个男孩朝我们跑来。

（12）只见人们在大厅里谈论着什么。

（13）只见远处的灯光在闪烁（روشنیاں ٹمٹمانا）着。

（14）我们找着找着来到一条小河边。

2. 过去分词

（1）他一来就把藏在衬衣里的饼拿出来了。

（2）挂着的那件毛衣式样很好。

（3）他偶尔抬头瞟一眼（سر اٹھا کر نظر ڈالنا）爬在树上的孩子们。

（4）只见四周都是砖砌的房子。

（5）他穿着一件旧衬衣，弯着腰，眼睛深陷（دھنسنا），头发也很蓬乱。

（6）村民们手拿着木棒出来了。

（7）狗叼着一块肉在跑。

（8）他靠着树坐下。

（9）这把椅子是木制的。

（10）他为什么张着嘴坐着？

（11）那妇人披着一件白色纯毛披肩。

（12）他出去找工作了。

（13）失去的时间不再复返。

（14）他在火边坐着。

（15）她的房间布置得很雅致，墙上挂着一张画，桌子上摆着书和一只插了鲜花的花瓶。

（16）他们已经看到了桌子上放着的那件礼物。

（17）房间里凌乱地摊着许多书和报纸。

（18）他为自己做的事付出了代价（قیمت ادا کرنا）。

3. 完成分词

（1）他低着头走进房间。

（2）众人异口同声地说“同意”。

（3）我带谁去看展览？

（4）毕业后学生们将投身到祖国的建设之中去。

二、完成下列句子：

۱-(　　　)استاد کی آنکھوں میں آنسو ڈبڈبا آئے۔（说着说着）

۲-(　　　)اس کا دل بوجھل ہو گیا۔（想着想着）

۳-(　　　)وہ بے ہوش ہو گیا۔（哭着哭着）

۴-(　　　)اس کی آنکھیں بند ہو گئیں۔（躺着躺着）

۵-(　　　)اس مریض کے ماتھے پر پسینا آنے لگا۔（站着站着）

۶-(　　　)اس کی پتلی پتلی ٹانگیں سن ہونے لگیں۔（坐着坐着）

۷-(　　　)وہ حمام سے نکل پڑا۔（一想到这里）

۸-(　　　)ہم سے کہنے لگا کہ معاف کیجئے، مجھے دیر ہو گئی۔（艾哈迈德一坐下）

۹-(　　　)ماں بے قرار ہو جاتی ہے۔（孩子一哭）

۱۰-(　　　)میں نہیں جا سکتا۔（没有他的允许）

۱۱-(　　　)تم کامیابی حاصل نہیں کر سکتے۔（不努力）

۱۲-(　　　)ہمیں سکون نہیں ملے گا۔（不支持他们）

۱۳-(　　　)ایک شخص نے وہ پرندہ خرید لیا۔（艾哈迈德眼见着）

۱۴-(　　　)ساری دنیا برف سے ڈھک گئی۔（转眼间）

۱۵-(　　　)وہ آدمی نظر آیا۔（快到五点时）

۱۶-(　　　)وہ زمین پر گر کر مر گئی۔（快到家时）

۱۷-اپنے دوست کے ہاں (　　　)نہیں تھکتے؟（一次又一次去）

۱۸-پتھر (　　　)شیشے کے ٹکڑے ٹکڑے کر دئے گئے۔（不断敲打）

۱۹۔ (　　　　) ہمارے کان پک گئے ہیں۔（一遍又一遍地听这件事）

۲۰۔ (　　　　) دو سال ہو گئے۔（我来北京）

۲۱۔ (　　　　) تین سال ہونے کو ہیں۔（我学习乌尔都语）

۲۲۔ (　　　　) ہمارے ساتھ سیر کرنے نکلا۔（尽管他生病了）

۲۳۔ (　　　　) مجھے کتاب لاکر نہیں دی۔（尽管他许了诺言）

۲۴۔ (　　　　) سگریٹ نہیں پینا چاہیئے۔（吃饭时）

۲۵۔ (　　　　) اپنا دھیان یک سو رکھیئے۔（读书时）

۲۶۔ وہ (　　　　)۔（差一点绊倒）

۲۷۔ میں (　　　　)۔（差一点滑倒）

۲۸۔ (　　　　) شنگھائی جائیں گے۔（我们路过南京）

۲۹۔ لگے ہاتھ ہم (　　　　) واپس چلیں۔（在商店转一圈）

۳۰۔ جب اسے غصہ آتا ہے تو (　　　　)۔（怎么也压不下去）

۳۱۔ یہ اون اتنی بوسیدہ تھی کہ سویٹر (　　　　)۔（织不成）

۳۲۔ (　　　　) انہوں نے بھی اس طرح کا ایک کمپیوٹر خرید لیا۔（学我）

۳۳۔ وہ جگہ جگہ تالیاں بجاتے اور (　　　　)۔（孩子也学他鼓起掌来）

۳۴۔ وہ بڑھیا (　　　　) گر پڑی۔（走着走着）

三、改正下列不正确的分词形式：

۱۔ گلی میں آکر چلتے ہوئے وہ رک گیا۔

۲- زمیں پر آم گرتے ہی خراب ہوتے رہتے ہیں۔

۳- آم پڑتے پڑتے سڑ گئے۔

۴- چھپتے چھپاتے ہوئے بڑی مشکلوں سے ہم لوگ پیرس پہنچے۔

۵- شہد کی ایک مکھی پانی پی کر اچانک دریا میں پھسل پڑی۔

۶- وہ لڑکا شکار کھیل کر ساتھیوں سے بچھڑتے ہوئے راستہ بھول گیا، چلتے ہوئے شام ہو گئی۔

۷- چیونٹی پتے پر بیٹھ گئی، پتا بہتے ہوئے کنارے سے آ لگا۔

۸- وہ حسبِ معمول ایک گہرے رنگ کا کوٹ پہنا ہوا تھا۔

۹- انہوں نے صدر کے قریب کھڑتے ہوئے حاضرین پر ایک نظر ڈالی۔

۱۰ - جب اسے قصبے میں رہ کر تین چار برس ہو گئے تو ایک دن یہ واردات رونما ہوئی۔

四、选择正确的分词形式填空：

۱- آپ ایسی باتیں نہ کہیئے، دادی کہیں (　　　) میں بھی نہ سن لیں۔ (سوتی، سوتے، سوئے)

۲- میں نے اسے کبھی (　　　) نہیں دیکھا تھا، لیکن اس دفعہ وہ (　　　) بے ہوش ہو گئی۔ (روتے، روئے، روتے ہوئے ، روتے روتے، رو کر)

۳- یہ راستہ کبھی تراشیدہ پتھروں کا (　　　) ہو گا۔ (بناتا ہوا ، بنا ہوا)

۴- فاختہ (　　　) چیونٹی کے پاس پہنچی۔ (اڑتی ہوئی، اڑ کر، اڑی ہوئی)

۵- اس نے باپ سے اپنے (　　　) کی معافی مانگی۔ (کئے ہوئے ، کئے، کیا)

۶- وہ پیسے کہاں ہیں ؟" ماں نے پوچھا "-" میری قمیص کے اندر (　　　)"- بچے نے جواب دیا۔ (سلے ہوئے ہیں، سلتے ہوئے ہیں ، سلا ہوا ہے)

7- گاؤں کے کنویں تک (   ) اس کے گرد خاصا ہجوم ہو گیا تھا۔ (پہنچ کر، پہنچتے ہوئے، پہنچتے پہنچتے)

8- محمد کنویں سے ڈول (   ) گھڑے میں پانی ڈالتا جاتا ہے۔ (ڈال کر، ڈال ڈال کر، ڈالتے ہوئے، ڈالے ہوئے)

9- اس وقت یہاں بالکل سناٹا تھا اور کوئی (   ) دکھائی نہ دیتا تھا۔ (چلتا پھرتا، چل پھر کر، چلتے پھرتے)

10- وہ کسی گہری سوچ میں (   ) تھا۔ (ڈوبتا ہوا، ڈوبا ہوا، ڈوبے ہوئے)

11- مجرم ابھی تک (   ) ہے۔ (بھاگتا ہوا، بھاگا ہوا، بھاگا)

12- میں نے شاید کو دکان پر (   ) پایا۔ (بیٹھا ہوا، بیٹھتے ہوئے، بیٹھ کر، بیٹھے ہوئے)

13- (   ) وہ کہنے لگا۔ (رخصت ہوتے وقت، رخصت وقت، رخصت کرتے وقت)

14- سویرا (   ) مرغا جاگا۔ (ہوئے، ہوتے ہوتے، ہو کر)

15- شاید کچھ (   ) مل جائے۔ (بچا بچایا، بچے ہوئے، بچ کر)

16- اس کی (   ) ایک اور شخص نے یہ مشین خرید لی۔ (دیکھتے ہی دیکھتے، دیکھی ہوئی، دیکھا دیکھی)

17- یہ وہ جگہ تھی، جہاں سے دشمن اندھا دھند فائرنگ کر کے ہماری پیش قدمی کو (   ) تھا۔ (روکا ہوا، روکے ہوئے، روکا)

18- وہاں کے بازاروں کی سب دوکانیں نئی (   ) معلوم ہوتی ہیں۔ (بنتی ہوئی، بنائی ہوئی، بنی ہوئی)

五、用适当的分词填空：

1- بازاروں کی سیر _____ (کرنا) آٹھ بج گئے، ہم تیز قدم _____ (اٹھانا) گھر کی طرف چلنے لگا۔

2- یہاں کی دوکانیں پھلوں سے _____ (بھرنا) اور پستے، بادام، چلغوزے اور خشک خوبانیاں بھی _____ (چننا)۔

3- ان کے بتانے پر ہمیں معلوم ہوا ہے کہ سامنے نالی میں پانی _____ (بہنا) نظر آرہا ہے، اصل میں یہ پہاڑوں کی _____ (پگھلنا) برف کا پانی ہے۔

4- احمد نے قمیص کے نیچے _____ (پہننا) واسکٹ کی اندرونی جیب میں سے نوٹوں کا ایک گٹھا _____ (نکالنا)

ہمیں دیا۔

۵۔موسم بہت سرد تھا، برف پڑ رہی تھی، تھوڑی دیر بعد سب لوگوں کے کپڑوں پر برف ______ (پڑنا)، پلکوں پر برف ______ (جمنا)

۶۔اس نے آتے ہی کہا: "میں تمہیں ایک چیز دوں گا، جو میں نے چھپا کر ______ (رکھنا)۔"

۷۔ایک شکاری اس راستے سے گزرا، اس نے ایک فاختہ کو درخت پر ______ (بیٹھنا) دیکھا۔

۸۔دوسرے دن وہ روزی کی تلاش میں نکل کھڑا ہوا، ______ (چلنا) جب دوپہر ہو گئی، اسے ایک صاف ستھری جگہ نظر آئی۔

۹۔میں نے بھاگنا شروع کیا، ______ (بھاگنا) میں گاؤں کی حدود میں داخل ہو گیا، مگر میں گاؤں کے اندر ______ (پہنچنا) بھی بھاگتا رہا، اس طرح ______ (بھاگنا) راستے میں ایک دوست نے کہیں مجھے دیکھ لیا۔

۱۰۔ایک عورت ایک دکان سے چینی لینے گئی۔دکان سے چینی ______ (لینا) وہ چند دوسری عورتوں سے باتیں کرنے لگی اور باتوں میں محو ہو گئی۔اس کی اس حالت کو ______ (دیکھنا) دکاندار نے خاموشی سے اس کی چادر سے چینی کھول لی اور اس کی جگہ ریت باندھ دی۔باتیں ختم ______ (کرنا) وہ عورت جب گھر آئی اور چادر کھول لی تو اس میں ریت بندھی۔یہ ______ (دیکھنا) وہ نہایت حیران ہوئی اور ذرا سوچ کر سامنے ______ (کھڑا ہونا) شوہر سے کرنے لگی کہ میں چینی لینے جا رہی تھی کہ اچانک سامنے سے ایک کتا ______ (بھاگنا) آ گیا، سب لوگ ______ (ڈرنا) بھاگنے لگے، میں بھی ______ (گھبرانا) بھاگی۔______ (بھاگنا) میرے پیسے زمین پر گر گئے، میں نے جلدی سے وہاں کی سب مٹی ______ (اٹھانا) چادر میں باندھ لی۔اب تم اس میں سے پیسے تلاش کر لو!

六、按要求（不及物动词的否定形式和它的及物动词的过去分词阳性复数形式连用）完成下列句子：

۱۔کسانوں کا ہجوم ایک لہر کی طرح تھا ______۔(روکنا، رکنا　势不可挡)

۲۔زور بھی اتنا تھا کہ مرد کا ہاتھ پکڑ لے تو ______۔(چھڑانا، چھوٹنا　不能分开)

۳۔بڑے بڑے پائینچوں کا پاجامہ ______۔(سنبھالنا، سنبھلنا　托不起来)

۴۔اس کی نگاہیں اس دیوی کے چہرے سے ______۔(ہٹانا، ہٹنا　离不开)

第十二章　复合动词（مرکب افعال）

一、概说

1. 复合动词的概念：

两个或两个以上的动词作为一个单位连用，表示比较复杂而细致的意义，这种动词叫做复合动词。另一类复合动词是重叠复合动词，此外还有名词+动词或形容词+动词构成的复合动词。例如：动词 اٹھنا 的意思是“起来”，如果在它后面加上不同的情态动词，则带有不同的附加意义和语法意义。例如：

اٹھ جانا（起来了），اٹھ بیٹھنا（一下子起来 ）

اٹھ سکنا（能起来，可以起来），اٹھ چکنا（起来过）

2. 复合动词的构成形式：

乌尔都语中复合动词的构成形式有以下四大类：

（1）动词+情态动词

a. 动词不定式+情态动词（چاہنا، پڑنا، ہونا، چاہیئے）

b. 动词不定式阳性复数形式+情态动词（لگنا، دینا، پانا）

c. 动词词根+情态动词

（a）加强语气的情态动词（اٹھنا، بیٹھنا، پڑنا، نکلنا، پانا، دینا، لینا، جانا، آنا، ڈالنا، رہنا، رکھنا）

（b）表示“完成”的情态动词（چکنا）

（c）表示“能够”的情态动词（سکنا）

d. 现在分词+情态动词（رہنا، جانا، آنا، چلا جانا، چلا آنا）

e. 过去分词+情态动词（جانا، کرنا، چاہنا، رہنا، چلا جانا، چلا آنا）

f. 现在分词阳性复数形式+情态动词（بننا）

g. 过去分词阳性复数形式+情态动词（جانا، لینا، رہنا، رکھنا، دینا، ڈالنا）

（2）重叠复合动词

（3）名词+动词

（4）形容词+动词

二、动词+情态动词

1. 动词不定式+情态动词(چاہنا، پڑنا، ہونا، چاہیے)：

（1）动词不定式+ چاہنا 的变化形式表示愿望。例如：

有人要见他。　　کوئی شخص اس سے ملنا چاہتا ہے۔

我想吃葡萄。　　میں انگور کھانا چاہتی ہوں۔

昨天我想进城。　　کل میں نے شہر جانا چاہا۔

有人想和您通电话。　　آپ سے کوئی ٹیلیفون پر بات کرنا چاہتا ہے۔

میں نہ یہ سوال کسی سے کرنا چاہتا ہوں اور نہ چاہتا ہوں کہ مجھ سے کوئی یہ سوال کرے۔

这个问题我不想问别人，也不想让别人问我。

注意：چاہنا 是及物动词。

（2）动词不定式+ پڑنا 的变化形式表示“不得不”“只得”“被迫”等意思，这时

动作的主体后要加 کو。例如：

我只好吃药。 مجھے دوا کھانی پڑی۔

你得承认自己的错误。 آپ کو اپنی غلطی تسلیم کرنی پڑے گی۔

难道你必须接受她的意见吗？ کیا آپ کو اس کی بات ماننی پڑی؟

得出大力，流大汗。 خون پسینا ایک کرنا پڑتا ہے۔

先生，日子不好过呀！常常得饿肚子。 صاحب جی، گزارہ نہیں ہوتا، فاقے بھی کرنے پڑتے ہیں۔

اسے اتنی چھوٹی عمر میں کام کرنا پڑ رہا تھا، یہ تو اس کے کھیلنے کے دن تھے۔

他这么小的年纪就得干活，这本是他玩耍的年龄啊！

（3）动词不定式 + ہونا 的变化形式表示"必须"，但没有被迫的意思。这种形式的动作主体后必须加 کو。例如：

昨天我该去老师那里，但我没去。 کل مجھے استاد کے یہاں جانا تھا، لیکن میں نہیں گیا۔

教育要改革。 تعلیم میں اصلاح برپا کرنا ہے۔

他必须做这事。 اس کو یہ کام کرنا ہوگا۔

我们现在得写信。 ہمیں اب خط لکھنا ہے۔

眼下我们还有很多工作要做。 ابھی ہمیں بہت کچھ کرنا ہے۔

如果复合动词的宾语是阳性复数或阴性名词时，则复合动词的性数有相应的变化。例如：

他在今后两年内还得过这种日子。 ابھی ان کو دو سال اسی حال میں گزارنے ہوں گے۔

بہن، گھر کی صفائی، برتن وغیرہ دھلوانے ہیں تو کھو!

大姐，如需要打扫卫生、洗餐具的话，就吩咐吧！

下面是阴性变化，有两种：一种是变动词不定式。例如：

请原谅，我现在得去采购。　اس وقت معاف کیجئے۔مجھے کچھ خریداری بھی کرنی ہے۔

另一种是变情态动词。例如：

星期天我得帮助母亲做家务。　اتوار کے دن مجھے گھر کے کام کاج میں والدہ کی مدد کرنا ہوتی ہے۔

还可以把动词不定式和情态动词都变。例如：

得熬夜了。　رات جاگ کر بسر کرنی تھی۔

我们得尊重这种感情。　ہمیں اس جذبے کی قدر کرنی ہوگی۔

（4）动词不定式+چاہیئے，表示“应该”。这种形式的动作主体后要加 کو。چاہیئے的复数形式为چاہیئں。例如：

我们应该相信群众。　ہمیں عوام پر اعتماد کرنا چاہیئے۔

我们应该为国家多做工作。　ہمیں اپنے ملک کے لئے زیادہ سے زیادہ کام کرنے چاہیئں۔

انہیں اپنی ذمہ داریاں محسوس کرنی چاہیئں اور اپنے مصیبت زدہ بھائیوں کی امداد کے لئے رضاکارانہ خدمت شروع کردینی چاہیئے۔

他们应该意识到自己的职责，自愿地帮助受灾的兄弟。

应该享受到的雪茄烟的乐趣却没有享受到。　سگار کا جو لطف آنا چاہیئے تھا، وہ نہ آیا۔

اس مقصد کے لئے تو ایسے جنگجو ہونے چاہیئے تھے جو فنِ حرب سے واقف ہوں۔

为了这一目的，需要懂得战术的战斗员。

你应该帮助他，却没有。　تمہیں اس کی مدد کرنی چاہیئے تھی، لیکن تم نے ایسا نہیں کیا۔

以上四种形式的比较：

پہلا آدمی: آج صبح تم گھر میں رہوگے۔

دوسری آدمی: نہیں، میں گھر میں نہیں رہوں گا۔مجھے دفتر جانا چاہیئے۔

پہلا آدمی: کچھ دیر کے بعد جانا۔

دوسرا آدمی: نہیں، مجھے ابھی جانا ہے۔

پہلا آدمی: لیکن ابھی میں تم سے ایک سوال پوچھنا چاہتا ہوں۔

دوسرا آدمی: بعد میں پوچھنا! وقت ہو گیا۔ابھی مجھے وہاں جانا ہی پڑے گا۔

译文：

第一人：今天上午你在家吗?

第二人：我不在家，我要去办公室。

第一人：过一会儿再走吧。

第二人：不行，我现在得走。

第一人：但是我现在想问你一个问题。

第二人：以后再问吧！时间到了，现在我不得不走了。

注意：（1）مجھے جانا ہے 比 مجھے جانا چاہیئے 更强调，语气更重，即不管应不应该都必须去，而后者虽应该去但也有不去的可能。

注意：（2）注意（1）的两种形式中，如果动词为不及物动词，而动作主体又是非生物名词时，则动词主体后不加 کو。例如：

钟应该会响。 گھنٹا بجنا چاہیئے۔

应该有这样的会。 اس طرح کی میٹنگ ہونی چاہیئے۔

过一会儿火车必定到。 کچھ دیر بعد گاڑی آنی ہو گی۔

2. 动词不定式阳性复数形式+情态动词（لگنا، دینا، پانا）：

（1）动词不定式阳性复数形式+ لگنا 的变化形式，表示动作的开始。例如：

耻辱这一重负使他的心又沉重起来了。 ذلت کے بھاری بوجھ سے اس کا دل پھر بیٹھنے لگا۔

村里为了讲卫生挖起沟来。　گاؤں میں صفائی کے لئے نالیاں کھودی جانے لگیں۔

他一说起话来就两三个钟头不歇气。　جب وہ بیان کرنے لگتا ہے تو دو دو گھنٹے دم نہیں لیتا۔

现在阳光进屋了。　اب تو دھوپ کمرے کے اندر آنے لگی۔

从那天起所有的孩子都觉得哈米德好了。　اس دن سے سب لڑکے حامد کو اچھا سمجھنے لگے۔

（2）动词不定式阳性复数形式 + دینا 的变化形式表示“让某人做某事”“允许”之意。例如：

请让我去。　مجھے جانے دیجئے۔

他不让我说话。　اس نے مجھے بولنے نہیں دیا۔

他不放过任何玩耍的机会。　وہ کھیل کود کا کوئی موقع ہاتھ سے نہ جانے دیتا۔

此外还有习惯用语 رہنے دینا，其含义是 جانے دینا。例如：

算了吧！　اچھا، رہنے دو!

（3）动词不定式阳性复数形式+ پانا 的变化形式表示“获得某种许可”“得到许可做某事”“被允许”之意。此外还有“能够”之意。这时整个复合动词不及物，一般用否定句形式。例如：

城门已关闭，以防叛逆者进城。　شہر کے دروازے کو بند کیا گیا کہ باغی شہر کے اندر داخل نہ ہونے پائیں۔

从这里去不成了。　یہاں سے جانے نہ پایا۔

今天没有人能见到他。　آج اس سے کوئی ملنے نہ پایا۔

事情未（办）成。　بات نہ ہونے پائی۔

人们还没有躲藏好，就发生了爆炸。　ابھی لوگ ٹھیک طرح سے چھپنے بھی نہ پائے تھے کہ دھماکا ہو گیا۔

ابھی دھوپ اچھی طرح پھیلنے بھی نہ پائی تھی کہ اس کی کار کارخانے کے اندر داخل ہو گئی۔

太阳还没有升高，他的车子就开进了工厂。

可怜的牲口还没缓过气来，又被套上了车。 غریب جانور دم نہ لینے پایا تھا کہ پھر جوت دیا۔

他的话还没能说完。 ان کی بات پوری بھی نہ ہونے پائی۔

男孩们没能来这里。 لڑکے یہاں آنے نہ پائے۔

这种形式与情态动词 دینا 表示“允许”不同。后者是施事，前者是受事，即“被允许”，另外还有“能够”的意思。例如：

你不要让任何人进来！（不让进来） تم کسی کو اندر گھسنے نہ دو۔

任何人都进不来。（没能进来） کوئی آدمی اندر گھسنے نہ پایا۔

3. 动词词根+情态动词(اٹھنا، بیٹھنا، پڑنا، نکلنا، پانا، دینا، لینا، جانا، آنا، ڈالنا، رہنا، رکھنا، چکنا، سکنا)：

（1）动词词根+اٹھنا 的变化形式表示突发的动作。它常与一些固定动词根搭配，例如：گونج اٹھنا، بھڑک اٹھنا، بول اٹھنا، چلا اٹھنا، رو اٹھنا، کانپ اٹھنا، چونک اٹھنا 等。

请看下面例句：

他忽然聪明起来了。 اس کی عقل جاگ اٹھی۔

说着说着她的脸突然涨红了。 یہ کہتے کہتے اس کا چہرہ تمتما اٹھا۔

电灯一下子亮了起来。 بجلی کی روشنیاں چمک اٹھی تھیں۔

一见这个地方就想起童年来。 اس جگہ کو دیکھتے ہی بچپن کی یاد تازہ ہو اٹھی۔

他冷得发起抖来。 وہ سردی کے مارے کانپ اٹھا۔

（和平）协议签字之后那里仍燃起了战火。

معاہدوں پر دستخط ہونے کے بعد بھی وہاں پر جنگ کی آگ بھڑک اٹھی۔

他急于去游泳。　اس کا دل تیرنے کے لئے بے قرار ہو اٹھا۔

外面的人突然开口说话了。　باہر کا آدمی بول اٹھا۔

（2）动词词根 + بیٹھنا 的变化形式表示突然和不假思索的行为。有“迅速”“一下子就……”的含义，或做了不该做的事。经常搭配的动词有 بن بیٹھنا، کہہ بیٹھنا، مار بیٹھنا، کر بیٹھنا 等。例如：

几天后他就丧失了勇气。　وہ چند روز بعد ہی حوصلہ ہار بیٹھا۔

今天他冒失地说出了这句话。（不该说的）　آج وہ یہ بات کہہ بیٹھا۔

他常常不假思索冒冒失失地做事。　وہ اکثر بغیر سوچے سمجھے کام کر بیٹھتا ہے۔

他一下子失去了知觉。　وہ اپنے ہوش و حواس کھو بیٹھا۔

不要在难过的时候做出错误的决定！　اس پریشانی میں کوئی غلط فیصلہ نہ کر بیٹھنا۔

（她）只看见一件事，就气得不行。　بس ایک چیز دیکھی اور اس قدر بگڑ بیٹھیں۔

（3）动词词根 + پڑنا 的变化形式表示由于某种外因而引起的突发的，不由自主的动作。经常搭配的动词有 لڑ پڑنا، بن پڑنا، گر پڑنا، چونک پڑنا، کود پڑنا، جاگ پڑنا، ہنس پڑنا، رو پڑنا، سن پڑنا 等。例如：

一事无成。　کوئی بات بن نہ پڑی۔

这时孩子们吵闹起来，大家被惊醒了。　اتنے میں بچوں نے شور مچانا شروع کر دیا اور سب لوگ جاگ پڑے۔

他在冰上走着走着忽然滑倒了。　برف پر چلتے چلتے وہ پھسل پڑا۔

看了猴戏我们都禁不住笑了起来。　بندر کا تماشا دیکھ کر ہم سب ہنس پڑے۔

他听到这消息吃了一惊。　یہ خبر سن کر وہ چونک پڑا۔

（4）动词词根+ نکلنا 的变化形式表示在平静中突然有了动作。例如：

出来，出现 آنکلنا

走出去了，开始 چل نکلنا

破了 پھٹ نکلنا

请看下面例句：

他正等着，突然跑出来一只老鼠。 وہ انتظار کر رہا تھا، یکایک ایک چوہا آنکلا۔

那里出现了用筷子吃饭的习俗。 وہاں چاپ اسٹک سے کھانا کھانے کا رواج چل نکلا۔

（5）动词词根 + پانا 的变化形式表示达到某一目的，这时整个复合动词不及物。例如：

他好不容易来了。 وہ مشکل سے آپایا۔

我费了好大劲才看到。 میں بہت کوشش کرنے پر دیکھ پایا۔

他不明白这件事。 وہ یہ بات نہیں سمجھ پایا۔

تھوڑے بہت پیسے جو اسے ملتے، ان میں دونوں مشکل سے گزارہ کر پاتے تھے۔

他用不多的收入艰难地维持着两个人的生活。

他思想斗争激烈，现在还拿不定主意。 وہ سخت کشمکش میں مبتلا تھا۔ ابھی وہ کوئی فیصلہ نہ کر پایا تھا۔

اب تک یہ طے نہیں کر پائی ہے کہ وہ زندگی میں چاہتی کیا ہے۔

至今她还没做出决定，在生活中她到底想要什么。

（6）动词词根 + دینا 的变化形式表示动作的完成和该动作的外向。例如：

مار دینا، کھو دینا، کہہ دینا، ہٹا دینا، نکال دینا

请看下面例句：

有人往伤口上撒盐。	کسی نے زخم پر نمک چھڑک دیا۔
骄傲把他完全毁了。	غرور نے اس کا نام و نشان تک ہٹا دیا۔
他全说了。	اس نے سب کچھ بتا دیا۔
第二天他将亲自送我去那里。	وہ خود دوسرے دن مجھے وہاں پہنچا دیں گے۔
我对他讲过了。	میں نے ان سے کہہ دیا۔
抛弃这个坏习惯！	اس خراب عادت کو چھوڑ دو!
他拿起一件衣服扔了出去。	اس نے ایک کپڑا اٹھا کے پھینک دیا۔
他为祖国增了光。	انہوں نے ملک کی عزت میں بھی چار چاند لگا دئے۔
姆蒂把希拉往后推了几步。	موتی نے ہیرا کو کئی قدم پیچھے ہٹا دیا۔
他把一切献给了祖国。	وطن پر انہوں نے تن من دھن سب کچھ نثار کر دیا۔

（7）动词词根+لینا 的变化形式表示动作的完成和向内方向。例如：

کھا لینا، سمجھ لینا، سن لینا، پی لینا، بلا لینا

请看下面例句：

我看到了。	میں نے دیکھ لیا۔
他从我这里要到了钱。	اس نے مجھ سے نوٹ لے لیا۔
我下床穿上了鞋。	میں نے چارپائی سے اتر کر جوتے پہن لئے۔
我明白了。	میں نے سمجھ لیا۔
萝卜在地里扎下了根。	مولی نے زمین میں جڑیں پکڑ لیں۔

大哥拥抱了我。 بھائی صاحب نے مجھے گلے لگا لیا۔

他们识破了他。 انہوں نے اسے بھانپ لیا۔

这个想法包围了他。 اس خیال نے اسے گھیر لیا۔

他运用智慧实现了自己的目的。 اس نے عقل مندی سے اپنا کام نکال لیا تھا۔

情态动词 لینا، دینا 的区别：
这两个词是反方向的，一个是动作外向，一个是动作内向。见下例：

دادی اماں نے دوسرا پیالہ میرے ہاتھ میں تھما دیا اور خالی پیالہ اپنے ہاتھ میں پکڑ لیا۔

奶奶塞给我另一只碗，她自己手里捧着一只空碗。

我把书放在桌上。 میں نے کتاب میز پر رکھ دی۔

我把书放进衣兜里。 میں نے جیب میں کتاب رکھ لی۔

他让孩子坐在那儿。 اس نے اپنے بچے کو وہاں بٹھا دیا۔

他把孩子搂进怀里。 اس نے بچے کو اپنی گود میں بٹھا لیا۔

（8）动词词根 + جانا 的变化形式表示动作的完成。情态动词 جانا 一般与不及物动词词根连用。例如：ہو جانا، بن جانا، دب جانا، بیٹھ جانا، آ جانا، مر جانا

请看下面例句：

铃响了。 گھنٹی بج گئی۔

ان کے پیر قدم قدم پر برف میں بہت گہرائی تک دھنس جاتے ہیں۔

他的双脚一步步深深地陷入雪地里。

饭凉了就不好吃了。 کھانا ٹھنڈا ہو کر بد مزہ ہو جائے گا۔

他的脸上露出了微笑。　اس کے چہرے پر مسکراہٹ دوڑ گئی۔

这种病很快由一个人传染给另外一个人。　یہ مرض ایک سے دوسرے کو فوراً لگ جاتا ہے۔

天亮了。　صبح ہو گئی۔

不必这么烦恼！一切都会好起来的。　اتنے پریشان مت ہو!سب کچھ ٹھیک ہو جائے گا۔

情态动词 جانا 也可与某些及物动词词根连用，但当复合动词处于完成体时，主语后不加 نے。这时复合动词表示动作迅速并彻底完全。例如：کھا جانا، کہہ جانا، پی جانا، دھو جانا، لکھ جانا 。请看下面例句：

我吃光了。（一口气吃光了。）　میں کھا گیا۔

他什么都说了。（一口气说完了）　وہ سب کچھ کہہ گیا ۔

他的回答让这个家的气氛显得更加阴暗了。　اس کا جواب گھر کی نیم تاریکی کو اور بھی تاریک کر گیا۔

她想大笑，但马上克制了自己。　اس کا جی چاہا، زور سے ہنسے، مگر کچھ ضبط کر گئی۔

除了上述意义以外，有时情态动词还保存其原来的意义。例如：

لوٹ جانا 回去，نکل جانا 出去，پہنچ جانا 抵达

与情态动词 جانا 组成的复合动词一般不用否定式，但会出现在虚拟语气、犹豫语气、假定语气和条件句中。例如：

如果你没有忘记我们，那就来吧！　اگر تم ہمیں بھول نہیں گئے تو آجاؤ!

他可别忘了，再告诉他一下。　کہیں وہ بھول نہ جائے، اسے پھر سے بتائیے۔

可别犯困了。　کہیں نیند آنہ جائے۔

区别：

我在巴基斯坦尽情地吃芒果。

میں نے پاکستان میں جی بھر کر آم کھائے۔ （指我吃过，过去有过“吃”的动作。）

میں نے کھالیا۔ 我吃过了。（即已吃饱，不必再吃了）

میں کھاچکا ہوں۔ 我吃完了。（即吃完并吃饱了）

جو کچھ بھی سامنے آیا، میں کھا گیا۔ 端上来的我都吃光了。（即一口气吃掉吃完了）

最后两句的意思是一样的。

（9）动词词根+ آنا 的变化形式表示动作的完成，而且 آنا 还往往带有原来的意义。例如：

دیکھ آنا 看过回来了， لوٹ آنا 回来 ， ابھر آنا 漫出来

اُگ آنا 长出来 ， نکل آنا 出来 ， گھس آنا 钻进来

میں اسے دیکھ آیا ہوں۔ 我看过他（回）来了。

بادل گھر آئے۔ 阴云密布。

چچا نیچے اُتر آئے ہیں۔ 叔叔下来了。

کھیت میں ایک بیل گھس آیا۔ 田里钻进来一头牛。

گھاس بھی خاصی بڑھ آئی۔ 草也长出来很多。

کرشنا کی آنکھیں ڈبڈبا آئیں۔ 克里希娜热泪盈眶。

اس کے دل میں اعظم کے لئے ہمدردی کے جذبات اُبھر آئے۔ 他对阿齐姆心生同情。

（10）动词词根+ ڈالنا 的变化形式表示动作的完成，同时具有“有力”“粗暴”等强烈意义，另外它还表示在短时间内完成得较彻底的动作。例如：

مار ڈالنا 打死 ， کاٹ ڈالنا 割断 ， گاڑ ڈالنا 埋入， پھاڑ ڈالنا 撕碎

لکھ ڈالنا 写完，　چیر ڈالنا 劈开，　توڑ ڈالنا 折断，خراب کر ڈالنا 弄坏

پڑھ ڈالنا 读完，　کھا ڈالنا 吃光，　دیکھ ڈالنا 看完，اکھاڑ ڈالنا 连根拔出

请看下面例句：

我把我该给的全部给了他。　جو کچھ مجھے دینا تھا، میں نے اسے سب دے ڈالا۔

我一口气把书读完了。　میں نے ایک سانس میں کتاب پڑھ ڈالی۔

بوڑھے لالہ جی بیٹے کی اس تنگ دلی پر کبھی کبھی کھری کھری کہہ ڈالتے تھے۔

老拉拉不时地责备儿子心胸狭隘。

他（使劲地）抹掉自己的眼泪。　اس نے اپنے آنسو پونچھ ڈالے۔

我们消灭了敌人。　ہم نے دشمنوں کو مار ڈالا۔

克服骄傲情绪！　یہ غرور دل سے نکال ڈالو!

大姐，只要你吩咐一句，衣服就由我来洗。　آپا جان، اگر کہو تو کپڑے میں دھو ڈالوں۔

她把我的工作也揽过去做了。　وہ میرا کام بھی خود ہی کر ڈالتی۔

经过半个多月的艰苦劳动，他终于译完了。　دس پندرہ روز کی کڑی محنت سے اس نے ترجمہ کر ڈالا۔

沉重的负担折断了他的腰（压垮了他）。　بھاری بوجھ نے اس کی کمر توڑ ڈالی۔

他立即把薄荷叶碾成浆。　انہوں نے جھٹ پودینے کی چٹنی پیس ڈالی۔

他把我当成保姆使唤。　مجھے تو اس نے آیا بنا ڈالا تھا۔

你赶快写吧，我们在外面等着（你完稿）。　اب لکھ بھی ڈالو، ہم باہر انتظار کرتے ہیں۔

（11）动词词根＋ رہنا 的变化形式表示动作维持在原来的状态中，动作由说话时开始，并一直持续着。例如：

بیٹھ رہنا، سو رہنا، اٹک رہنا

请看下面例句：

坐着（不要起来）！ بیٹھ رہو!

罗辛朝他看看，还是不吭声。 روشن نے اس کی طرف دیکھا اور پھر چپکا ہو رہا۔

سونے سے پہلے انہوں نے کتاب سرہانے پر رکھی اور اطمینان سے سو رہے۔

睡觉前他把书放在床头，安心地入睡了。

（12）动词词根 + رکھنا 的变化形式，表示"稳当""固定"等意思。

例如：

سمجھ رکھنا 彻底了解，بٹھا رکھنا 使坐稳，روک رکھنا 挡住，دبا رکھنا 压住

请看下面例句：

把衣服穿好！（别脱） کپڑے پہن رکھو!

牢牢记住！（别忘） اچھی طرح یاد رکھو!

他把孩子托付给我。 انہوں نے اپنے بچے کو میرے ہاں چھوڑ رکھا ہے۔

他从早晨就扣住我不让走。 اس نے مجھے صبح سے بٹھا رکھا ہے اور جانے نہیں دیتا۔

他扣下我的货物不放。 اس نے میرا مال دبا رکھا ہے۔

猎人布下了网。 شکاری نے جال بچھا رکھا ہے۔

他在乡里办起了小学。 اس نے اپنے گاؤں میں مدرسہ کھول رکھا تھا۔

我认定他是疯子。 میں نے اسے پاگل سمجھ رکھا ہے۔

我准备好这一笔款子。 میں نے اس رقم کا انتظام کر رکھا تھا۔

他喜欢上这里的一个姑娘索非娅。 انہوں نے یہاں ایک لڑکی صفیہ کو پسند کر رکھا تھا۔

第十二章　复合动词 (مرکب افعال)　219

（13）动词词根 + چکنا 的变化形式表示动作的完成与结束。

例如：کھا چکنا، پڑھ چکنا، دیکھ چکنا، آ چکنا، پی چکنا 。请看下面例句：

اچھا حامد، سب تو اپنی اپنی کہانی سنا چکے۔ اب تم سناؤ!

好，哈密德，大家都讲过故事了。现在你讲吧！

کام ہو چکا۔

工作完成了。

آج لوشن کے سنہرے خواب کی تعبیر مل چکی ہے۔

今天鲁迅的理想实现了。

وہ بھی اپنا گلاس خالی کر چکا تھا۔

他已经干了一杯。

اس سے پہلے وہ دو فلمی کہانیاں لکھ چکے تھے۔

在这以前他写过两个电影故事。

وہ جیتے جی مر چکے تھے۔

他虽活着犹如死了一般（他如行尸走肉）。

عوام پوری طرح متحرک ہو چکے ہیں۔

人民全都行动起来了。

میں تمہیں کتنی مرتبہ کہہ چکی ہوں کہ غل نہ مچایا کرو!

我跟你说过多少次，叫你不要吵闹！

（14）动词词根 + سکنا 的变化形式表示能力与准许。含有"能够""会""可以"的意思。例如：جا سکنا، لکھ سکنا، کھا سکنا، سو سکنا 。请看下列例句：

وہ کچھ بہانہ تو کر ہی سکتی تھی۔

她是可以找些借口的。

بات کی تہ تک کوئی نہ پہنچ سکا تھا۔

谁也不知道事情的底细。

وہ اندھا ہے اس لئے وہ نہیں دیکھ سکتا۔

他是瞎子，所以他看不见。

کیا میں اندر آ سکتا ہوں؟

我可以进来吗？

تاریخ کے عام رجحان کو کوئی بھی نہیں بدل سکتا۔

历史的总趋势任何人也改变不了。

任何困难也阻挡不了人民的前进步伐。 کوئی مشکل بھی عوام کی پیش قدمی کو نہیں روک سکتی۔

注：动词词根+情态动词后形成的复合动词，虽然动词还是及物的，但是复合动词在完成状态下是否需要加 نے，这要根据情态动词是否是及物来决定。类似 چکنا 和 سکنا 这样的情态动词不是由动词来的，在完成状态下，主语后也不能 نے。

4. 现在分词+情态动词(رہنا، جانا، آنا، چلا جانا، چلا آنا)表示动作或状态的持续。

（1）现在分词+ رہنا 的变化形式表示经常或持续的动作，即“持续着”。例如：

夜里我时睡时醒。 رات بھر میں کبھی سوتا رہا، کبھی جاگتا رہا۔

钟表的两个指针时刻都在移动。 گھڑی کی دونوں سوئیاں ہر وقت چکر لگاتی رہتی ہیں۔

气象部门宣布说雨将持续下几天。 محکمۂ موسمیات نے اعلان کیا ہے کہ کئی دنوں تک پانی برستا رہے گا۔

您坐下来，考验自己的耐心吧！ آپ بیٹھئے اور اپنے صبر و ضبط کا امتحان دیتے رہیئے۔

他声称四年来他一直（醒着）未睡觉。 اس کا دعویٰ تھا کہ وہ چار سال سے مسلسل جاگتا رہا ہے۔

我们认真克服自己的缺点。 ہم سنجیدگی کے ساتھ اپنی خامیوں کی اصلاح کرتے رہے ہیں۔

火炬在运动会期间一直燃烧着。 یہ مشعل کھیلوں کے دوران جلتی رہتی ہے۔

电影院营业到十一点。 سنیما ہال تو گیارہ بجے تک چلتا رہتا ہے۔

日子一天天过去，他俩的爱情与日俱增。 دن گزرتے رہے اور ان دونوں کی محبت برابر بڑھتی رہی۔

医生和他谈了很久，并再三安慰他。 ڈاکٹر بہت دیر تک اس سے باتیں کرتا رہا اور اسے تسلی دیتا رہا۔

世界不像您（现在和一直）所想象的那样。 دنیا وہ نہیں جو آپ سمجھتے ہیں اور سمجھتے رہے ہیں۔

جانا 的现在分词与情态动词 رہنا 连用有“完结”“消失”的意思。例如：

听了这话他怒气全消。　　　　یہ بات سن کر اس کا غصہ جاتا رہا۔

他双目失明。　　　　اس کی آنکھیں جاتی رہیں۔

他吓得魂飞魄散。　　　　اس کے اوسان جاتے رہے۔

（2）现在分词 +جانا 的变化形式表示动作持续下去。例如：

在我们国家里，产品在不断地增加。　　　　ہمارے ملک میں پیداوار بڑھتی جاتی ہے۔

随着时间的流逝，小彼德感觉到了冷。　　　　وقت گزرتا گیا اور ننھے پیٹر کو سردی لگنے لگی۔

生活越来越好。　　　　زندگی بہتر ہوتی جا رہی ہے۔

他将一直这样说下去。　　　　وہ بولتا جائے گا۔

我一直说着，他们一直静静地听着。　　　　میں کہتا گیا اور وہ چپ چاپ سنتے گئے۔

他俩的矛盾越来越尖锐了。　　　　ان دونوں کے درمیان تضادات زیادہ شدید ہوتے جا رہے ہیں۔

انہیں خود بھی محسوس ہو رہا تھا کہ ان کی طبیعت آہستہ آہستہ بگڑتی جا رہی ہے۔

他也感到自己的身体日渐衰弱。

موٹر سائیکل کی روشنی قریب ہوتی جا رہی ہے اور قریب! اور قریب!

摩托车的灯光越来越近，近了，更近了。

巨大的火箭直立了起来，并不断地升高。　　　　دیو قامت راکٹ اٹھا اور آسمان میں اوپر اور اوپر چڑھتا گیا۔

یوسف کا رنگ بدلتا جا رہا تھا، آخر میں اس نے زور سے میز پر مکا مارا۔

优素福脸色一会儿红一会儿白，最后他在桌子上猛击一拳。

（3）现在分词+ آنا 的变化形式表示从某一时间持续下来的动作或状态。例如：

وہ سنتی آئی تھی کہ شریف لوگ وہاں کبھی نہیں جاتے۔

她一直听说有教养的人从来不去那里。

مجھ سے جو کچھ بن پڑا ہے، تمہاری خدمت کرتا آیا ہوں۔

我一向尽自己的能力帮助你。

میں تمہیں ہمیشہ سے اپنا سچا دوست سمجھتا آیا ہوں۔

我一向把你当作我的好朋友。

یہ عادت قدیم زمانے سے ہوتی آئی ہے۔

这习惯是自古以来就有的。

میں اس کو اپنے بچپن سے دیکھتی آئی ہوں۔

我从童年起就一直在观察他。

لڑکیاں شادی سے پہلے یہی کرتی آئی ہیں کہ اپنے والدین کا ہاتھ بٹاتی ہوں۔

女孩子结婚前都是给父母搭帮手。

وہ سنتی آئی تھی کہ شریف لوگ اپنی بیٹی بہوؤں کو بی بی کہہ کر بات کرتے تھے۔

她历来听说有教养的人在与女儿、媳妇交谈时称呼她们为闺女。

（4）现在分词 + چلاآنا 或 چلاجانا 的变化形式表示动作或状态的持续，强调其发展过程。چلاجانا 是“持续下去”，چلاآنا 是“延续下来”。例如：

تیز ہوائیں پہاڑوں سے اٹھنے والے طوفان کا پیش خیمہ ہوتی ہیں اور یہ ہوائیں تندی اختیار کرتی چلی جا رہی ہیں۔

“山雨欲来风满楼”，这风刮得越来越强劲了。

جب گائے گھاس چرتی ہے تو اسے چباتی نہیں، نگلتی چلی جاتی ہے۔

当牛吃草时，它不咀嚼，而是把草不断吞咽下去。

وہ کہتا چلا گیا۔

他继续说下去。

پسینا ہے کہ بہتا چلا جاتا ہے۔

汗流个不停。

زمین گھومتی چلی جاتی ہے۔

地球转个不停。

他的情况越来越糟。 ان کی حالت بد سے بدتر ہوتی چلی گئی۔

她希望日子就这么过下去。 وہ چاہتی تھی کہ یوں ہی اس کے دن بیتتے چلے جائیں۔

وہاں سے تھوڑی دور پر چڑھائی شروع ہو جاتی ہے جو آہستہ آہستہ بڑھتی چلی جاتی ہے۔

离那里不远开始上坡，坡度逐渐增高。

رفیق صاحب کو یکایک احساس ہوا کہ وہ بولتے ہی چلے جا رہے ہیں، رک گئے۔

拉菲克先生突然意识到自己滔滔不绝讲个不停，于是他停了下来。

میں پھاٹک سے آتے آتے برابر دیکھتا چلا آ رہا ہوں کہ وہ ایک لفظ بولی نہیں، کسی کی طرف اس نے دیکھا نہیں۔

我从门口一直看着，她一声不响，也不看任何人。

سیکڑوں برسوں سے ہمارا خاندان اس گاؤں میں رہتا چلا آ رہا ہے۔

几百年来我们祖祖辈辈就住在这个村子里。

5. 过去分词 + 情态动词(جانا، کرنا، چاہنا، رہنا، چلا جانا، چلا آنا)

（1）不及物动词的过去分词+جانا的未完成体或进行体表示动作刚开始，还在进行之中。要注意把它与被动语态区别开来，被动语态的动词必须是及物动词。请见下例：

头痛欲裂。 سر درد کے مارے پھٹا جا رہا ہے۔

妈妈，菜快凉了，先吃饭吧！ اماں جان، سالن ٹھنڈا ہوا جاتا ہے، پہلے کھانا کھائیے!

尘土多得使我们喘不过气来。 مٹی اور گرد سے ہمارا دم گھٹا جا رہا ہے۔

他羞得无地自容。 وہ شرم سے پانی ہوا جا رہا تھا۔

他气得发疯。 وہ غصے سے پاگل ہوا جا رہا تھا۔

你这么风风火火地上哪儿去啊？ تو کہاں ہوا کے گھوڑے پر سوار بھاگی جا رہی ہے؟

تجھ سے کہہ رہا ہوں، دوا لا دوں گا۔ پھر کیوں مری جاتی ہے آخر؟
我对你说我要把药带来，那你为什么还是一副半死不活的样子。

اس کے کانوں کے پردے اس طوفان کی گرج سے پھٹے جا رہے تھے۔
暴风雨般的怒吼声快要震破他的耳膜。

人们在反对他。 لوگ اس کے خلاف ہوئے جا رہے ہیں۔

悲伤和气愤使他的心都碎了。 غم اور غصے سے اس کا دل ٹکڑے ٹکڑے ہوا جا رہا تھا۔

（2）过去分词（阳性单数）+ کرنا 的未完成体表示经常、习惯的动作。例如：

小时候我们常在稀泥里滑来滑去。 بچپن میں ہم کیچڑ میں پھسلا کرتے تھے۔

要努力工作！ محنت سے کام کیا کرو!

要常到这里来！ یہاں آیا کرو!

这里经常人来人往。 یہاں لوگ بہت آیا جایا کرتے ہیں۔

六月份也常下雨。 جون میں بھی پانی پڑا کرتا ہے۔

雅斯敏常站在那里吹干头发。 یاسمین بال سکھانے وہاں کھڑی ہوا کرتی تھی۔

یہ جملہ میرا نہیں ممی کا ہے جو وہ ڈیڈی سے کہا کرتی تھی۔
这不是我的话，而是妈妈的话，她经常对爸爸说这句话。

سمن نے اس سے کہا تھا کہ وہ لیٹر بکس میں روز اخبار ڈال جایا کرے اور وہیں وہ پیسے بھی رکھ دیا کرے گی۔
苏曼让他每天把报纸放在信箱里，而她则把报费也放在那儿。

第十二章　复合动词（مرکب افعال）

在乌尔都语的复合动词中，ہوا کرنا 是常用形式，现集中举例如下：

每星期有一两次会。　　　　　　　　ہفتے میں دو ایک بار میٹنگ ہوا کرتی ہے۔

没有什么要紧的事。　　　　　　　　کچھ اور ضروری بات نہیں ہوا کرتی۔

如果真是这样的话，那就让它这样吧。　اگر ایسا ہے تو پھر ہوا کرے۔

这种事世上多得是。　　　　　　　　دنیا میں اس قسم کی باتیں ہوا ہی کرتی ہیں۔

他们总是打架。　　　　　　　　　　ان میں ہمیشہ آپس میں لڑائی ہوا کرتی ہے۔

ماں بتانے لگیں کہ ان کے بچپن میں دسترخوان پر کیا کیا ہوا کرتا تھا۔

母亲述说她童年时饭桌上经常有哪些饭菜。

（3）过去分词（阳性单数）＋ چاہنا 的变化形式表示某一动作或情况眼下就要开始。

例如：

太阳马上就要出来了。　　　　　　　اب کوئی دم میں سورج نکلا چاہتا ہے۔

ابے لونڈے، نہانے کے لئے پانی لا! شام کا وقت ہوا چاہتا ہے۔

喂，小子，快把洗澡水端来！天快黑了。

موتی نے دیکھا کھیل میں جھگڑا ہوا چاہتا ہے تو ایک طرف ہٹ گیا۔

姆蒂看到（大家）玩着玩着快打起来了，于是就退到一边去了。

快中午一点钟了。　　　　　　　　　دن کا کوئی ایک بجا چاہتا ہوگا۔

如今那个国家里马上就要闹革命了。　اب اس ملک میں انقلاب آیا ہی چاہتا ہے۔

اعظم چپکے سے جھک کر ایک پیسہ اٹھایا ہی چاہتا تھا کہ ایک دم اندھے بھکاری نے اس کا ہاتھ پکڑ لیا۔

阿兹姆悄悄俯下身子刚刚要去捡起一个派沙（货币单位）时，瞎乞丐一下子抓

وہ پل سے اتر کر سڑک پر مڑا ہی چاہتا تھا کہ یکایک پیچھے سے ایک آواز سنائی دی۔　住他的手。

他走下桥去，正要拐向马路，突然听到后面传来了声音。

（4）过去分词+ رہنا 的变化形式表示一个动作已开始，而且还在继续着。例如：

اٹھو پیار، کب تب یوں لیٹے رہو گے؟　起来，亲爱的，你要这么躺到什么时候去？

وہ آخر دم تک اپنے اس خیال پر جمے رہے۔　他一直坚持这一主张到生命的终结。

میں چپ ہو کر بیٹھا رہا۔　我一声不吭地一直坐着。

دھوپ ہو یا بارش، کسان برابر کام میں لگے رہتے ہیں۔　不管天晴还是下雨，农民总是埋头干活。

ابھی تم کمزور ہو، آرام سے چارپائی پر پڑے رہو!　你现在还虚弱，在床上好好躺着吧！

ہر وقت نیلم کا تصور اس کے دل و دماغ پر چھایا رہتا تھا۔　他时时刻刻思念着妮伦姆。

（5）过去分词+ چلا جانا 或 چلا آنا 的变化形式表示已经开始的持续的动作或情况。例如：

یہ سبھی کبوتر ایک دوسرے کے آگے پیچھے دائیں بائیں اُڑے چلے جا رہے تھے۔　所有的鸽子四散飞去。

ان دونوں ملکوں کے درمیان تعلقات بگڑے چلے جا رہے ہیں۔　这两个国家的关系正在恶化。

وہ اس کی طرف بڑھی چلی آ رہی تھی۔　她正朝他走过来。

ایک سیلاب تھا جو امڈا چلا آ رہا تھا۔　洪水汹涌澎湃的迎面而来。

6. 现在分词的阳性复数形式 + 情态动词 بننا 的阳性单数第三人称形式：这种复合动词常用在否定句中，表示因某种具体困难，预期的动作没有实现，表示 “没成”“没能”之意。例如：

اس سے چلتے نہ بنا۔　他没走成。

مجھ سے بولتے نہ بنا۔　我没说成。

在肯定句中，它表示某一动作或情况具有实现的条件。如：

جتنی جلدی اس سے چلتے بنا، چلتی ہوئی دروازے سے نکل آئی۔

她能走多快，就以多快的速度溜出门。

注意：在这种句子中动作者之后必须加上后置词 سے 。

7. 过去分词的阳性复数形式 + 情态动词 بننا 的变化形式，用在否定句中，表示某种动作或行为不能实现。例如：

我力图找个借口，但一事无成。　میں نے بہت کوشش کی کہ کچھ بہانہ کروں، مگر کچھ بنائے نہ بنی۔

有人问这是什么，我无法掩饰过去。　کوئی پوچھے کہ یہ کیا ہے تو چھپائے نہ بنے۔

عشق پر زور نہیں ہے یہ وہ آتش غالب

کہ لگائے نہ لگے اور بجھائے نہ بنے۔

爱是不能强迫的，它是一团要点点不燃，要灭灭不掉的火。（取自迦里布的一首诗）

有时还会出现由两个否定词 نہ 连接的句子，这时，其意思是“没办法做……事”。例如：

她犹豫不决，既说不出口，也难以掩饰。　وہ شش و پنج میں تھی، نہ کہتے بنے نہ چھپائے بنے۔

8. 现在分词的阳性复数形式 + بن ہی (نہ) پڑنا 的变化形式，表示由于外界的原因，“只得做……”“没法不……”或“不得已不做”什么事。这时动作的主使者后+ کو 。

例如：

我们只有同他断绝关系这一招了。　ہمیں ان سے تعلق توڑتے ہی بن پڑے گی۔

他不胜任这件事，只得把他放弃了。　اس سے یہ کام نہیں ہوتا تھا، اسے چھوڑتے ہی بن پڑی۔

好吧，你说！什么事让你不能回答。　خیر اب تم بتاؤ کہ وہ کون سی بات تھی جس کا جواب تم سے دیتے نہ بن پڑا۔

在这种情况下，我只好悄悄地站起来走了。 اس حالت میں مجھے چپکے سے اٹھ کے چلے جاتے ہی بن پڑی۔

9. 过去分词的阳性复数形式 + 情态动词(جانا،رہنا،رکھنا،لینا،دینا،ڈالنا)

（1）过去分词的阳性复数形式+جانا（或رہنا،رکھنا）的变化形式，表示一个已经开始，还在继续进行下去的动作或情况。例如：

我不停地往下写。 میں لکھے جاتا ہوں۔

这女孩子不停地工作着。 یہ لڑکی کام کئے جاتی ہے۔

这话不断刺激着他。 یہ بات اسے کھائے جارہی تھی۔

继续往下念！ پڑھے جاؤ!

她一直瞪着那个人。 وہ اس آدمی کو گھورے جارہی تھی۔

他一直在发火。 وہ گرم ہوئے جارہا تھا۔

用镰刀继续慢慢地割！别割得太快了。 درانتی چلائے جاؤ، آہستہ آہستہ! زیادہ تیزی کی ضرورت نہیں۔

“住口！不要喋喋不休！”夫人责备儿子说。 چپ رہ! مت ٹرٹر کئے جا! بیگم نے بیٹے کو ڈانٹا۔

面对困难他仍坚持学习。 ان مشکلوں میں بھی وہ پڑھنے لکھنے میں لگے رہے۔

他一直穿着脏衣服。 وہ اکثر میلے کپڑے پہنے رہتا تھا۔

وہ لڑکی سارے غم چھپائے رہتی۔ نہ جانے کیا وجہ تھی۔

那个女孩一直掩盖着痛苦，不知是为了什么。

اس نے گھڑی تو پانی میں ڈال دی اور انڈا ہاتھ میں لئے رہا۔

他把表放进水中，而手中却一直拿着鸡蛋。

بکاولی ہر وقت ''ہائے میرا پھول، ہائے میرا پھول'' کی رٹ لگائے رکھتی۔

贝嘉沃丽总是重复说:"唉,我的花儿!唉,我的花儿!"

وہ ایک پیر فرش پر رکھتا، دوسرا اٹھائے رکھتا۔ جلد ہی اسے دوسرا پیر بدلنا پڑتا۔

他总是一只脚着地,另一只脚抬起来,接着再快速地换过来。

(2) 过去分词的阳性复数+لینا（或 دینا, ڈالنا）的一般现在时形式,表示决心马上做某件事。例如:

我马上就拿这本书。 میں یہ کتاب لئے لیتا ہوں۔

چابی دے دیجئے۔ میں خود چاول نکالے لیتی ہوں، اور نہ دیر ہو جائے گی۔

请给我钥匙,我自己去取米,否则晚了。

您去洗澡吧!我来做这一切。 آپ نہانے جایئے۔ میں سب کئے دیتا ہوں۔

您非要我讲我就讲。 آپ مجھے مجبور کرتی ہیں، تو بتائے دیتا ہوں۔

我今天马上安排一切。 میں آج ہی سب بند و بست کئے دیتا ہوں۔

我马上就收拾这个坏蛋。 میں اس بدمعاش کو ابھی ٹھیک کئے دیتی ہوں۔

你说了自己的事儿,现在我也来说说我的事儿。

تم نے اپنی بات کہہ ڈالی تو میں بھی کہے دیتا ہوں۔

我马上写信给他,告诉他我没有异议。 میں اس کو لکھے دیتا ہوں کہ مجھے کوئی عذر نہیں ہے۔

现在我再一次提醒你。 اب میں ایک بار پھر تجھے خبردار کئے دیتی ہوں۔

我们就是要消灭敌人。 ہم دشمنوں کو مارے ڈالتے ہیں۔

真是要气死人了。 یہی فکر مارے ڈالتی ہے۔

三、重叠复合动词

1. 两个同义的动词或音义相近的动词重叠使用，构成复合动词，称为重叠复合动词，这种动词用来加强语气。例如：

پڑھنا لکھنا، کھانا پینا، رونا دھونا، چلنا پھرنا، مارنا پیٹنا، توڑنا موڑنا، دیکھنا بھالنا، بولنا چالنا، ملنا جلنا، لڑنا جھگڑنا، اچھلنا کودنا، چیخنا چلانا، ہانپنا کانپنا، تھکنا ہارنا

上述重叠复合动词中，有的单个动词没有什么含义，不能单独使用。例如：جلنا، چالنا، بھالنا等。

2. 不及物动词和它的及物动词或及物动词和它的双重及物动词联合使用，成为重叠复合动词，也用来加强语气。例如：کھلنا کھلانا، بچنا بچانا، بننا بنانا، بیٹھنا بٹھانا، لکھنا لکھانا، بسنا بسانا 等。

3. 在动词变化时，重叠复合动词的两个动词同样要变化。例如：

照管好自己的工作！ اپنا کام دیکھو بھالو!

这个人一直来来去去的。 یہ آدمی آیا جایا کرتا ہے۔

你学成之后做什么工作？ تم پڑھ لکھ کر کیا کام کروگے۔

他跌跌撞撞地到了家。 وہ گرتے پڑتے گھر پہنچ گیا۔

一九一九年鲁迅积极参加了五四运动。 ۱۹۱۹ء کی چار مئی تحریک میں لوشن نے خوب بڑھ چڑھ کر حصہ لیا۔

阿伊萨吓得尖叫起来。 عائشہ گھبرا کر چیخنے چلانے لگی۔

我去吃点东西，大概有剩的。 میں کچھ کھا پی لوں۔ شاید کچھ بچا بچایا مل جائے۔

在德里，到后来才出现乌尔都语书写体。 دہلی میں اردو لکھنے لکھانے کا کام بعد میں شروع ہوا۔

她不希望自己建立起来的家被毁。 وہ نہیں چاہتی کہ اس کا بسا بسایا گھر اجڑ جائے۔

她咯咯地笑了起来。 وہ کھل کھلا کر ہنس پڑی۔

四、名词+动词

1. 乌尔都语中有一部分复合动词是由名词+动词构成的。例如：

جواب دینا، صفائی دینا، تالیاں دینا، کوشش کرنا بندوق مارنا، حصہ لینا، دم لینا، دم توڑنا، مار کھانا، مدد کرنا، علاج کرنا، یقین دلانا

2. 这类复合动词中的名词如是阴性，则在及物动词的单纯过去时或完成体变化形式中，动词随该名词而有阴性变化。例如：

我帮助了他。　　میں نے اس کی مدد کی۔

他奋力爬山。　　اس نے پہاڑ پر چڑھنے کی پوری کوشش کی۔

3. 这类复合动词中的阴性名词在必要时可变单数为复数。例如：

他做了很大的努力。　　انہوں نے بہت کوششیں کیں۔

大家使劲地鼓掌。　　سب لوگوں نے زور سے تالیاں بجائیں۔

4. 这类复合动词的名词前可加形容词。例如：

他给我很大帮助。　　وہ مجھے بڑی مدد دیتے ہیں۔

他回答得很好。　　اس نے اچھا جواب دیا۔

5. 这类复合动词中的名词前往往可以加上后置词کا（کے，کی）或کو，表示该名词带有直接宾语的性质。例如：

我们打扫了这间屋子。　　ہم نے اس کمرے کی صفائی کی۔

我将给他答复。　　میں اس کو جواب دوں گا۔

他正在帮助我。　　وہ مجھ کو مدد دے رہا ہے۔

6. 如果句中除了这类复合动词之外还有直接宾语，则句中谓语动词的性数受句中直接宾语的影响，而不受复合动词中的名词的影响。例如：

他数了石榴籽（的数量）。　　اس نے انار کے دانے شمار کئے۔

اس نے کرسیاں شمار کیں۔	他数了椅子（的数量）。
میں نے میٹنگ شروع کی۔	我宣布开会。
میں نے جلسہ شروع کیا۔	我宣布开大会。

五、形容词+动词

1. 乌尔都语中有一部分复合动词是由形容词+动词构成的。例如：

صاف کرنا، الگ کرنا، بہتر بنانا، کم کرنا، اچھا کرنا، برا کرنا، بیمار پڑنا

2. 这类复合动词中的宾语要用 کو。例如：

اپنے منصوبے کو بہتر بناؤ!	改进自己的计划!
کوئی بھی ہم کو الگ نہیں کر سکتا۔	谁也不能把我们分开。

3. 在这类复合动词的否定形式中，否定词 نہیں 一般放在形容词和动词之间。例如：

اس نے یہ کام اچھا نہیں کیا۔	他没有做好这件事。
اس نے میز کو پوری طرح صاف نہیں کیا۔	他没有把桌子擦干净。

练习

一、按要求翻译下列句子：

1. 动词不定式 + چاہنا（或 چاہیے، ہونا، پڑنا）的变化形式
    (1) 我曾想成为一名记者，现在只好作翻译了。
    (2) 今天我有许多事要做，现在得走了。
    (3) 你应该在字典里查一下这个字的意思。

（4）我不应该同他说这么多的话。

（5）“您要买什么？”“我要一支笔。”

（6）您要同谁谈话？

（7）我当时的确想叫醒他。

（8）在这种无奈的情况下，我只好听他诉苦。

2. 动词不定式阳性复数形式+لگانا（或دینا، پانا）的变化形式

（1）她一说起话来就没个完。

（2）别失去任何机会。

（3）我们不会让敌人的任何阴谋得逞。

（4）盛开在我脑海中的鲜花不会凋谢。

（5）还没等我坐好，他便来到面前。

（6）从那以后人民过着幸福的生活。

3. 动词根+اٹھنا（或جانا، دینا، لینا، پانا، بیٹھنا، آنا）的变化形式

（1）你为什么要把上个月才买的自行车卖了呢？

（2）还没等我决定去还是不去，他便走了。

（3）你们所有的人合起来也没能解决这个极普通的问题。

（4）可别让他们把我看成懦夫。

（5）他爱猜疑（شکی），如果哪一天他对你无礼，那就糟了。

（6）长时间以来他胸中燃烧着的怒火突然爆发了。

（7）鸡叫声响遍了森林。

（8）他中了敌人的计了。

（9）不管怎样，我们一定按时到达那儿。

（10）考试成绩出来了。

（11）他害怕得从桌子上下来。

（12）汽笛声一响，火车便出发了。

4. 动词根+پڑنا（或چلنا، رکھنا، ڈالنا، نکلنا، سکنا）的变化形式

（1）听了这个笑话大家都笑了。

（2）一阵风吹来，他的帽子落在地上。

（3）他醉醺醺地朝村子走去。

（4）我经过小巷时，一位老太太迎面走来。

（5）我一口气读完了这篇短篇小说。

（6）一气之下，他抢过那本书把它撕了。

（7）她穿着一件深红色的大衣。

（8）他养着鸽子。

（9）他完全脱身了。

（10）他早就出发了。

（11）展览已结束了。

（12）这个大厅可以容纳一千人。

5. 现在分词+رہنا（或جانا）的变化形式

（1）我们经常见面。

（2）会谈一直进行了两个小时。

（3）他们彼此凝视着对方的脸。

（4）天气越来越热。

（5）那个女孩的身体越来越虚弱了。

（6）房间里只点着一盏灯。

6. 过去分词+رہنا（或جانا، کرنا）的变化形式

（1）商店整晚营业（开着）。

（2）如果他必须再这样站下去，他可就受不了了。

（3）他陷入对这件事的沉思中。

（4）看到这，他吃惊地张大了嘴。

（5）在一次聚会上，有一个人一直说了好几个小时。

（6）他经常用冷水洗澡。

（7）以前我常常很晚起床。

（8）他在监狱里饿了两天。

7. جانا 的现在分词 + رہنا 的变化形式

（1）他丧失了记忆力。

（2）他完全没有睡意。

（3）我的一枚戒指在运动时丢失了。

（4）两个月后那小孩死了。

8. 过去分词的阳性复数 + رکھنا 的变化形式

（1）你怎么憋这么长时间的气？

（2）一路上，饭盒都由他瘦弱的妻子提着。

（3）战士们把敌人阻截在那儿。

（4）对不起，一直光顾着跟您说话了。

二、按要求完成下列句子：

1. 现在分词+ آنا（或رہ جانا، چلا آنا، چلا جانا）的变化形式

(۱) وہ تو اب تک ________ ، احمد اس کا سگا بھائی ہے۔（一直这么认为）

(۲) سمندر میں ________ کہ بڑی مچھلی چھوٹی مچھلی کو ہڑپ کر لیتی ہے۔（总是这样）

(۳) قافلہ پہاڑ کی پگ ڈنڈی پر ________ ۔（逐渐向上攀登）

(۴) سائرہ ________ اور احمد پر یہ نوبت آگئی کہ آگ بگولا ہو گیا۔（一直说着）

(۵) وہ مدتوں سے ________ ۔（一直这么认为）

(۶) یہ لڑکا روز بروز شریر سے شریر تر ________ ۔（越来越）

(۷) وہ جانور ہمیشہ ہوا میں الٹا ________ رہتا ہے ۔（一直吊挂着）

(۸) اس نتیجے پر وہ افسوس ________ ۔（只剩下）

2. 过去分词 + چلا جانا（或رہنا، چلا آنا）的变化形式

(۱) عورتیں ایک دوسرے میں یوں پیوست ہو کر بیٹھیں کہ اگر ایک اٹھی تو سب کی سب ________ ۔（随着站起来）

(۲) چند لمحوں کے بعد چڑیا ہوا میں ________ ۔（翱翔而来）

(۳) وہ دو تین منٹ وہاں ________ ۔（站着）

(۴) مہربانی کر کے ______۔（请坐着）

(۵) جمیل بھائی جہاں کھڑے تھے ______۔（就站在那儿）

(۶) تم نے بلایا تھا اس لئے میں ______۔（跑着来了）

(۷) اسے یہ بری خبر ملی تو وہ ______۔（害怕起来）

(۸) رات بھر وہ طرح طرح کے اندیشوں میں ______۔（陷入）

3. 现在分词的阳性复数形式 + بننا ，或现在分词的阳性复数形式 + بن ہی (نہ) پڑنا 的变化形式

(۱) شعر میں بھی ایسے ہیں کہ اگر نثر میں ان کا مطلب ادا کیا جائے تو ______۔（منہ سے نہ کہنا 说不出）

(۲) میر صاحب نے یہ درخواست کچھ ایسی سادگی کے ساتھ کی تھی کہ نیک دل بھابی کو ______۔（没法拒绝）

(۳) کھانے میں اتنی زیادہ مرچیں ہیں کہ ______۔（吃不了）

(۴) یوں معلوم ہوتا تھا جیسے سب کے حلق میں ایک ہڈی اٹک گئی ہے کہ ______۔

（既吞不下去，也吐不出来 نہ نگلنا نہ اگلنا）

4. 重叠复合动词

(۱) دونوں کی شکل ______۔（ملنا جلنا 很像）

(۲) ہمارا آپس میں ______۔（آنا جانا 没有来往）

(۳) ان کے والدین ______۔（پڑھنا لکھنا 有学问的人）

(۴) یہ ایک ______۔（کھانا پینا 富裕家庭）

(۵) یہ مریض ساری رات ______۔（چیخنا چلانا 一直喊叫）

(۶) خرگوش ______ آگے نکل گئے۔（اچھلنا کودنا 跳跃着

第十二章　复合动词（مرکب افعال）237

5. 过去分词的阳性复数形式 + دینا（或 جانا، لینا، رکھنا）的变化形式

(۱) ذرا ٹھہرو! میں ابھی ________ ۔（马上热水）

(۲) میں تمہیں اتنی رقم اور ________ ۔（马上再给）

(۳) وہ لڑکی مسلسل ________ ۔（一直哭下去 ）

(۴) وہ آدمی ________ ۔（ 一直说下）

(۵) اگر تم ضد کرتے ہو تو پیسے ________ ۔（我马上拿来）

(۶) بچے نے کچھ دیر تک نچلا ہونٹ ________ ۔（嘬着）

三、 **根据中文要求，使用正确的复合动词填空：**

۱۔ پڑنا، ہونا + 动词不定式

(۱) کیا تمہیں اپنے بچاؤ کے لئے ________ ؟（要做些什么）

اس وقت میں کیا کر سکتا تھا، مجھے ایسا ________ ۔（只得做了）

(۲) آپ کا گلا بہت خراب ہو گیا ہے، اس کا آپریشن ________ ۔（得做）

مجھے ڈاکٹر سے آپریشن کے بارے میں مشورہ ________ ۔（要商量）

(۳) پیر کے روز مجھے فرصت نہیں، اس دن ایک ضروری میٹنگ میں ________ ۔（要参加）

چاہے کچھ بھی ہو، آپ کو میٹنگ میں ________ ۔（得参加）

(۴) کیا مجھے گاڑی ________（必须换）، یہ گاڑی لاہور کی طرف نہیں جاتی؟

یہ گاڑی ٹوٹی پھوٹی ہے، مجھے گاڑی ________ ۔（要换）

۲۔ آنا ، جانا ، رہنا + 现在分词

(١) میں اس کے بارے میں کافی ________ ۔ （在想）

وقت گزرنے کے ساتھ مصروفیت بھی ________ ۔ （越来越）

(٢) امتحان کی تاریخ قریب ________ ۔ （越来越）

اس روز وہ دن بھر بھوسے کی کوٹھڑی میں چھپا ________ ۔ （一直在哭）

(٣) ہم بچپن میں اپنی نانی اماں سے کہانیاں ________ ۔ （经常听）

کہانی کا پلاٹ دلچسپ ________ ۔ （越来越）

(٤) وہ آپ کی راہ ________ ۔ （一直在盼望着）

درخت کی شاخیں چاروں طرف ________ ۔ （越来越扩散）

٣۔ اٹھنا، بیٹھنا، ڈالنا + 动词根

(١) دوسرے روز قاسمی صاحب بھی امتیاز کے ساتھ کلب پہنچے تو سب کے چہرے ________ ۔ （露出笑容）

(٢) اگر وہ شہر میں ایسا کر سکتا ہے تو گاؤں میں نہ جانے کیا ________ ۔ （做出）

(٣) انہوں نے درخت کی شاخیں ________ ۔ （砍断）

(٤) اگر کوئی گانے والا سرُ تال کی ________ ۔ تو کیا کرے گا۔ （唱错了）

(٥) اس نے اپنی ماں کو آتے ہوئے دیکھا تو خوشی سے ________ ۔ （叫起来）

(٦) یوسف نے آگے بڑھ کر شاہدہ کی زنجیریں ________ ۔ （打开）

(٧) مجھ پر سکتہ طاری ہو گیا تھا، میں ہوش ________ ۔ （失去）

(٨) جوش میں اس نے پچھلے تیس برسوں کا ایک ایک واقعہ ________ ۔ （想起来）

(٩) صاف پانی میں اٹھتی ہوئی لہریں ایسی بھلی معلوم ہوتی تھیں کہ دل تیرنے کے لئے ________ ۔ （急于）

(۱۰) میں ابھی اپنی کلہاڑی ندی کی دھار میں __________ -اب کیسے لکڑیاں کاٹوں گا- （丢失）

۴-لینا ،دینا + 动词根

(۱) بیٹے کے اصرار پر ماں نے دو سو روپیے میں ایک کھلونا __________ - （买下来）

(۲) اس کا جرمانہ معاف __________ - （将免去）

(۳) بھئی، ہم نے تمہیں اپنا استاد __________ - （接受）

(۴) کیا انہوں نے غلطی __________ - ؟ （承认）

(۵) انہوں نے مدد دینے کے بجائے سوکھی تسلی دے کر __________ - (ٹالنا) （推辞）

(۶) اس نے غصے کے عالم میں کتاب کھڑکی سے باہر __________ - （扔出去）

四、改错：

۱-جب چھ ماہ بھی نہ ہونے پائے تو میں صحت مند ہو گیا-

۲-میری بات سن کر انہوں نے کام کرتا ہوا روک دیا-

۳-گاڑی کا پہیا کیچڑ سے باہر نہ نکلا،وہ جہاں کا تہاں کا پھنستا رہا-

۴-ان کی حالت بد سے بد تر ہوتی رہتی ہے-

۵-ان سے کافی دیر تک لمبی چوڑی باتیں ہوتی جا رہی ہیں-

۶-جب وہ واپس آئے تو اتنے تھکے ہوئے تھے کہ لیٹتے ہی سونے لگے-

۷-مجھے کم قیمت میں چیزیں چاہیئے-

۸-آدھی روٹی بڑھا کر ایک روٹی تو کر نہ سکا، الٹے اسی سے ہاتھ دھو اٹھا-

۹-یہ بتائیے کہ آپ کو کس سے ملنا پڑا-

۱۰ ۔ ایک بہن کو دوسری بہن سے ملانے دیا گیا۔

۱۱ ۔ اردو زبان پاکستان کی قومی زبان قرار پائی گئی ہے.

۱۲ ۔ وہ سارے غم چھپائی رہتی ہے . نہ جانے کیا وجہ ہے ؟

۱۳ ۔ چلتے ہوئے شام ہو گئی تو وہ تھک کر ایک درخت کے نیچے آرام کرنے بیٹھ گیا۔

۱۴ ۔ یہ بات نہیں کہنی چاہیئے تھی لیکن وہ بے خیالی میں کہہ اٹھی ۔

第十三章　致使动词（فعل متعدی المتعدی）

一、致使动词的概念

致使动词是乌尔都语动词的一种特殊形式。它的基本特点是"使某人做某事"，即不是动作者（主语）直接去做某件事，而是动作者指使某人去做某事。这样主语成为主使者，而"某人"则成为被使者，在被使者后面就要加上后置词 سے，以示区别。例如：

他让我（替他或别人）写一篇文章。　　انہوں نے مجھ سے ایک مضمون لکھوایا۔

我想请你把我的兄弟叫到这里来。　　میں تم سے اپنے بھائی کو یہاں بلوانا چاہتا ہوں۔

二、原动词、及物动词或双重及物动词、致使动词

乌尔都语的大部分动词都有以上三种形式。原动词可以及物，也可以不及物。从原动词可进一步化出及物动词或双重及物动词，然后再进一步化出致使动词。例如：

第一种			第二种		
原动词（不及物）	及物动词	致使动词	原动词（及物）	双重及物动词	致使动词
اٹھنا	اٹھانا	اٹھوانا	دیکھنا	دکھانا	دکھوانا
چلنا	چلانا	چلوانا	سیکھنا	سکھانا	سکھوانا
کٹنا	کاٹنا	کٹوانا	کرنا	کرانا	کروانا
گرنا	گرانا	گروانا	سننا	سنانا	سنوانا
دبنا	دبانا	دبوانا	کھانا	کھلانا	کھلوانا

请看下面例句:

اس دکان میں لکڑی کی چیزیں بنتی ہیں، بڑھئی بناتے ہیں اور ہم بنواتے ہیں۔

这个铺子生产木器, 木工制作木器, 我们定制木器。

وہ لڑکا انگریزی پڑھتا ہے، استاد اس کو پڑھاتے ہیں، لڑکے کے باپ اس کو استاد سے پڑھواتے ہیں۔

这个孩子学英文, 老师教他, 孩子的爸爸请老师教他。

روٹی پکتی ہے، یہ لڑکی پکاتی ہے، لڑکی کی ماں اس سے روٹی پکواتی ہیں۔

饼被烤熟, 这个女孩子常烤饼, 她妈妈让她烤饼。

三、各类动词的变化规则

1. 从不及物到及物动词和从及物到双重及物动词的变化规则:

   (1) 一般规律是在动词词根后加 ا 。例如:

   چلنا- چلانا ، ملنا- ملانا ، پڑھنا- پڑھانا ، کرنا- کرانا ، سمجھنا- سمجھانا

   (2) 在动词词根末的辅音之前加 ا 。例如:

   نکلنا- نکالنا ، اترنا- اتارنا ، ابھرنا- ابھارنا ، بگڑنا- بگاڑنا

   (3) 动词前面的元音由短变长。例如:

   a. زبر ← آ   مرنا- مارنا ، کٹنا- کاٹنا

   b. زیر ← ے   پھرنا- پھیرنا ، گھرنا- گھیرنا

   c. زیر ← ی   پٹنا- پیٹنا ، پسنا- پیسنا

   d. پیش ← و   مڑنا- موڑنا ، جڑنا- جوڑنا ، رکنا- روکنا ، لٹنا- لوٹنا

   (4) 动词前面的元音由长变短, 再做一些其他改变。

第十三章　致使动词（فعل متعدی المتعدی）

a. 以元音结尾的单音节的原动词词根，其元音为长元音的都变为短元音，再在词根后加上 لا。例如：

رونا-رلانا، پینا-پلانا، سونا-سلانا، دھونا-دھلانا، کھانا-کھلانا، دینا-دلانا

b. 以辅音结尾的原动词词根，其第一音节的元音如为长元音，须把长元音变为短元音，再在词根后加 ا。例如：

جاگنا-جگانا، بھاگنا-بھگانا، بیٹھنا-بٹھانا، ڈوبنا-ڈبانا، بھولنا-بھلانا، سیکھنا-سکھانا، دیکھنا-دکھانا

2. 致使动词的变化规则：

（1）如原动词词根的最后一字母不是元音，则在动词根后加上 وا 即成。例如：

پڑھنا-پڑھوانا، اٹھنا-اٹھوانا، تلنا-تلوانا، کرنا-کروانا، چلنا-چلوانا، گرنا-گروانا

（2）如原动词词根的最末一字母是长元音，则变长元音为短元音，然后再在动词词根后加上 لوا 即成。例如：

کھانا-کھلوانا، پینا-پلوانا، سونا-سلوانا، دینا-دلوانا، چھونا-چھلوانا، دھونا-دھلوانا

四、致使动词的用法

1. 致使动词一定是及物的。原动词如不及物，则它的致使动词只有直接宾语；原动词如及物，则它的致使动词有直接宾语和间接宾语。例如：

我让（别人）开车。　　میں نے گاڑی چلوائی۔

他让（别人）给了我一个新本子。　　اس نے مجھے ایک نئی کاپی دلوائی۔

2. 有致使动词的句子的结构如下：

（1）主语（主使者）+被使者（سے）+ 直接宾语+ 致使动词。例如：

我让妹妹举起旗子。　　میں نے اپنی بہن سے یہ جھنڈا اٹھوایا۔

他让我叫醒他的弟弟。　　اس نے مجھ سے اپنے بھائی کو جگوایا۔

（2）主语（主使者）+被使者（سے）+间接宾语（کو）+直接宾语+致使动词。例如：

她让王老师教女儿学历史。 اس نے استاد وانگ سے اپنی لڑکی کو تاریخ پڑھوائی۔

（3）句中被使者在没有必要时多不出现。例如：

我们盖了一座大房子。 ہم نے ایک بڑا مکان بنوایا۔

他托人寄了封信。 انہوں نے ایک خط بھجوایا۔

میں آٹھ دانت نکلوا چکا ہوں، چار لگوا لئے ہیں، ابھی چار لگوانے باقی ہیں۔

我拔掉了八颗牙，镶上了四颗，还要镶四颗。

3. 有几个原动词的双重及物动词和致使动词可以互相通用。例如：

کھولنا۔ کھلانا或کھلوانا ، دینا۔ دلانا或دلوانا ، رکھنا۔ رکھانا或رکھوانا ، سینا۔ سلانا或سلوانا ، کرنا۔ کرانا或کروانا

练习

一、按要求，变化下列动词：

致使动词	及物动词	不及物动词	致使动词	及物动词	不及物动词
		پکنا			بہنا
		تپنا			پہنچنا
		پلنا			ٹھہرنا
		جمنا			بٹنا
		دبنا			بننا

		گرنا			رکنا
		بھولنا			کٹنا
		بھاگنا			اڑنا
		بڑھنا			پھنسنا
		اترنا			کھلنا
		پسنا			ہلنا
		جڑنا			چڑھنا
		سونا			بندھنا
		رونا			لگنا
		پھرنا			سجنا
		مڑنا			ملنا
		مرنا			نکلنا
		پٹنا			تھمنا

致使动词	双重及物动词	及物动词
		پہننا
		بتانا
		پینا
		دینا
		کرنا
		لکھنا
		کھانا
		دیکھنا
		پڑھنا
		سننا
		کہنا
		چھوڑنا
		بدلنا
		پکڑنا
		رکھنا
		سیکھنا
		توڑنا
		تولنا

二、用致使动词形式完成下列句子：

۱۔وہ خود میلے میں چلی گئی، دوسرے سے بچوں کی ____________________۔（照看）

۲۔کیا آپ ان دونوں کو ____________________؟（让……见面）

۳۔خط کے آخر میں اس نے یہ لکھا ہے کہ امی نے آپ کو ____________________۔（代问好）

۴۔امی نے مجھ سے سالن میں کچھ نمک ____________________۔（让放入）

۵۔کھانا پک رہا ہے، میں احمد سے محمد کو کھانے ____________________۔（叫来）

۶۔یہ مضمون اس کا لکھا ہوا نہیں، کسی سے ____________________۔（也许是让......写的）

۷۔یہ تصویر ہم نے ایک راہ گیر سے ____________________۔（拍下来的）

۸۔نئے سال کے موقع پر میں نے درزی سے بہت سارے کپڑے ____________________۔（缝制了）

三、翻译下列句子：

1. 我扯了块布，本想请裁缝做一套西服，可裁缝说他正为其他人做，要做的衣服很多，建议我去店里买成衣。
2. 上午我去店里理发，到了之后看见许多人正坐在那儿等着。理发师忙得连抬头的时间都没有，不管怎么说，两个小时后我的头发理好了。
3. 一般说来，我们吃的饼都是妈妈做的，可昨天她送去一些面粉让厨师做了些饼。
4. 他总爱逗孩子，不把他惹哭了不罢休。
5. 客人们来了，快把他们安排在客厅里就坐。
6. 对不起，我让你们等了这么长时间。
7. 我让小李给你的书收到了吧。
8. 把书给我，我要（叫人）装订封面。
9. 母亲每天晚上先给小弟弟喂奶，为他洗脸洗手，再哄他睡着才能休息。
10. 父母请了一位老师教我学英语。

四、选择正确的动词形式填空：

۱۔ اکبر نے بڑھیا سے کہا: "سامنے ایک بڑا سا میدان ہے، اپنے بیٹے سے ـــــ 1 ـــــ ، میری بیٹی سے شادی ـــــ 2 ـــــ تو اس میدان میں ایک بڑا مکان ـــــ 3 ـــــ ۔"

( ) 1. A. کہیں　　　　B. کہا　　　　C. کہو

( ) 2. A. کرنا چاہتا ہے　　B. کی　　　C. کرے گا

( ) 3. A. بنے گا　　　　B. بنوائے　　　C. بنایا جائے

۲۔ مرجینا ایک درزی کے پاس پہنچی۔ درزی کا نام مصطفیٰ ـــــ 1 ـــــ ۔ مرجینا نے مصطفیٰ کے ہاتھ پر ایک اشرفی ـــــ 2 ـــــ اور کہا "یہ ـــــ 3 ـــــ اور بھی ـــــ 4 ـــــ ، میرے ساتھ چلو ، ایک کفن ـــــ 5 ـــــ ، مگر تمہیں آنکھوں پر پٹی باندھ کر ـــــ 6 ـــــ ۔ مصطفیٰ تیار ـــــ 7 ـــــ ، مرجینا نے اس کی آنکھوں پر پٹی باندھی، اپنے ساتھ ـــــ 8 ـــــ ۔ ایک اندھیری کوٹھڑی میں ـــــ 9 ـــــ ۔ چراغ ـــــ 10 ـــــ ، آنکھوں سے پٹی ـــــ 11 ـــــ ، کفن ـــــ 12 ـــــ ، دوبارہ آنکھوں پر پٹی باندھی اور مصطفیٰ کو اشرفیاں دے کر واپس اس کے گھر ـــــ 13 ـــــ ۔ پھر مرجینا نے علی بابا کو بلا کر جنازہ ـــــ 14 ـــــ اور قاسم کو قبرستان میں دفن ـــــ 15 ـــــ ۔

( ) 1. A. ہے　　　　B. تھا　　　　C. ہوگا

( ) 2. A. رکھا　　　B. رکھے گا　　　C. رکھی

( ) 3. A. لے　　　　B. لیں　　　　C. لو

( ) 4. A. دوں گی　　B. دیا　　　C. دیئے

( ) 5. A. سلانا ہے　B. سلوانا ہے　C. سلوائے گا

( ) 6. A. چلے گا　　B. چلو　　　C. چلنا پڑے گا

( ) 7. A. ہوتا　　　B. ہو گیا　　　C. ہو جائے گا

第十三章　致使动词（فعل متعدی المتعدی）

( )　8. A. لایا　　　　　B. لائے گی　　　　C. لائی

( )　9. A. بیٹھے گا　　B. بیٹھا　　　　　C. بٹھایا

( )　10. A. جلائے گا　　B. جلایا　　　　　C. جلائی

( )　11. A. کھولا　　　B. کھولی　　　　　C. کھوئے

( )　12. A. سلا ہوا　　B. سلوایا　　　　C. سلانا ہے

( )　13. A. چھوڑی　　　B. چھوڑ آئی　　　C. چھوڑا

( )　14. A. اٹھایا ہو　B. اٹھوایا　　　C. اٹھایا

( )　15. A. کر دیا　　　B. کیا　　　　　　C. ہو گیا

第十四章　动词 ہونا 的用法与变化形式
（ "ہونا" کے استعمال اور اس کے صیغے ）

一、动词 ہونا 的用法

1. 作为实义动词，在句中独立用作谓语：

   (1) 表示"存在"（含义为"所有""有"或"在"）

   我有许多书。　　　　　　　　　　　　میرے پاس بہت کتابیں ہیں۔

   我有一个妹妹。　　　　　　　　　　　میری ایک چھوٹی بہن ہے۔

   四十年前这里有许多草房。　　　چالیس سال پہلے یہاں بہت سی جھونپڑیاں تھیں۔

   那里有棵树。　　　　　　　　　　　　وہاں ایک درخت ہے۔

   今天上午我在城里。　　　　　　　　آج صبح میں شہر میں تھا۔

   你的本子在桌子上。　　　　　　　تمہاری کاپی میز پر ہے۔

   在表示"所有"的概念时，指人用物主代词与 ہونا 连用，指物用 کے پاس 与 ہونا 连用。

   (2) 表示"发生"（含义为"举行"或"发生"）

   明天这里将举行一次大会。　　　　کل یہاں ایک جلسہ ہو گا۔

   昨天早上举行了一次会议。　　　　کل صبح ایک میٹنگ ہوئی۔

   前天发生了这件怪事。　　　　　　پرسوں یہ عجیب بات ہوئی۔

第十四章　动词的 ہونا 用法与变化形式（"ہونا" کے استعمال اور اس کے صیغے）

2. 作为不完全动词，在句中成为合成谓语的一部分，含义为"是"：

全世界人民是我们的朋友。　　　دنیا بھر کے عوام ہمارے دوست ہیں۔

北京是中国的首都。　　　بیجنگ چین کا دارالحکومت ہے۔

那个男孩很淘气。　　　وہ لڑکا بہت شریر ہے۔

这是过去的事了。　　　یہ پرانے زمانے کی بات تھی۔

3. 作情态动词用，赋予动词以一定的附加意义：

我必须去那儿。　　　مجھے وہاں جانا ہے۔

你应该做这件工作（但没做）。　　　تم کو یہ کام کرنا چاہیئے تھا۔

你必须读这些书。　　　تمہیں یہ کتابیں پڑھنی ہیں۔

4. 作助动词用，表示语法意义：

我们为国家的繁荣而奋斗。　　　ہم اپنے ملک کی خوش حالی کے لئے جد و جہد کرتے ہیں۔

他进城去了。　　　وہ شہر گیا تھا۔

5. 作为非人称动词中的分词的一部分。

他笑着说。　　　اس نے ہنستے ہوئے کہا۔

这是洗过的衣服。　　　یہ دھویا ہوا کپڑا ہے۔

二、动词 ہونا 的变化形式：

1. ہونا 的人称变化：ہیں، ہے، ہو، ہوں （一般现在时综合式）

2. ہونا 的性数变化：تھیں، تھی، تھے، تھا （一般过去时综合式）

3. ہونا 在八种动词基本时态中的变化。（以阳性单数第三人称为例）

一般现在时　ہوتا ہے

现在进行时　ہو رہا ہے

现在完成时　ہوا ہے

单纯过去时　ہوا

一般过去时　ہوتا تھا

过去进行时　ہو رہا تھا

过去完成时　ہوا تھا

将来时　ہو گا

第十五章　后置词（ربط）

一、概说

1. 后置词是一种虚词，它不能单独成为句子成分，只能放在名词、代词或其他名词化了的词之后表示该名词、代词或其他名词化了的词在句中所处的地位及它与其他句子成分的关系。

后置词和它前面相连的词组成后置词短语，后置词短语可作句子成分。

（1）نے 构成的后置词短语可作主语。

我读了鲁迅的书。　　میں نے لوشن کی کتاب پڑھی ہے۔

我的朋友们听了他的演讲。　　میرے دوستوں نے ان کی تقریر سنی۔

（2）کا（或کی،کے）构成的后置词短语可做定语。

这是那个工厂的产品。　　یہ اس کارخانے کی پیداوار ہے۔

他的屋子很干净。　　اس کا کمرا بہت صاف ہے۔

（3）کو، سے، میں، پر، تک 分别构成的后置词短语可做宾语或状语。

他们抓住了一个小偷。　　انہوں نے ایک چور کو پکڑ لیا۔

您在问谁？　　آپ کس سے پوچھ رہے ہیں؟

中午您去哪里了？　　دوپہر کو آپ کہاں چلے گئے؟

我们用钢笔写字。　　ہم قلم سے لکھتے ہیں۔

柜子里有哪些东西？ الماری میں کیا کیا چیزیں ہیں؟

桌上有一本书。 میز پر ایک کتاب ہے۔

我要等到什么时候？ میں کب تک انتظار کرتا رہوں گا؟

2. 后置词中除了 کا 有性、数的变化之外，其他都没有词尾变化。کا 的性、数变化举例：

ان کا بیٹا 他的儿子，   آپ کی بہن 您的妹妹

اس کے والد 他的父亲   میرے باپ کی کرسی 我父亲的椅子

3. 名词或代词后不用后置词的几种情况：

（1）句中的谓语动词如没有及物动词的完成体形式时，该句主语后不加后置词。例如：

我念书。 میں کتاب پڑھتا ہوں۔

（2）表语后不用后置词。例如：

我是学生。 میں طالب علم ہوں۔

（3）是物的直接宾语后往往不用后置词。

我看见一个新的本子。 میں نے ایک نئی کاپی دیکھی۔

（4）表示称呼的名词后不用后置词。

孩子，到这里来！ بیٹا، یہاں آ!

4. 名词、代词、动名词在有后置词的情况下要变化词形，即变直接形式为间接形式。（变化规则见前有关章节）

5. 有的名词、代词、动名词在变形后省略了后置词。最常见的有以下几种：

（1）表示"时间" اس وقت، کس وقت، دوسرے دن

（2）表示"地点" اس طرف، اس پار

（3）表示“方式”　　اس طرح، کس طرح، کسی نہ کسی طرح

（4）表示“动作目的”　　ہاتھ دھونے جانا، اخبار پڑھنے بیٹھنا

（5）在句子中后置词的习惯省略举例：

她用牙咬着嘴唇。　　اس نے اپنے لب دانتوں تلے دبا لئے۔

你好，兄弟！好久未见了。　　السلام علیکم! سناؤ بھئی، بہت دنوں بعد نظر آئے۔

我帮不了谁的忙。　　میں کسی کے کام نہیں آسکتا۔

اس کو اپنی ماں کی حالت یاد کر کے آج بھی گھنٹوں پریشانی رہتی تھی مگر وہ کیا کرتی؟

她至今回忆起母亲的情况仍感到心里难受，但她又有什么办法？

我被他打了。　　میں اس کے ہاتھوں پٹ گیا۔

这（一成就）归功于居里夫人。　　اس کا سہرا مادام کیوری کے سر ہے۔

他率领商船队周游列国。　　تجارتی جہازوں کا بیڑہ لے کر وہ ملکوں ملکوں گھومتا پھرتا تھا۔

他以便宜的价格买了许多棉花。　　اس نے بہت سی کپاس سستے داموں خریدی۔

他特意将商品低价卖给孩子们。　　بچوں کو تو خاص طور پر وہ سستے داموں چیزیں بیچتا تھا۔

她一张口就几个小时说个不停。　　اس کی زبان چلنے لگتی ہے تو پھر گھنٹوں چلتی رہتی ہے۔

二、后置词的种类

后置词有简单的和复合的两种。

1. 最常见的简单后置词有 نے، کا، کو، سے، میں، پر، تک 等，它们在乌尔都语中是最常用的基本词。

2. 复合后置词是由两个简单后置词合起来或由简单后置词和其他词类的词合起来组

成的。这种后置词为数较多。例如：

کے ساتھ،......کے لئے،......کے سامنے،......کی طرح،......کے بارے میں،......پر سے،......میں سے......

三、简单后置词的用法

1. 后置词 نے 的用法：

句子的谓语动词如处在及物动词的完成体形式时，要用 نے 来体现句子的主语，这时 نے 放在主语之后。例如：

我们取得了巨大的胜利。　　　　　　　　　　　　ہم نے زبردست فتوحات حاصل کی ہیں۔

您说得很对。　　　　　　　　　　　　　　　　　　　　آپ نے بجا فرمایا۔

2. 后置词 کا（或 کے، کی）的用法：

后置词 کا 有词形变化，它的阳性复数形式与阳性间接形式都是 کے，它的阴性单复数形式和阴性间接形式都是 کی。

后置词 کا 一般和名词、代词及其他名词化了的词连用，成为后置词短语，在句中作定语用。后置词 کا 与它的中心词在性、数和形式上一致。例如：

لال رنگ کی ساڑی پہن کر اور پھولوں کا ہار گلے میں ڈال کر اس نے آئینہ میں اپنی صورت دیکھی۔

她穿上纱丽，在脖子上戴了花环，之后往镜子里瞧自己。

他的叔叔是我的老师。　　　　　　　　　　　　　　　اس کے چچا میرے استاد ہیں۔

后置词 کا（کے، کی）的主要用法如下：

（1）表现两个名词之间修饰与被修饰的关系，其后置词短语起定语作用。例如：

پارٹی کا حکم، بہن کی کتاب، ان کے بیٹے، دو آنے کی کاپی، جمعرات کا دن، چھ برس کا بچہ، پینے کا پانی، سونے کی انگوٹھی

（2）表现局部动作的主体。例如：

那个男孩一来大家就笑了起来。　　اس لڑکے کے آتے ہی سب لوگ ہنسنے لگے۔

您写的诗很好。　　آپ کی لکھی ہوئی نظم بہت اچھی ہے۔

他来这里不合适。　　ان کا یہاں آنا مناسب نہیں ہے۔

他离开这里对我们来讲是很惋惜的事。　　ان کا یہاں سے منتقل ہو جانا ہمارے لئے افسوس کی بات ہے۔

（3）表现动作对象。例如：

感谢母亲　　والدہ کا شکریہ ادا کرنا

分辨善恶　　بھلے اور برے کا پہچاننا

帮助农民　　کسان کی مدد کرنا

照看儿童　　بچوں کی دیکھ بھال کرنا

关心伤员　　زخمیوں کا خیال رکھنا

又如：

我们为中国和世界人民服务。　　ہم چین اور دنیا کے عوام کی خدمت کرتے ہیں۔

人民创造历史。　　تاریخ کی تخلیق عوام کرتے ہیں۔

（4）有时用 کے 代替 کو 。例如：

马踢了他一脚。　　گھوڑے نے اس کے لات ماری۔

我们抓住一个小偷，把他交给了警察。　　ہم نے چور کو پکڑ کر پولیس کے حوالے کر دیا۔

ایک لڑکے نے ایک مرغابی پر گولی چلائی۔ اس کے گولی نہ لگی اور وہ اڑ گئی۔

一个男孩向水鸟开枪，水鸟未被打中，飞走了。

（5）有时省略了后面的名词，但这种情况极少。例如：

他不听我的话。　اس نے میری نہ سنی۔

看来这男孩对我有用。　یہ لڑکا میرے کام کا معلوم ہوتا ہے۔

（6）有时 کا（کی، کے）加在相同的两个词中间表示对这个词的强调。例如：

他把很多袋子都装满了金币。　اس نے تھیلے کے تھیلے اشرفیوں سے بھر لئے۔

夫人把糖捏在手里不放。　بیگم کے ہاتھ میں مٹھائی پکڑی کی پکڑی ہی رہ گئی۔

娜菲斯（惊讶得）张大了嘴。　نفیس کا منہ کھلے کا کھلا رہ گیا۔

他（惊讶得）瞪大了眼睛。　اس کی آنکھیں پھٹی کی پھٹی رہ گئیں۔

3. 后置词 کو 的用法：

（1）表示动作的直接对象，说明它前面的名词起宾语作用。例如：

他教了许多学生。　انہوں نے بہت سے طلبا کو پڑھایا۔

他一直看着阿里。　وہ علی کو برابر دیکھتے رہتے ہیں۔

我们打死了一只狼。　ہم نے ایک بھیڑیے کو مار ڈالا۔

我要请艾哈迈德吃饭。　میں احمد کو کھانا کھلاؤں گا۔

谁也不会说你什么。　تمہیں کوئی کچھ نہ کہے گا۔

（2）表示动作的时间，由它组成的后置词短语起状语作用。例如：

晚上我们将读小说。　رات کو ہم ناول پڑھیں گے۔

本星期六有课吗？　کیا اس سنیچر کو کلاس ہوگی؟

星期天保姆来得晚。　اتوار کے دن خادمہ دیر کو آتی ہے۔

（3）表示动作的目的，由它组成的后置词短语起状语作用。例如：

一天他外出打猎。　ایک دن وہ شکار کو نکلا۔

第十五章 后置词（ربط）

那个男孩去游览了。 وہ لڑکا سیر کرنے کو گیا۔

她一定去游览了。 وہ ضرور سیر و تفریح کو جا رہی ہے۔

（4）表示动作的主体，在语法上可以解释为包括该动作主体的后置词短语起状语作用，在汉语中可用"对于……"来表达。例如：

阿兹姆的心马上平静下来。 اعظم کے دل کو فوراً سکون ہو گیا۔

苏曼紧张起来了。 سمن کو گھبراہٹ ہونے لگی۔

您需要它吗？ کیا آپ کو اس کی ضرورت ہے؟

勤劳给我带来了收益。 مجھے محنت کرنے کا فائدہ ہوا۔

还有一些可以理解为固定词组。例如：

我高兴。 مجھے خوشی ہوئی۔

我不会唱歌。 مجھے گانا نہیں آتا۔

今天他得了奖。 آج اس کو انعام ملا۔

你觉得好吗？ کیا تم کو اچھا لگتا ہے۔

我听到嫂子的声音。 مجھے بھابی کی آواز سنائی دی۔

他看到一棵树。 اس کو ایک درخت نظر آیا۔

以上这些，都是乌尔都语的习惯用法，汉语的主语在这种句子里是逻辑主语，而真正的主语是"高兴""唱歌""奖品""声音""树"等等。像这一类的惯用句型很多。

（5）表示某件事发生了多少时间，这是习惯用法。时间后用 کو。例如：

这件事已过去六年了。 اس واقعے کو چھ سال گزر چکے ہیں۔

我们结婚已一年了。 ہماری شادی کو ایک سال گزر گیا۔

(6) 表示动作的地点与方向，其后置词短语起状语作用。例如：

我现在往家里跑。 میں تو اب گھر کو بھاگتا ہوں۔

山羊低下头，把犄角向前顶去。 بکری نے اپنا سر جھکایا، سینگ آگے کو کئے۔

农民往地里走去。 کسان کھیتوں کو روانہ ہوگئے۔

他的眼睛深陷下去。 اس کی آنکھیں اندر کو دھنسی ہوئی تھیں۔

这条路通往（山）上面的一个村落。 یہ راستہ اوپر کے ایک گاؤں کو جاتا ہے۔

(7) 表示即将发生的行为或状况。例如：

他的假期快结束了。 اس کی چھٹی ختم ہونے کو ہے۔

月亮快下去了。 چاند ڈوبنے ہی کو تھا۔

女儿的年龄快到十一岁了。 بیٹی کی عمر گیارہ برس ہونے کو آئی۔

今天她本来要来看我的。 آج وہ مجھ سے ملنے آنے کو تھی۔

4. 后置词 سے 的用法：

(1) 放在地点、时间之后，这时后置词短语起状语作用。表示时间、地点，即"从……"或"……以来"。例如：

他从昨天起开始干这项工作。 اس نے کل سے یہ کام شروع کیا۔

他从上海来。 وہ شنگھائی سے آیا ہے۔

عرصے سے یہاں رہتا ہوں، میں تو پانچ سال سے کسی چھوٹے سے سفر پر بھی نہیں گیا۔

我在这里住了很久，近五年以来，连短途旅行也没去过。

(2) 放在名词之后，表示原因，即"由于……"，译作"使……"。例如：

下雨使农民很高兴。 پانی برسنے سے کسان خوش ہوئے۔

第十五章　后置词（ربط）

枪声吓跑了所有的鸟（都飞走了）。

بندوق کی آواز سے سب چڑیاں اڑ گئیں۔

(3) 放在表示动作所用的工具之后，译作"用……"。例如：

用钢笔写吧！

قلم سے لکھو!

用小刀干这活儿不好。

چاقو سے یہ کام کرنا اچھا نہیں۔

(4) 表示比较，即"比……"。例如：

这是最重要的事。

یہ سب سے اہم بات ہے۔

至少要提前一小时到达那里吗？

کم سے کم ایک گھنٹے پہلے وہاں پہنچنا ہے؟

(5) 放在代词后，表示同……有关系或同……做……。例如：

与我有什么关系？

مجھ سے کیا تعلق ہے؟

他跟谁说话呢？

وہ کس سے باتیں کر رہا ہے؟

یہاں ہم کو ان سے کوئی مطلب نہیں، ہمارا مطلب دونوں لڑکیوں سے ہے۔

在这里我们指的不是他，而是两个女孩。

(6) 与名词连用，表示动作的方式，这时组成副词组。例如：

他们专心听报告。

وہ لوگ غور سے تقریر سن رہے ہیں۔

我能很轻松地做这件事。

میں آسانی سے یہ کام کر سکتا ہوں۔

草率行事不好。

جلد بازی سے کام لینا اچھا نہیں۔

她对我很温和。

وہ مجھ سے نرمی سے پیش آئیں۔

呼吸更加困难。

سانس مشکل سے لی جا رہی ہے۔

他用功读书。

وہ محنت سے پڑھتے ہیں۔

(7) 与一定的谓语动词连用，表示动作的对象，并说明它前面的名词起宾语作用。例如：

您问他吧！ آپ ان سے پوچھئے۔

我拒绝了那个人。 میں نے اس آدمی سے انکار کیا۔

他向我要一份报纸。 اس نے مجھ سے ایک اخبار مانگا۔

不应该害怕困难。 مشکلات سے ڈرنا نہیں چاہیئے۔

تمہیں ان ہم جماعتوں سے سیکھنا چاہیئے، جو محنت سے پڑھتے ہیں۔

你们应该向那些勤奋读书的同学学习。

（8）在某些被动态或无人称被动态的句子中，表示动作的主体，即逻辑上的主语。例如：

这封信（被）我写了。 مجھ سے یہ خط لکھا گیا۔

那件工作（被）他做了。 اس سے وہ کام کیا گیا۔

他走不了。 اس سے چلا نہیں جاتا۔

如今他什么都干不了。 اس سے اب تو کچھ نہ ہوگا۔

我（忍）受不了。 مجھ سے صبر نہیں ہوتا۔

（9）与致使动词连用，表示被使者。例如：

他让我做这件事。 اس نے مجھ سے یہ کام کروایا۔

爸爸让我替他写封信。 باپ نے مجھ سے اس کو ایک خط لکھوایا۔

（10）在某些固定词组中后置词سے常被略去。例如：

بھوکوں مرنا 饿死， جاڑوں مرنا 冻死

آنکھوں دیکھنا 眼见， کانوں سننا 耳闻

5. 后置词 میں 的用法：

（1）表示时间、处所等，即在“……之内”“在……之中”，其后置词短语起状语作用。例如：

您班上有多少学生？　آپ کی جماعت میں کتنے طالب علم ہیں؟

谁住在那间屋子里？　اس کمرے میں کون رہتا ہے؟

一两个月内会有结果。　دو ایک مہینوں میں اس کا نتیجہ سامنے آجائے گا۔

中华人民共和国的一切权力属于人民。　عوامی جمہوریہ چین میں تمام اقتدار عوام کے ہاتھوں میں ہے۔

（2）表示状况。例如：

他在生气。　وہ غصے میں ہے۔

他高兴地说。　اس نے خوشی میں کہا۔

清醒清醒吧！　ہوش میں آو!

他睡着了。　وہ نیند میں ہے۔

阿布汗上当受骗了。　ابو خاں دھوکے میں تھے۔

他是人间天使。　وہ انسانی لباس میں فرشتہ تھا۔

（3）表示价格。例如：

我用四十个卢比买下了这本书。　مجھے یہ کتاب چالیس روپے میں ملی۔

你花多少钱买了这件衣服？　یہ کپڑا تم نے کتنے میں خریدا؟

（4）与数词连用。例如：

二十元怎么过日子？　بیس میں کیسے گزر ہو گا؟

非三非十三（指平庸之辈）。　تین میں نہ تیرہ میں۔

（5）表示某一方面。例如：

这里没有这方面的专家。	اس معاملے میں یہاں کوئی ماہر نہیں۔
我在这方面有什么过错?	اس میں میری کیا غلطی ہے؟

（6）与名词组成副词性词组。例如：

他们用印地语交谈。	وہ لوگ ہندی میں باتیں کر رہے ہیں۔
他得到一本书的奖品。	اس کو ایک کتاب انعام میں ملی۔
说得多做得少。	باتوں میں تیز کام میں سست۔

（7）固定的副词性词组。例如：

اصل میں 其实，حقیقت میں 实际上，آخر میں 最后，تھوڑی دیر میں 一会儿

شروع میں 开始，باتوں باتوں میں 言谈，آنکھوں آنکھوں میں 传情地，درمیان میں 期间

6. 后置词 پر 的用法：

（1）表示时间、处所。例如：

来吧！我们也去河边走走。	آؤ! ہم بھی ندی پر چلیں۔
战士们占领了一座山。	سپاہیوں نے ایک پہاڑی پر قبضہ کر لیا۔
树上有两只鸟。	درخت پر دو چڑیاں بیٹھی ہیں۔
他准时来到。	وہ ٹھیک وقت پر آئے۔

（2）表示距离。例如：

北京大学距那个地方有一公里。	بیجنگ یونیورسٹی اس جگہ سے ایک کلومیٹر کے فاصلے پر ہے۔
在一英里路的距离内有许多房屋。	ایک میل کے فاصلے پر بہت سے مکانات کھڑے ہوئے ہیں۔

（3）表示接近、靠近。例如：

我家靠马路。	میرا گھر سڑک پر ہے۔
阿赫德尔，请到饭桌上来！	اختر میاں ، ادھر کھانے کی میز پر تشریف لائیے۔

（4）表示目的。例如：

他去上班。 وہ کام پر گیا تھا۔

我们受邀去吃饭。 ہم کسی کھانے پر مدعو ہیں۔

那里的工人不得不为糊口而卖命。 وہاں کے مزدور کو روٹی پر جان دینی پڑتی تھی۔

两位战士为国捐躯。 دو سپاہی اپنے وطن پر قربان ہو گئے۔

（5）表示方向。例如：

你照我说的去做吧！ تم میرے کہنے پر چلو!

吵着吵着他们骂起来了。 جھگڑتے جھگڑتے وہ گالیوں پر اتر آئے۔

别相信他的话！ اس کی باتوں پر مت جانا!

不要朝我发脾气！ مجھ پر غصہ مت ہو!

（6）表示原因。例如：

您干吗为这么点小事动肝火？ آپ کیوں اتنی سی بات پر آگ بگولا ہو گئے؟

我一笑她也笑了。 میرے مسکرانے پر وہ بھی مسکرائی۔

这个争端将因这一原则而消除。 اس اصول پر یہ جھگڑا ختم ہو جائے گا۔

（7）表示动作的对象。例如：

你为什么攻击他？ تم نے اس پر کیوں حملہ کیا؟

应该相信群众。 عوام پر بھروسہ کرنا چاہیئے۔

他们百般奴役人民。 وہ عوام پر طرح طرح کے ظلم کرتے تھے۔

（8）表示所用的工具。例如：

我正骑着自行车前往，他见了就叫我。 میں سائیکل پر جا رہا تھا، مجھے دیکھ کر وہ پکارا۔

（9）用于两个相同的名词之间有连续不断的意思。例如：

今天火车一辆接着一辆开往北京。 آج بیجنگ کے لئے <u>گاڑی</u> پر <u>گاڑی</u> چھوٹ رہی ہے۔

年复一年。 <u>سال</u> پر <u>سال</u> بیت جاتے ہیں۔

由一个话题又引出另一个话题。 <u>بات</u> پر <u>بات</u> چلتی ہے۔

（10）动词不定式之后加上 پر ，再加上语气词 بھی ，表示让步的意思。例如：

孩子虽小，却懂事。 یہ لڑکا چھوٹا <u>ہونے پر بھی</u> سمجھدار ہے۔

尽管做了这么多，但是仍无结果。 اتنے <u>کرنے پر بھی</u> کوئی نتیجہ نہیں نکلا۔

7. 后置词 تک 的用法：

表示时间与空间的终点。即"到……为止""直到……"，其后置词短语在句中做状语。例如：

这工作他一直干了十天。 وہ <u>دس دن تک</u> یہ کام کرتا رہا۔

你要坐到什么时候去？ تم <u>کب تک</u> بیٹھے رہو گے؟

直到傍晚他还没来。 <u>شام تک</u> وہ نہیں آئے۔

他把我送到家里。 اس نے مجھے <u>گھر تک</u> پہنچایا۔

从城市到农村都在宣传这件事。 شہر سے <u>گاؤں تک</u> یہ پروپیگنڈا ہو رہا ہے۔

它的影响将持续好几代。 اس کا اثر <u>نسلوں تک</u> باقی رہے گا۔

他对每件事都追根刨底。 وہ ہر <u>بات کی تہہ تک</u> پہنچ جاتے تھے۔

如果老师不能去她那里，她便去老师处。 اگر استاد <u>اس تک</u> نہیں آسکتا تو وہ اس کے پاس جائے گی۔

四、复合后置词

1. 由两个不同的简单后置词重叠而成，其后置词短语在句中作状语。例如：

她从沙发上站起来坐到地毯上。	وہ صوفے پر سے اٹھ کر قالین پر بیٹھ گئی۔
我们的国家中国是一个世界大国。	ہمارا ملک چین دنیا کے بڑے ملکوں میں سے ایک ہے۔
从那个柜子里拿出一本书来！	اس الماری میں سے ایک کتاب لے آؤ!
把那份报纸从桌上拿走！	اس میز پر سے وہ اخبار ہٹا دو!

2. 由简单后置词与其他词类组成的：

(1) کے + 其他词类。例如：

کے اوپر، کے نیچے، کے آگے، کے پیچھے، کے پہلے، کے بعد، کے اندر، کے باہر، کے پاس، کے ساتھ، کے سامنے، کے لئے، کے بارے میں، کے مارے، کے خلاف، کے بغیر، کے نزدیک، کے ذریعہ، کے مطابق، کے درمیان، کے برعکس، کے متعلق

(2) کی + 阴性名词

کی طرف، کی طرح، کی جگہ، کی مانند، کی خاطر

(3) سے + 其他词类

سے پہلے، سے باہر، سے بعد، سے آگے، سے پیچھے، سے قریب

注：有些复合后置词可以在颠倒次序后把名词放在中间。例如：

他高兴得放声歌唱。	مارے خوشی کے وہ خوب گانے لگے۔
人没有空气活不下去。	بغیر ہوا کے آدمی زندہ نہیں رہ سکتا۔

3. 简单后置词与复合后置词的复合。例如：

کی طرف سے، کے پیچھے سے، کے پاس سے، کے سامنے سے

又如：

我代表他在讲话。	اس کی طرف سے میں بول رہا ہوں۔
他从我面前走过。	وہ میرے سامنے سے گزر گیا۔

练习

一、填入适当的后置词：

۱-وہ بیٹے کو لینے خود ڈاکٹر__________گھر گئے۔

۲- انہوں نے اپنے بچوں______اسکول جانے______کیوں روک رکھا تھا؟

۳-اس کے والد______صحت______کیا حال تھا؟

۴-اس______گھر کے اندر جانے______انکار کیا۔

۵-اپنے گھر______آنگن______منظر ذرا تفصیل______بیان کیجئے۔

۶-چارپائی______ماں پڑی ہوئی تھی۔

۷-اس وقت وہ گھر______تھی اور کھانے پکانے میں ماں______مدد کر رہی تھی۔

۸-بچوں کو تعلیم دینے کے بارے میں آپ______خیالات بہت اچھے ہیں۔

۹-اس ڈرامے______ ______ ______آپ کے کیا تاثرات ہیں؟

۱۰-طالب علموں نے کس کام______استاد______ہاتھ بٹایا؟

۱۱-بیج چھ دن______پھوٹ آئے۔

۱۲-وہ چھوٹے پیمانے______کاروبار چلا رہا ہے۔

۱۳-وہ عقل______کام لینا نہیں جانتا۔

۱۴-اپنی عمر کے لحاظ______وہ خاصا ہوشیار ہے۔

۱۵-ہمارا نظام اس نظام______مقابلے______ہر لحاظ______مختلف ہے۔

۱۶-ظالم______اس بیمار بچے______بالکل ترس نہ کھایا۔

۱۷-اس وقت کہیں جانے ________ جی نہیں چاہتا۔

۱۸-سائیکل سوار گاڑی ________ زد ________ آکر موقع ________ ہی ہلاک ہو گیا۔

۱۹-اتنے روپیے جمع کرنے ________ تمہیں کتنے دن لگ گئے؟

۲۰-انہوں نے ہی ادبی حلقوں ________ نئی شاعری ________ روشناس کرایا۔

۲۱-سب ________ بڑھ کر یہ کہ انہوں نے اس اعلیٰ مقصد ________ ________ جان دے دی۔

۲۲-ہم نے پچھلے مہینے ________ سفر کرنے ________ منصوبہ بنایا۔

۲۳-امسال انہوں نے کھیلوں کے سالانہ مقابلوں ________ کشتی ________ بھی شامل کر لیا ہے۔

۲۴-بے خیالی ________ اس ________ کسی دوسرے ________ ٹوپی پہن لی۔

۲۵-بیٹے ________ خیال آیا تو ماں ________ آنکھوں ________ آنسو چھلک آئے۔

۲۶-اسکول ________ نزدیک گلی ________ نکڑ ________ کس چیز ________ دکان تھی؟

۲۷-استاد ________ نظر ________ یہ کتاب بہت مفید ہوتی ہے۔

۲۸-اس تجویز ________ عمل درآمد ________ کیا نتیجہ نکلا؟

۲۹-اس نتیجہ پر سب بچوں ________ خوشی ہوئی۔

۳۰-اردو ________ ________ انگریزی بائیں جانب ________ لکھی جاتی ہے۔

۳۱-اردو پر کون کون سی زبانوں ________ اثر پڑا؟

۳۲-ردو زبان ________ ترقی ________ متعلق میرا نظریہ دوسرے لوگوں ________ مختلف ہے۔

۳۳-اردو کی شاعری اور نثر ________ آغاز کہاں ________ ہوا؟

۳۴-ضرورت ہی ہم ________ کسی نہ کسی کام کرنے ________ آمادہ کرتی ہے۔

۳۵-اس نے اطمینان ________ سانس لیا۔

۳۶-وہ مجھے ساتھ لے جانے ________ اصرار کر رہا تھا۔

۳۷-لوگ آپ ________ انتظار ________ کھڑے ہیں۔

۳۸-آگ کے شعلے آس پاس کے مکانوں ________ پہنچ چکے تھے۔

۳۹-وہ ہر امتحان ________ اول آتا رہا ہے۔

۴۰- یہ مکان دس کمروں ________ مشتمل ہے۔

۴۱- یہ مکان کرائے ________ ______ خالی ہے۔

۴۲-سورج نکلنے ________ اس کی آنکھ ہی نہیں کھلتی۔

۴۳- اس ________ ________ یہ حادثہ کیسے پیش آیا؟

۴۴-وہ کئی سال ________ اس کارخانے ________ کام کر رہا تھا۔

۴۵-میں آپ ________ استاد ________ پاس لے چلتا ہوں۔

۴۶- یونیورسٹی ________ سامنے ایک دکان ہے۔

۴۷- کسی ________ ________ ہاتھ پھیلانے سے بھوکا رہنا بہتر ہے۔

۴۸-وہ مشکلات ________ ________ سینہ سپر ہو گیا۔

۴۹- مجھ ________ اس کی باتوں ________ غصہ بہت آیا۔

۵۰- اچانک ایک بم مندر ________ پچھلے حصے ________ پھٹا۔

۵۱-وہ دن چڑھے ________ سوتا رہا ہو گا۔

۵۲-وہ کتنے عرصے ________ باہر تھا؟

۵۳۔ انہیں بچپن ہی _____ بجلی _____ دلچسپی تھی۔

۵۴۔ اس کی خدمت _____ صلے _____ اسے پارلیمنٹ میں شامل کر لیا گیا۔

۵۵۔ اسے جو کچھ ملا، وہ بھی وقت _____ کام نہ آیا۔

۵۶۔ ہم اس مدد _____ اپنے آپ _____ آپ _____ احسان سمجھتے ہیں۔

۵۷۔ ہم _____ ایک دوسرے _____ بازوؤں _____ تھام لیا۔

۵۸۔ آپ کس بات _____ شش و پنج _____ پڑ گئے؟

۵۹۔ چھاپہ خانے _____ ایجاد سے معمولی درجے _____ آدمی بھی کتاب خریدنے _____ قابل ہو گیا ہے۔

۶۰۔ انسان کی ترقی _____ انحصار سائنس _____ ہے۔

۶۱۔ کتاب کے مطالعے _____ طبیعت _____ تازگی اور شگفتگی پیدا ہوتی ہے۔

۶۲۔ کتاب ہمیں زمانے _____ حالات و واقعات _____ آگاہ کرتی ہے۔

۶۳۔ اخبار پڑھنے والا انسان اپنے ملک کے حالات _____ باخبر رہتا ہے۔

۶۴۔ اخبار _____ ہر شعبۂ زندگی _____ متعلق کچھ نہ کچھ مواد موجود ہوتا ہے۔

۶۵۔ حکومتیں اپنی پالیسیوں اور منصوبوں _____ اخبارات _____ ذریعہ مشتہر کرتی ہیں۔

۶۶۔ ہم کار _____ سوار ہو کر غروب آفتاب _____ قریب گھر واپس آ گئے۔

۶۷۔ اس وقت لوگ بدحواسی _____ عالم _____ ادھر ادھر بھاگنے لگے۔

۶۸۔ آگ کے شعلوں نے سارے مکان _____ اپنی لپیٹ _____ لے رکھا ہے۔

۶۹۔ اس _____ جی چاہتا تھا کہ کوئی اور بھی تالاب _____ تیرتا پھرے۔

۷۰۔ محمد کی پھوپھی _____ کوٹھی _____ بھی ایک تالاب تھا جو محمد _____ کوٹھی _____ ایک ڈیڑھ

فرلانگ ________ فاصلے ________ تھی۔

۷۱۔اسے باباجی ________ بے حد پیار تھا۔ باباجی ________ اس ________ ملاقات محض اتفاق تھی۔

۷۲۔لوگ ادھر ادھر ________ آتے جاتے رہے، مگر کسی نے بے ہوش پڑے باباجی ________ ________ توجہ نہ دی۔

۷۳۔دنیا ________ مشہور یونیورسٹیوں ________ اس زبان ________ سکھانے ________ انتظامات موجود ہیں۔

۷۴۔اردو زبان ________ ابتدا ________ بارے میں کسی نے کہا: "یہ عربی اور قدیم سندھی ________ ملاپ ________ بنی ہے۔

۷۵۔تمہارے باپ ________ اٹھ جانے ________ میں اکیلی رہ گئی ہوں۔

۷۶۔یہ ظالم مجرم ایک دم گولی مار دینے ________ لائق ہے۔

۷۷۔یہ بات قصبے ________ کسی ________ چھپی ہوئی نہ تھی۔

۷۸۔مجھے معلوم ہے کہ میری یہ قربانی آپ ________ کام نہ آئی۔

۷۹۔وہ کئی ماہ ________ کھانے ________ شہد استعمال کر رہے ہوں گے۔

۸۰۔اس ________ مطالعہ ________ شوق بچپن ہی ________ تھا۔

۸۱۔اس لفظ ________ معنی مجھ ________ نہیں آتے۔

۸۲۔مضمون کا خلاصہ لکھ دینا پڑھنے والے ________ کسی نہ کسی نتیجے ________ پہنچنے ________ مدد دیتا ہے۔

二、用后置词 کو، سے، پر، میں 填空：

۱۔وہ غصہ ________ بھرا بیٹھا ہے۔

۲۔آزاد اور غلام ________ بڑا فرق ہے۔

۳۔چاہے کچھ بھی ہو، میں وہاں وقت ________ پہنچ جاؤں گا۔

۴۔ وہ منگل _____ چھٹی _____ ہے۔

۵۔ اس لڑکی _____ ناچ نہیں آتا۔

۶۔ ایک سیر _____ سولہ چھٹانکیں ہوتی ہیں۔

۷۔ اس نے ایک کیمرا کرائے _____ لیا۔

۸۔ بوڑھے _____ ایک اچھی تدبیر سوجھی۔

۹۔ وہ اسے ہر خطرے _____ بچانے کی کوشش کرتا ہے۔

۱۰۔ وہ آزمائش _____ پورا نہ اترا۔

۱۱۔ لاہور دریائے راوی _____ واقع ہے۔

۱۲۔ اگر تیرا جی سونے _____ چاہتا ہے تو سو جا!

۱۳۔ وہ اپنی بہن _____ ملتی جلتی ہے۔

۱۴۔ وہ حساب _____ ماہر ہے۔

۱۵۔ ان کی تجارت زوروں _____ تھی۔

۱۶۔ والدین _____ بیٹے کی اس کرامت کا تو علم ہی نہ تھا۔

۱۷۔ تم خطرے _____ باہر ہو۔

۱۸۔ اتنی سی بات _____ بگڑ بیٹھنا اچھا نہیں۔

۱۹۔ وہ تو جیسے زندگی _____ اکتا گیا ہو۔

۲۰۔ اتنے سمجھانے _____ بھی یہ غلطی کر دی گئی ہے۔

۲۱۔ آپ اس وقت کسی فکر (سوچ) _____ ہیں؟

۲۲-ان ______ معلوم ہے کہ کل ہم باغ کی سیر کریں گے۔

۲۳-تم بری صحبت ______ بچو!

۲۴-اسے ضمانت ______ چھوڑا گیا۔

۲۵-آج کل مجھ ______ فرصت نہیں۔

۲۶-یہ گاڑی ملتان تک پہنچنے ______ کتنا وقت لے گی؟

۲۷-ایک سیاح سیر ______ نکلا۔

۲۸-وہ ایک آنکھ ______ کانا ہے۔

۲۹-عید کے موقع ______ مجھ ______ ایک تحفہ ملا۔

۳۰-ان باتوں ______ میرا جی بھر گیا۔

۳۱-میں آپ کی کامیابی ______ خوش ہوں۔

۳۲-بخار اترنے ______ مریض ______ پسینا آرہا ہے۔

۳۳-جنگل ______ آگ لگ گئی ہے۔

۳۴-وہ پڑھنے ______ لگا رہتا ہے۔

۳۵-وہ آپے ______ باہر ہو گیا۔

۳۶-دو دوست لمبے سفر ______ روانہ ہوئے۔

۳۷-یہ واقعہ ان ______ ابھی تک یاد رہا۔

۳۸-یہ خبر سنتے ہی میرا دل خوشی ______ باغ باغ ہو گیا۔

۳۹-میں اسی لئے آپ ______ مدد مانگ رہا ہوں کہ مجھ ______ اس کی ضرورت پڑی۔

۴۰۔ تیز دھوپ _____ چلنے _____ سیاح کو پیاس لگی۔

۴۱۔ ہم ناشتا کرنے _____ تھے کہ گاڑی آ گئی۔

۴۲۔ تم مجھ _____ مہربان ہو۔

۴۳۔ آپ _____ یہ کھانا بہت مزیدار لگتا ہے؟

۴۴۔ وہ پسینے _____ تر بتر ہو رہا ہے۔

۴۵۔ میں نے اسے بچے کی پیدائش _____ مبارک باد دی۔

۴۶۔ امید ہے کہ آپ _____ رقم وصول ہو گئی ہو گی۔

۴۷۔ اس _____ رشوت کا الزام لگایا گیا۔

۴۸۔ اس بچے _____ کھانسی آئی۔

۴۹۔ وہ ریل کے حادثہ _____ زخمی ہو گیا تھا۔

۵۰۔ جھوٹوں _____ سب نفرت کرتے ہیں۔

۵۱۔ مجھ _____ احساس ہوا کہ وہ سازش کر رہا ہے۔

۵۲۔ میں آپ کی تجویز _____ اعتراض کروں گا۔

۵۳۔ جب ریچھ نظر _____ اوجھل ہو گیا تو وہ درخت _____ اتر آیا۔

۵۴۔ تمہارے دکھ _____ افسوس ہے۔

۵۵۔ مجبور ہو کر اس _____ تمام مٹھائی کھانی پڑی۔

۵۶۔ اس قسم کے معاملے _____ وہ ہمیشہ ہماری مدد کرتا ہے۔

۵۷۔ ان _____ بھروسہ نہ کرو!

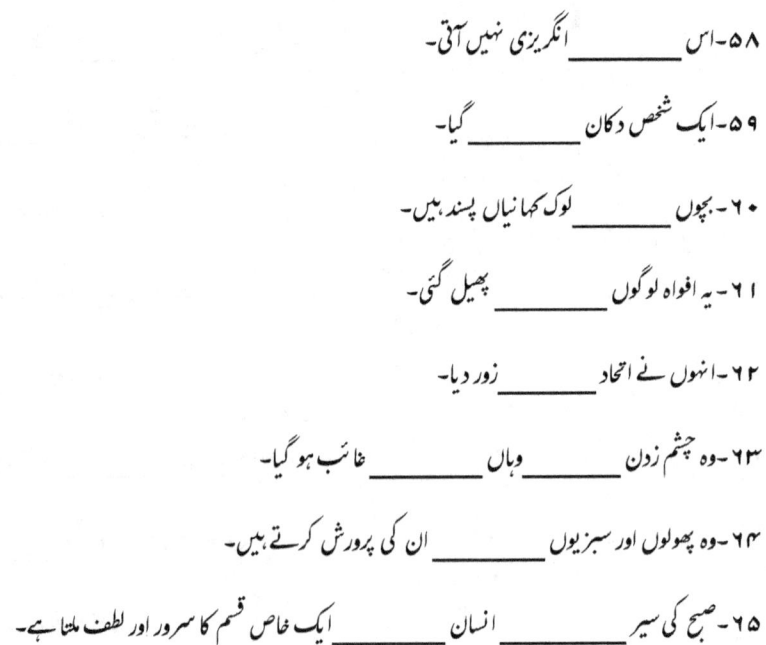

۵۸-اس ________ انگریزی نہیں آتی۔

۵۹-ایک شخص دکان ________ گیا۔

۶۰-بچوں ________ لوک کہانیاں پسند ہیں۔

۶۱-یہ افواہ لوگوں ________ پھیل گئی۔

۶۲-انہوں نے اتحاد ________ زور دیا۔

۶۳-وہ چشم زدن ________ وہاں ________ غائب ہو گیا۔

۶۴-وہ پھولوں اور سبزیوں ________ ان کی پرورش کرتے ہیں۔

۶۵-صبح کی سیر ________ انسان ________ ایک خاص قسم کا سرور اور لطف ملتا ہے۔

三、翻译下列短文：

1. 听到隧道的名字，我脑海里便闪现出了几个问题，我一口气问了父亲这几个问题。父亲回答说：“从这儿到奎塔(کوئٹہ)火车得穿过 8000 多个隧道，因为整个铁轨是穿山铺成的。上坡时（چڑھائی）要挂三截机车（انجن），一个机车在前面拉，两个在后面推。”

2. 我从公园里出来，坐上了吉普车。它开始奔跑在马路上，刚往前走不远，就看见一个湖。湖水在阳光下闪烁着。湖的四周是果树和花丛。为了使这美丽的景色更加动人，四周还种了些绿草。湖的后面是高山。我们照了几张相片便起程回家了。

第十六章　连词（عطف）

一、概说

1. 连接词、短语、从句或句子的词叫做连词，它表示所连接的成分之间的关系。（这里专讲连接句子的连词）例如：

我读他写。（平等关系）　میں پڑھتا ہوں اور وہ لکھتا ہے۔

وہ محنت سے پڑھ رہے ہیں تاکہ اپنی مادر وطن کی اور اچھی طرح خدمت کریں۔

他勤奋地学习是为了更好地为祖国服务。（主从关系）

2. 连词是一种虚词，不能在句中单独用作句子成分。

3. 连词没有词形变化，所以它是一种不变词。

二、连词的种类

1. 连词按其形式可分以下四种：

（1）简单连词

例如：اور ، کہ ، پر ، لیکن ، مگر ، پھر ، و ، یا ، ورنہ　等等。

（2）复合连词：由两个或两个以上的词组成

例如：نہیں تو ، اس لئے کہ ، پھر بھی　等等。

（3）关联连词：由两个或两个以上对称的词组成，它总是成对地使用

例如：نہ صرف ••• بلکہ •••، حالانکہ ••• لیکن •••، اگر ••• تو •••، چونکہ ••• اس لئے •••

（4）重叠连词

例如：یا ••• یا •••، چاہے ••• چاہے •••، کہاں ••• کہاں •••، کیا ••• کیا •••، خواہ ••• خواہ •••

2. 连词按其本身的含义及在句中所起作用可分以下两种：

（1）并列连词：它用来连接两个地位平等的分句。

例如：اور، یا، لیکن 等。

（2）主从连词：它连接两个地位不平等的分句，其中一主一从。

例如：چنانچہ، کہ، تاکہ، جیسے 等。

三、并列连词

并列连词按其意义又可分为以下四种：

1. 联合的：اور، و

你来他去。 تم آئے اور وہ چلا۔

و 是波斯语连词，一般用来连接波斯语阿拉伯语词汇。例如：

شب و روز 日夜，شکل وصورت 相貌，خرید وفروخت 买卖　خور ونوش 饮食

ظلم وستم 暴虐，غور وفکر 思考，تر وتازہ 新鲜的　عجیب وغریب 奇怪的

2. 选择的：یا تو ••• یا •••، یا ••• یا •••، یا •••، کہ •••، چاہے ••• چاہے •••، کیا ••• کیا •••، خواہ ••• خواہ •••، آیا ••• یا •••، نہ تو ••• نہ ہی 请见例句：

（1）کہ •••، یا ••• یا •••، ••• کہ آیا •••

有人没有？ کوئی ہے کہ نہیں؟(کوئی ہے یا نہیں؟)

不是这边就是那边（要拿定主意）。 یا ادھر ہو یا ادھر۔

صرف عمل کے ذریعے ہم یہ تصدیق کر سکتے ہیں کہ آیا ایک پالیسی صحیح ہے یا غلط۔

只有通过实践才能证明政策的正确与否。

（2）کیا ... کیا ...، چاہے ... چاہے ...، چاہے ... یا ...

家里不论大小都喜欢他。　گھر میں سب لوگ ،کیا چھوٹے ،کیا بڑے ،اس سے محبت کرتے ہیں۔

چاہے تم کتنا ہی پیٹ کاٹو، چاہے ایک ایک کوڑی رانت سے پکڑو، پر قرض کا ادا ہو جانا مشکل ہے۔

无论你怎样勒紧肚皮或节省每一个铜板，还是难以把债还清。

无论你拿这个还是拿那个，快点决定吧！　چاہے تم یہ لو یا وہ لو، جلدی فیصلہ کرو!

چاہے آپ ہمارے ساتھ سفر پر جائیں یا نہ جائیں ،وقت سے پہلے ہمیں بتائیں۔

不管您是否和我们一块去旅行，都提前告诉我们一下。

چاہے 也等于 خواہ ，它们引导的句子都表示"不管……怎样""无论……怎样"。这种句型的动词要用虚拟语气。它的语气很重。这种句型可以只用 ... چاہے 和 ... خواہ 作连词来引导句子，也可以加入 ... کتنا(کتنے، کتنی، کیسا، کیسے، کیسی) ہی 或者 کتنا(کتنے، کتنی، ، کیسی کیسا) کیسے ہی کیوں نہ ... 来加强语气。例如：

چاہے آپ انہیں کیسا ہی سمجھائیں ،وہ اپنی رائے نہیں چھوڑتا۔

无论您怎样劝说他，他就是不放弃自己的意见。

خواہ ماں نے تمہیں کتنی دفعہ ڈانٹا کیوں نہ ہو، بالکل دل میلا نہ کرو،وہ تمہاری خیر خواہ ہیں۔

不管母亲责备你多少次，不要往心里去，她是为了你好。

چاہے (خواہ) تمہارا کام کیسا ہی (کتنا ہی) اہم کیوں نہ ہو، صحت کے لئے پہلے کھانا کھاؤ!

不管你的工作有多么重要，为了身体先吃饭！

3. 转折的：لیکن، مگر، پر، بلکہ، ورنہ، نہیں تو

见例句：

یہ سب سچ ہے پر وہ نہیں مانتا۔

这些都是真的，但他不信。

وہ میرے والد نہیں بلکہ میرے استاد ہیں۔

他不仅是我的父亲，而且是我的老师。

سب آئے مگر وہ نہ آیا۔

大家都来了，可就他没来。

4. 说明的：یعنی。例如：

ہمیں محنت سے پڑھنا چاہیئے یعنی ہر روز کم از کم چند گھنٹے دل لگا کر پڑھیں۔

我们应该努力学习，也就是说每天至少要专心学习几个小时。

اجمل میاں تم بھی خواہ مخواہ ضد کرتے ہو، یعنی ایسے سخت درد میں بھی ڈاکٹر کو نہیں بلاتے۔

阿杰米尔，你也太固执了，这么痛也不请医生来。

四、主从连词

主从连词是用来引导从句并连接两个地位不平等的分句的，按其意义可以分为以下八种：

1. 引导"原因"状语从句

چونکہ ・・・(اس لئے)・・・、کیونکہ، (اس لئے)・・・ کہ ・・・، اس لئے کہ ・・・

例如：

وہ پہلو بدل کر بیٹھ گئے، کیونکہ وہ میری بات سننا نہیں چاہتے تھے۔

他把身子转过去坐着，因为他不想听我说的话。

تمام مزدوروں کے اندر نظم و ضبط کی تعلیم کو مستحکم کیا جانا چاہیئے کیونکہ متحدہ نظم و ضبط کامیابی کے لئے ایک اہم شرط ہے۔

要在全体工人中加强纪律教育，因为统一的纪律是取得成功的一个重要条件。

مجھے جلدی واپس جانا ہے اس لئے کہ میرا بھائی میرا انتظار کر رہا ہوگا۔

我得赶紧回去，因为我兄弟也许在等着我。

2. 引导“结果”状语从句：چونکہ ••• لہذا، اس لئے •••، ••• کہ 等。

例如：

因为他病了，结果没有来学校。　　چونکہ وہ بیمار ہے، لہذا کالج نہ آسکا۔

他被打得快要死了。　　اسے بہت مارا گیا کہ وہ مرنے والا تھا۔

暴雨下得转眼到处都成了沼泽。　　بہت زور کی بارش آئی کہ پلک جھپکنے میں ہر طرف جل تھل ہو گیا۔

ہمسایوں کے مکان کا پرنالا ہماری طرف ہے، اس لئے بارش کا پانی ہمارے صحن میں گرتا ہے۔

邻居家的排水管朝着我们家，结果雨水流进我们的院里。

چارو ناچار خرگوش کو کچھوے کا چیلنج قبول کرنا پڑا، چنانچہ اسی وقت دونوں نے دوڑ کا وقت اور جگہ مقرر کرلی۔

无奈，兔子只好接受乌龟的挑战，它们俩当即决定了赛跑的时间。

3. 引导“目的”状语从句：

تاکہ •••، کہ •••، (اس لئے) ••• کہ •••، اس لئے کہ ••••

例如：

ہمیں محبت سے پڑھنا چاہیئے تاکہ اچھی طرح عوام کی خدمت کر سکیں۔

我们应该努力学习，这样才能很好地为人民服务。

把书给我，让我找人装订封面。　　کتابیں مجھے دو تاکہ میں جلد بندھوا دوں۔

我们挖河是为了今后获得丰收。　　ہم اس لئے دریا کھود رہے ہیں کہ بعد میں وافر فصل حاصل ہو۔

میں نے تو صرف یہ دیکھنے کے لئے ایسا کیا تھا کہ آپ میری مدد کو آتے ہیں یا نہیں۔

我只想看看你们是否能来帮助我才这样做的。

4. 引导“条件”状语从句：اگر ••• تو •••، ••• بشرطیکہ •••، کہیں ••• تو ••••

例如：

اگرعوام یک جان دو قلب ہو جائیں تو پھر دنیا میں کون ان کا مقابلہ کر سکتا ہے۔

如果人民团结一致，那就所向披靡。

دنیا بھر میں کوئی ہمارا مقابلہ نہیں کرے گا، بشرطیکہ ہم یک جان دو قلب ہو جائیں۔

只要我们万众一心，世界上就没有任何人能战胜我们。

اگرآپ ہماری مدد کریں توہم بہت شکر گزار ہوں گے۔ 如果您帮助我们，那我们将非常感激。

اگرمیں ہوشیاری سے کام نہ لیتا توضرور مر جاتا۔ 如果我不见机行事的话，我早死了。

اگرمجھ سے پانچ روپے لے لوتوکیسا رہے؟ 从我这里借五个卢比如何？

5. 引导“让步”状语从句：

اگرچہ۔۔۔(مگر)۔۔۔، باوجودیکہ۔۔۔(لیکن، پھر بھی)۔۔۔، حالانکہ۔۔۔(لیکن)۔۔۔

例如：

باوجودیکہ وہ ظاہری طور پر تندرست معلوم ہوتے ہیں لیکن حقیقت میں کمزور ہیں۔

他虽然貌似健康，但实际上是虚弱的。

حالانکہ ہمیں بہت مشکلوں کا سامنا کرنا پڑے گا لیکن ہم بالکل نہیں گھبراتے۔

虽然我们将面临很多困难，但我们无所畏惧。

اگرچہ وہ بات مجھے صاف یاد نہیں ، مگر میں آپ کو بتانے کی کوشش کروں گا۔

虽然我不能清楚地记得那件事，但是我一定尽力告诉您。

6. 引导“比较”状语从句：جیسے۔۔۔، گویا۔۔۔

例如：

ساری چوٹی اس طرح چمک رہی تھی گویا ہزاروں جگمگاتے آئینوں سے سجادی گئی ہو۔

整个山峰闪闪发光，好像它装饰着成千上万面晶莹的镜子。

پہاڑ کی چوٹی پر برف اڑ رہی تھی جیسے ایک سفید چادر لٹکی ہوئی ہو۔

山顶上飘着雪花，好像挂着一块白色的幕布一样。

7. 引导“程度”状语从句：

یہاں تک کہ ۰۰۰، (ایسا) ۰۰۰ کہ ۰۰۰، (اتنا) ۰۰۰ کہ ۰۰۰

例如：

他勤奋得连吃饭喝水都忘了。 وہ ایسا محنتی ہے کہ کھانا پینا تک بھول گیا۔

天热得没法讲。 اتنی گرمی پڑتی ہے کہ بیان سے باہر ہے۔

我听了这话就甭提有多生气了。 یہ سن کر مجھے اتنا غصہ آیا کہ نہ پوچھئے۔

8. 引导“时间”的状语从句：主要有تب ت تک ۰۰۰ جب تک کہ ۰۰۰، جب ۰۰۰ تو ۰۰۰۰، جب تک

۰۰۰ تک ۰۰۰، جب کبھی ۰۰۰، جب سے ۰۰۰، جب کہ ۰۰۰، جس وقت ۰۰۰ اُس وقت ۰۰۰، جتنی دیر میں ۰۰۰ اتنی دیر میں ۰۰۰

等等。这里我们专门讲 اس وقت تک ۰۰۰ جب تک کہ ۰۰۰，其他连词的用法在“句子的结构”一节中已讲述过。

اس وقت تک ۰۰۰ جب تک کہ ۰۰۰ 是一对主从复句的连词，是 جب ۰۰۰ تو ۰۰۰۰ 的强调形式。表示“直到什么时候……才……”“只要（只有）……才……”的意思。例如：

只要我们还有一口气，就要一直奋斗。 ہم اس وقت تک کوشش کرتے ہیں، جب تک کہ ہمارے دم میں دم ہے۔

直到她告诉我，我才知道。 اس وقت تک مجھے معلوم نہیں تھا، جب تک کہ انہوں نے مجھے نہیں بتایا۔

还可以把 جب تک 放在第一句里，但这时其后不用 کہ，所表达的意思一样。还可以省略 اس وقت تک 。句中的否定词是否使用要视情况而定。试比较如下：

ہم اس وقت تک کوشش کرتے ہیں، جب تک کہ ہمارے دم میں دم ہے۔

جب تک ہمارے دم میں دم ہے، (اس وقت تک) ہم کوشش کرتے ہیں۔

اس وقت تک میں نہیں گیا، جب تک کہ وہ واپس نہیں آئے۔

جب تک وہ واپس نہیں آئے، (اس وقت تک) میں نہیں گیا۔

练习

一、填入适当的连词：

۱- یہ سوچتے سوچتے وہ اپنے ہی گھر پر جا کھڑا ہوا ـــــــــ دستک دینے لگا۔

۲- ملازمہ نے اندر جا کر مالکن کو بتایا ـــــــــ مہمان آیا ہے۔

۳- ایک شخص کسی دکان پر گیا ـــــــــ دکاندار سے کچھ سودا طلب کیا، قیمت ـــــــــ مال پر کسی وجہ سے دونوں میں سخت کلامی ہو گئی۔

۴- اچانک دوسرا شخص اسے جھڑک کر کہنے لگا: "تجھ میں ایسی کون سی خوبی ہے ـــــــــ وہ تجھے سلام کرے۔"

۵- میری زبان سے بے ساختہ نکل گیا ـــــــــ میں تو کھا کر آیا ہوں۔

۶- میں ریلوے اسٹیشن پر وقت سے پہلے پہنچ جاتا ہوں ـــــــــ آسانی سے ٹکٹ خرید سکوں۔

۷- ـــــــــ سفر میں کوئی ساتھ ہو تو وقت آسانی سے کٹ جاتا ہے ـــــــــ تنہا بڑی کوفت ہوتی ہے۔

۸- وہ ـــــــــ بہادر ہے ـــــــــ طاقتور بھی ہے۔

۹- ـــــــــ وہ بیمار تھا ـــــــــ کالج نہ آ سکا۔

۱۰- ہم محنت کرتے ہیں ـــــــــ کامیاب ہو جائیں۔

۱۱ - ______ ہم وہاں موجود تھے ، ______ تمہارا بھائی، کوئی نہ کوئی موجود ہوگا۔

۱۲ - ______ تم یہ کام چھوڑ دو! ______ پھر دل لگا کر پورا کر دو! تمہیں فیصلہ کرنا پڑتا ہے۔

۱۳ - نہ تو وہ بے ایمان ہے اور ______ ہی میں۔

۱۴ - کہاں تم اور ______ وہ۔

۱۵ - آپ پسند کریں ______ نہ کریں، آپ کو یہ کام سر انجام دینا پڑے گا۔

۱۶ - خواہ یہ کتاب لو ______ وہ، جیسے آپ کی مرضی۔

۱۷ - محنت سے کام کرو! ______ فیل ہو جاؤ گے۔

۱۸ - ______ تم آؤ، ______ نہ آؤ، میرے لئے برابر ہے۔

۱۹ - اس نے آنے کا وعدہ کیا تھا ______ نہ آیا۔

۲۰ - ______ وہ غریب ہے، تاہم دیانت دار ہے۔

۲۱ - وہ انگریزی بہت روانی سے بولتا ہے ______ یہ اس کی مادری زبان ہے۔

۲۲ - یہ منظر اتنا خوفناک ہے ______ دیکھا نہیں جاتا۔

۲۳ - یہ فیصلہ اس نے ______ کیا کہ کشتی سے وہ اپنے گھر جلدی پہنچ جا سکتا ہے، ______ خشکی کا راستہ زیادہ لمبا تھا۔

۲۴ - تم دیکھنے میں معزور ہو، اس ______ تم نے کیسے اتنی آسانی سے اتنا طویل فاصلہ طے کر لیا؟

۲۵ - ______ یہ ترکیب بھی ناکامیاب رہی، ______ ہم پھر کوشش کرتے رہیں گے۔

۲۶ - میں ان پڑھ مزدور ہوں، ______ مجھ میں تھوڑی سی عقل بھی ہے۔

۲۷ - یہاں کا پانی میٹھا اتنا ہے ______ شربت ہو اور ٹھنڈا اتنا ہے ______ برف ہو۔

۲۸ - میں وقت پر نہیں آسکا ______ میری بس نکل گئی تھی۔

۲۹-وہ اپنے جی میں کہنے لگا ______ ابھی وقت بہت ہے، تھوڑی دیر ستا لوں، ______ آگے روانہ ہوں گا۔ ______ وہ ایک درخت کے نیچے لیٹ گیا۔

۳۰-انہوں نے میری بڑی مدد کی ہے، ______ انہیں خود مدد کی ضرورت تھی۔

۳۱-اگر میں مان لوں کہ آپ نے جو کچھ کہا ہے وہ صحیح ہے ______ یہ کیسے معلوم ہو ______ لوگ کیا کہیں گے؟

۳۲- ______ وہ طاقتور ہے، ______ بزدل ہے۔

۳۳-اس بچے نے بہت زیادہ ٹافیاں کھائی ہیں ______ ______ ______ اس کے دانتوں میں پھر سے درد ہونے لگا۔

۳۴- ______ دودھ پی لو، ______ چائے پی لو، دونوں میں سے ایک کام کر لو!

۳۵- وہ ______ ______ رات کو دیر ہی سے گھر آیا کرتا تھا، پھر جب سے اس کے کاروبار میں کچھ گڑبڑ پیدا ہو گئی، وہ اور بھی دیر سے واپس آنے لگا۔

۳۶- پابندیٔ وقت کا مطلب یہ ہے ______ ہر کام کو وقت مقررہ پر کیا جائے، انسان کی یہ عام کمزوری ہے ______ وہ ماضی کی یاد میں آہیں بھرتا ہے، مستقبل کے لئے ہوائی قلعہ تعمیر کرتا ہے، ______ حال کو بالکل فراموش کر دیتا ہے، ______ اسے چاہیئے ______ جو وقت گزر چکا، اس پر افسوس نہ کرے ______ جو فرصت اس وقت حاصل ہے، اس سے کام لے کر اپنے حال ______ مستقبل کو بہتر بنانے کی کوشش کرے۔

二、使用例句中的连词翻译下列句子：

例 1：یہ بہت ضروری ہے کہ ہمارے ملک کو زیادہ طاقتور اور مضبوط بنایا جائے تاکہ وقت پڑنے پر اپنا موثر دفاع کر سکے۔

1. 请您小心包好这三本书，别让它们的封皮损坏了。
2. 再给我们一天的时间，我们能很好地想想这个问题。
3. 为了把事情尽快搞清楚，我把所有的详细情况告诉了警察。
4. 请在黑板上写清楚些，这样学生都能看见。

例 2：جب تک آپ اس کی رائے نہیں مانیں گے، اس وقت تک وہ بھی آپ کی کچھ نہیں سنے گا۔

1. 只要这件事没调查好，我们就不应该下定论。
2. 只要他不说真话，我就不同他说话。
3. 只要这个问题不解决，两国的关系就不会正常。
4. 不下功夫你是通不过考试的。
5. 你不把我放出去，我就不给你书包。

例 3 : وہ پھر بھی سیر کرنے نکلا ہے کہ حالانکہ وہ بہت تھکا ہوا ہے۔

1. 尽管天气越来越冷，他仍坚持早晨锻炼。
2. 尽管在这个问题上我持有不同意见，但我仍支持了他们。
3. 虽然他很忙，还是抽空见了我们。
4. 虽然当时我阻止他去那儿，可他还是去了。

例 4 : چاہے کوئی میری مدد کرے یا نہ کرے، میں ندی کو ضرور پار کروں گا۔

1. 不管你同意与否，请快点发表意见。
2. 无论你来不来，都一定打电话告诉我们。
3. 不管旅馆里剩下一个客人还是一百个，我们都要好好款待。
4. 不管他是否被抓住，但事情是清楚了。

例 5 : خواہ (چاہے) آپ کچھ بھی کہیں، حقیقت یہی ہے۔

1. 不管他说什么，我都不相信。
2. 不管他做这事时的愿望多么好，但结果不好。
3. 无论如何，我们一定要帮助他。
4. 无论如何，你们都要八点赶到车站。

例 6 : خواہ (چاہے) میرا کام کیسا ہی (کتنا ہی) مشکل کیوں نہ ہو، میں اسے پورا کر دوں گا۔

1. 不管电影有多好，你不能去看。
2. 不管我们在寻找真理中付出多少努力，但我们还将努力去找。
3. 不管有人如何吵闹，他都听不见。
4. 不管他的技术多么高超，也修不了这台机器。

三、转换句子：

1. 分别用连词 اتنا ... کہ ... 和 ایسا ... کہ ... 变化下列句子：

۱- رات بہت اندھیری تھی، یہاں تک کہ ہاتھ کو ہاتھ سجھائی نہیں دیتا۔

۲- وہ بہت محنتی ہے، یہاں تک کہ کھانا پینا تک بھول جاتا ہے۔

۳- ظالم نے اس بچے کو بہت مار پیٹا، یہاں تک کہ وہ بچہ مرتے مرتے بچا۔

۴- وہ بہت بیمار پڑ گیا ہے، یہاں تک کہ چارپائی سے لگ گیا۔

2. 分别用连词 اگرچہ ... مگر ... 和 باوجودیکہ ... لیکن ... 变化下列句子：

۱- حالانکہ وہ بظاہر ہوشیار ہے لیکن حقیقت میں بے وقوف ہے۔

۲- میں نے آپ کی حمایت کی، حالانکہ اس مسئلے پر میری رائے مختلف تھی۔

۳- انہوں نے وقت نکال کر ہم سے ملاقات کی، حالانکہ وہ بہت مصروف تھے۔

۴- وہ صبح کی سیر کرتا رہتا ہے، حالانکہ موسم سرد ہوتا جارہا ہے۔

3. 分别用连词 اس لئے ... کہ ... 变化下列句子：

۱۔ میں نے تفصیل سے پولیس کو بتا دی ہے تا کہ معاملہ جلد صاف ہو جائے۔

۲۔ تختہ ء سیاہ پر ذرا صاف لکھیئے تا کہ طالب علموں کو نظر آجائے۔

۳۔ میں نے ان تینوں کتابوں کو احتیاط سے پیک کیا تا کہ ان کی جلد خراب نہ ہو جائے۔

۴۔ انہوں نے ہمیں ایک دن کی مہلت کی تا کہ اس مسئلے پر ہم اچھی طرح سوچ بچار کر سکیں۔

4. 分别用连词 خواہ ... خواہ ... 和 چاہے ... چاہے ... 变化下列句子：

۱۔ تم یہ کام کرو، یا وہ کام کرو، کچھ نہ کچھ کرنا چاہیئے۔

۲۔ تم خود آؤ، یا کسی کو بھیجو، میرے لئے برابر ہے۔

۳۔ ہم یا تو ساتھ ساتھ رہیں، یا الگ الگ رہیں، ہماری دوستی برقرار رہے گی۔

۴۔ یا یہ چنو، یا وہ چنو، فوری طور پر فیصلہ کرو!

5. 分别用连词 "اس لئے...کہ..." 和 "... کیونکہ ..." 变化下列句子：

١-چونکہ وہ بیمار ہے، اس لئے وہ کالج نہ آسکا-

٢-چونکہ میٹنگ ملتوی ہو گئی تھی، اس لئے میں نہیں گیا-

٣-چونکہ اس گاؤں میں پرائمری سکول تک موجود نہیں، اس لئے بچوں کو تعلیم حاصل کرنے باہر جانا پڑتا ہے-

٤-چونکہ انگریزی ایک قسم کی بین الاقوامی زبان بن گئی ہے، اس لئے بہت سے ملکوں میں پڑھائی جاتی ہے-

第十七章　语气词（تخصیص）

一、概说

1. 乌尔都语可以用动词的语气、语调来表示说话的口气，也可以用语气词来表示说话的口气。

2. 语气词是一种不起变化的虚词，它本身没有固定的独立意义，只随着它前面的词加重或限制语气，表示说话人对自己说的话所抱的态度。

3. 语气词一般放在它所要影响的词后面，如该词后有后置词，则语气词放在该后置词之后。例如：

这话就是我说的。	میں نے ہی یہ کہا تھا۔
你甚至不知道这个消息。	تم کو تو خبر تک نہ ہوئی۔
别说是学习了，他连书碰都不碰一下。	پڑھنے کا تو ذکر ہی کیا، اس نے تو کتاب کو ہاتھ بھی نہیں لگایا۔

二、语气词分述

1. 表示疑问、反问的语气词用 بھلا، کیا（吗？难道）。بھلا 和 کیا 通常放在句首，但在强调时可以往后挪动。例如：

难道他不是你的老师吗？	کیا وہ تمہارے استاد نہیں؟
难道他和你说了些什么？	انہوں نے تم سے کچھ کہا ہے کیا؟
您明天走吗？	کیا آپ کل جانے والے ہیں؟

难道这也是什么难办的事吗？

بھلا یہ بھی کوئی مشکل کام ہے؟

یہ بھی بھلا کوئی مشکل کام ہے؟

他怎么可能输呢？（难道他会输吗？）

بھلا یہ کیسے ہو سکتا ہے کہ وہ فیل ہو گیا؟

یہ بھلا کیسے ہو سکتا ہے کہ وہ فیل ہو گیا؟

2. 表示强调的语气用 تو（可），بھی（也，连），کیا（不论），ہی。例如：

我可不去。 میں تو نہیں جاؤں گا۔

这可是我的任务。 یہ فرض تو میرے سر پر ہے۔

看吧！ دیکھو تو!

我可早就说过了。 میں نے تو پہلے ہی کہہ دیا تھا۔

他什么也不懂。 وہ کچھ بھی نہیں جانتا۔

他日夜辛劳，但也没取得成功。 دن رات سخت کرنے کے بعد بھی ان کو کامیابی حاصل نہیں ہوئی۔

گاؤں میں کیا ہندو کیا مسلمان کیا سکھ، کوئی ان کا کہنا نہ ٹال سکتا تھا۔

村子里不论是印度教徒、穆斯林，还是锡克教徒，谁也不能不在乎他的话。

这相当好看。 یہ بہت ہی خوبصورت ہے۔

您也从没有问过。 آپ نے کبھی پوچھا ہی نہیں۔

3. 表示“限于……”的语气用ہی（只是，就是），صرف（只有，只是，仅仅），ہی------صرف------（仅限于），تک（连……都……，甚至连……）。例如：

只是我去那儿了。 میں ہی وہاں گیا۔

第十七章　语气词（تخصیص）

巴基斯坦和印度就是产生乌尔都语的本土。	پاک و ہند تو اردو کا اپنا علاقہ ہی ٹھہرا۔
他们感到无限悲愤。	ان کے غم و غصے کی کوئی انتہا ہی نہیں رہی۔
我只有两个兄弟。	میرے صرف دو بھائی ہیں۔
人民，只有人民，才能创造历史。	عوام اور صرف عوام ہی عالمی تاریخ کی تخلیق کرتے ہیں۔
	امن عالم صرف تمام ممالک کے عوام کی جدوجہد کے ذریعے ہی حاصل کیا جا سکتا ہے۔
只有通过全世界人民的努力才能获得世界和平。	
我连想都没想过。	میں نے سوچا تک نہیں۔
甚至连他的名字都没提。	اس کا نام تک نہ لیا۔
连念头都没有过。	خیال تک نہ آیا۔
我根本不认得毛门。	مومن کو میں جانتا تک نہیں۔
他吓得连动都不敢动。	ڈر کے مارے وہ حرکت تک نہ کرتا تھا۔

三、ہی 的特殊用法

1. ہی 可以和一些实词构成新词，以加强语气。例如：

یہی، وہی، اسی، یہیں، وہیں، سبھی، کبھی، ابھی 等。请见例句：

我从未去过那里。	میں وہاں کبھی نہیں گیا۔
就是他给了我巨大的帮助。	یہ وہی آدمی ہے جس نے میری بڑی مدد کی۔
我马上就来。	میں ابھی آتا ہوں۔

2. 两个相同的名词中间可以加 ہی ，用来加强语气。例如：

满街都是水。

سڑکوں پر پانی ہی پانی نظر آنے لگا۔

他说个没完。

وہ باتیں ہی باتیں کرتا رہتا ہے۔

看！外面到处是雾。

باہر دیکھو تو دھند ہی دھند نظر آتی ہے۔

孩子们听了我的话从内心感到高兴。

بچے میری گفتگو سن کر دل ہی دل میں خوش ہوئے۔

练习

翻译下列句子，注意其中语气词的运用：

1. 别说吃饭，那儿连茶也没有。
2. 这些计划是我们俩商量后制定的（تیار کرنا），这样既可以做功课（اسکول کا کام ہونا），又可以娱乐（تفریح ہونا）。
3. 他可谁的话也不听。
4. 早就敲十点钟了。
5. 好啊，我连这件事都不知道。
6. 过一会儿，一个猎人从那条路经过。
7. 虽然我没有车，但我还是准时到了。
8. 难道你连这么简单的事都不懂。
9. 你可把我吓坏了。
10. 您可成了稀客（عید کا چاند ہونا）了。
11. 她至今仍很虚弱。
12. 他早就睡了。
13. 我早就感觉到事情的微妙了。（نزاکت）
14. 难道你从没感觉到太阳的炽热？
15. 我只想知道，您对这件事究竟持什么态度？
16. 你难道只为了告诉这件小事而把我叫来？
17. 那件事情，他连一个字也没问。
18. 她结婚的事我连知道都不知道。

第十八章 感叹词（فجائیہ）

一、概说

1. 表示喜怒哀乐等感情色彩的词叫做感叹词。

2. 感叹词是一种特殊的不变词，它不是实词，也不是虚词。它在意思上与句子有关联，但在结构上，它被当作独立成分看待。

3. 感叹词一般在句首，后面多用惊叹号，语气弱时，也用逗号。

4. 短语或其他词也可借用来表达感情色彩，其例见下面括弧内。

二、常用感叹词（包括专用的与括弧内兼用的）及其所表达的感情色彩

1. 表示欢乐的：

اہاہا!اوہو!اہو!واہ واہ!آہا(بھلا، ٹھیک، اچھا)!اخاہ(بہت خوب)! （啊哈！太好了！太棒了！啊！啊呀！）

例句如下：

啊呀！会有趣的。 واہ واہ!لطف آجائے گا۔

啊哈！我们赢了。 اہاہا!ہم جیت گئے۔

啊哈！多好的天气！ آہا!کتنا سہانا موسم ہے!

啊哈！我们成功了。 اخاہ!ہمیں کامیابی حاصل ہوئی۔

2. 表示赞美的：

شاباش!واہ وا(خوب!سبحان اللہ!ماشاءاللہ)!اخاہ! （太棒了！好极了！太好了！啊哈！啊！嗨！）

例句如下：

好极了！孩子，这正是我们期望于你的。　شاباش، بیٹا! تم سے یہی امید ہے۔

好极了！好闺女就是这样干的。　شاباش! اچھی بیٹیاں یوں ہی کام کرتی ہیں۔

嗨！姑娘把饭做得这样有滋有味的，我们只能说棒极了。　لڑکی کھانے ایسے مزے دار پکاتی تھی کہ بس واہ۔

啊！他干得真漂亮！　واہ وا! اس نے کمال کیا ہے۔

啊！多么好的诗句！　واہ واہ! کیسا عمدہ شعر ہے!

好啊！小偷反过来骂警察了。（反话）　خوب! الٹا چور کو توال کو ڈانٹے۔

太好了！儿子，你考了优秀的成绩，真了不起。　واہ! بیٹا تم نے اول پوزیشن حاصل کر کے کمال کر دکھایا۔

3. 表示惊讶、惊异、满意和高兴地：

ارے! افوہ! آہا! اوہو! اہو! واہ! اف (تعالیٰ اللہ)! ہے ہے! آہا! ہئیں!（哎呀！唷！啊哈！喔唷！咦！哦！嗬！呦！）

例句如下：

哎呀，五点了？　ارے! کیا پانچ بج گئے؟

唷！格马尔，你在打盹？　ارے کمال! تم اونگھ رہے ہو؟

唷！孩子，你把整页都念完了？　آہا لڑکے! تم نے سارا صفحہ پڑھ لیا؟

啊哈！多么奇怪的事！　آہا! کیسی عجیب بات ہے۔

咦！您在生气？　افوہ اوہ! آپ تو خفا ہو رہی ہیں؟

哦！这所有的东西都得由我吃下去？　اوہو! یہ سب کھانا مجھے کھانا پڑے گا؟

喔唷！您可讲了个大新闻。　اوہو، یہ تو آپ نے بہت بڑی خبر سنائی ہے۔

喔唷！大的输了，小的赢了。　اوہو! بڑا ہار گیا، چھوٹا جیت گیا۔

呦！你怎么来了？　　ہے ہے ! تم کیسے آئے ہو؟

افوہ- نیند کی وجہ سے تمہاری آنکھیں سرخ ہو رہی ہیں -جاؤ! جلدی سو جاؤ!

喔唷，困得眼都红了，去吧！快去睡吧！

4. 表示悲伤的：ہائے، وائے، آہ، اف(افسوس)（唉！哦！）例如：

唉！我的大拇指割了。　　ہائے! کٹ گیا میرا انگوٹھا-

唉！血流成注了。　　ہائے ہائے! تللی بندھی ہے خون کی-

哦，阿兹姆，这不是开玩笑的时候。　　اف! یہ مذاق کا وقت نہیں اعظم-

唉，那四年啊，真不是好过。　　اف ،وہ چار سال! ہم پر ایک قیامت ٹوٹ پڑی-

5. 表示不满、厌恶或憎恨的：چھی چھی! چھی! تھو! اونہہ ہوں!（哼！啧啧！喂！噢！嗯！嚯！嗨！）例如：

啧啧，这个人多么坏！　　چھی چھی! یہ کیسا خراب آدمی ہے-

嚯！他这是做的什么事？　　اونہ (اونہہ)! اس نے یہ کیا کیا؟

哼！我一闭上眼睛，你就抽烟。　　اونہہ ہوں - جب میں آنکھیں بند کرتی ہوں ،اور تم کش لیتے ہو-

嗨！在这种声音里我睡不着。　　اونہہ ہوں - میں اس آواز میں سو نہیں سکتی-

6. 表示警告的：ہیں ہیں! ہوں(خبردار، دیکھو، سنو)!（嗨！唉！）

例如：

嗨，发生了什么事？你去哪儿？　　ہیں ہیں! کیا ہوا؟ کہاں چلی؟

当心触电！　　خبردار! بجلی ہے-

要是（发现）有一处污渍，那就当心点！　　خبردار! جو ایک داغ بھی باقی رہا-

7. 表示求救的：

真主保佑我！真主救救我！ الامان!(معاذاللہ)

例如：

太热了，真主保佑！ اتنی شدت کی گرمی پڑرہی کہ الامان!

行，我马上去看。 اچھا، ابھی دیکھ لیتا ہوں۔

恩，幸运得很，通过了。 جی، خیریت ہی رہی، پاس ہو گیا۔

8. 表示打招呼的：اے （哎！喂！）例如：

喂，孩子们！ اے، بچو!

9. 表示遗憾的：اوہ، اوہ جی （唉！嗳！哦！）例如：

اوہ ۰۰۰۰۰۰ سردار جی زندہ ہوتے تو انہیں یہ سن کر بہت دکھ ہوتا۔

唉！如果赛尔达尔还活着，他听了这话一定会很痛苦。

''اوہ''! ائیر ہوسٹس نے ایک لفظ میں نہ جانے افسوس کا اظہار کیا یا تعجب کا۔

“哦”！不知道空姐在这个“哦”字里是表示遗憾还是惊讶。

10. 表示满不在乎的：اوہ، اوہ جی （哼！嗯！）例如：

哼，看看吧！将来会发生什么事。 اوہ جی! دیکھیں گے، کیا ہو گا۔

11. 表示呻吟和疼痛的：اونہ! افوہ! اف! ہا، ہو! （嗨！嘿！唉！哎呦！啊！）例如：

哎呦！太痛了！ 我快受不了了。 اونہ! بہت درد ہو رہا ہے مجھ سے صبر نہیں کیا جا رہا ہے۔

12. 表示女人在惊、怕、疼痛、发嗲的习惯叫声：اوئی، اوی، ووی （噢唷）例如：

噢唷！吓着我了。 اوئی! مجھے ڈرایا گیا ہے۔

13. 表示了解和醒悟的：آہا، اوہ （哦！噢！），例如：

哦，原来是你。　　آہا!آپ ہی ہیں۔

噢！你是这样想的。　　آہا! آپ نے ایسا سوچا تھا۔

哦！我懂了。　　آہا(اوہ)!میں سمجھ گیا ہوں۔

此外还有ارے، رے، اری، اے، ابے، اجی، ارے او، ابے او، او، لو，它们一般用于不客气的场合中，如上对下或在愤怒或责备人时用。其中اری 用来招呼妇女，اجی 用来招呼男人。

请见例句：

哎，壁橱里有烟叶？这是放烟叶的地方吗？　　اے، طاق میں تمباکو؟ یہ جگہ ہوتی ہے تمباکو رکھنے کی؟

哦！孩子，到这边来一下！　　ابے او بچے، ذرا ادھر آ !

喂，停一下！让我想想看。　　اجی رکو، سوچ تو لینے دو!

喂，艾哈迈德！咦，跑哪儿去了？　　او احمد!ارے، کہاں بھاگ گیا؟

喂，你开玩笑时说过那种话？真是个疯子！　　اری، وہ بات تو تم نے مذاق میں کہی تھی؟ پاگل کہیں کی۔

老师在房门前呼唤：“苏金！喂苏金！”　　استاد گھر کے باہر آواز دیتا ہے:"سجن او سجن!"

三、一些带有宗教色彩的短语作感叹词用

乌尔都语常用一批带伊斯兰教色彩的短语来表达感情色彩。现将其意义及用法简述如下：

1. ماشاالله——ما 是“东西”，شا 是“要”，即“真主所需要的”。

在赞美一个人事情做得好，如“这样做很好”时用。

2. سبحان الله——سبحان是“圣洁”之意，即“真主是圣洁的”。在赞扬一个人好或说一个东西好用时，比如“这个人很了不起”时就可用这个短语代替。

3. بارک الله——بارک是“祝贺”之意，在祝贺别人的成就或喜事时用。当见到别人穿了件

新衣服或别人刚理了发时也可以开玩笑的口吻说这个短语。

4. تعالی اللہ——تعالی 是"崇高的"之意,即"崇高的真主"。它有两个用法:一是作名词用;一是作感叹词用,表示惊讶的语气,如说"天呵,真了不起!"时就联系到"造物主伟大",这时就用这一短语。

5. معاذ اللہ——معاذ 是"隐藏"之意,即"真主庇护我!"伊斯兰教徒在求真主保佑、呼救时用。

6. یا اللہ——天哪!真主啊!表示惊异的语气时用。例如:

天哪!现在又丢了什么? یا اللہ اب کیا کھو دیا؟

7. انشاءاللہ——ان 是"如果"之意,شا 是"要"之意,即"如果真主需要的话"(即但愿如此)。

例如:甲问:آپ کل آئیے گا۔ 请您明天来!

乙答:انشاءاللہ۔ 我也希望如此。

这样的回答比较灵活,即留有后路。

第二篇
句　法
（نحو）

第十九章　句子的成分（جملے کے اجزا）

一、概说

1. 句子的主要成分是主语和谓语，它们通常是句中不可缺少的部分。例如：

我来了。　　　　　　　　　　　　　　　　　　　میں　آیا۔
　　　　　　　　　　　　　　　　　　　　　　主语　谓语

他走了。　　　　　　　　　　　　　　　　　　　وہ　گیا۔
　　　　　　　　　　　　　　　　　　　　　　主语　谓语

2. 句子的次要成分是宾语、表语、定语、状语。它们用来说明、补充或修饰句中的主要成分或其他次要成分。例如：

老师将给我们发奖品。　　　　　　　　استاد ہمیں　انعام　دیں گے۔
　　　　　　　　　　　　　　　　　　　　　　宾语　宾语

我们的邻居很善良。　　　　　　　ہمارا　پڑوسی بہت　نیک ہے۔
　　　　　　　　　　　　　　　定语　　状语　　表语

3. 其他句子成分有同位语、概括语等。

二、主语

1. 主语是说话人所叙述的主体。它在主动句中一般表现为动作的发出者，在被动句中则表现为动作的承受者。主语的位置一般在句首。例如：

我在用功。　　　　　　　　　　　　　میں محنت کر رہا ہوں۔

米饭吃完了。　　　　　　　　　　　　چاول کھایا گیا۔

主语一般回答问题 کون（谁）？ کیا（什么）？

例如：

谁在用功？我。 کون محنت کر رہا ہے؟ میں۔

把什么吃完了？米饭。 کیا کھایا گیا؟ چاول۔

2. 主语的表示方法：

（1）最常用来做主语的是不带后置词的（نے 除外）名词或代词。例如：

他们面临许多困难。 وہ لوگ بہت دشوار حالت سے دوچار ہیں۔

他决心参军。 اس نے فوج میں بھرتی ہونے کا ارادہ کیا۔

我们支持他的建议。 ہم ان کی تجویز کی حمایت کرتے ہیں۔

（2）带有名词性质的其他词可以作主语用。

 a. 名词性的形容词。例如：

  这个可怜的人生病了。 یہ بے چارا بیمار ہو گیا۔

  说话的人是谁？ بولنے والا کون ہے؟

 b. 数词。例如：

  两个在那里，四个在这里。 دو وہاں ہیں چار یہاں۔

  两个人异口同声地说："这件事太好了。" دونوں یک زبان ہو کر بولے:"یہ بڑی اچھی بات ہے۔"

  二比四少。 چار سے دو کم ہوتا ہے۔

 c. 动名词。例如：

  为人民服务是我们的义务。 عوام کی خدمت کرنا ہمارا فرض ہے۔

  写作比阅读难。 لکھنا پڑھنے سے مشکل ہے۔

第十九章　句子的成份（جملے کے اجزا）

（3）带有引号的其他任何词都可以做主语，这时它们已经名词化了。例如：

在这里 سے 与 کو 不一样。　　"سے" یہاں "کو" کے برابر نہیں ہے۔

" واہ " 不是形容词。　　"واہ" صفت نہیں ہے۔

（4）名词性词组作主语。例如：

巴基斯坦代表团的到来是件很重要的事。　　پاکستانی وفد کا یہاں آنا ایک اہم بات ہے۔

路上人山人海。　　راستے میں آدمی ہی آدمی دکھائی دیتا ہے۔

所有的人都是学生。　　سب کے سب طلبا ہیں۔

做好工作是我们的责任。　　اچھی طرح کام کرنا ہمارا فرض ہے۔

（5）从句作主语。（一般用 کہ 带出从句，从句代表主句中 یہ 的内容）例如：

我们的工作何时开始尚未决定。　　یہ طے نہیں ہوا کہ ہمارا کام کب شروع ہوگا۔

他们消除了误会是件好事。　　یہ اچھی بات ہے کہ ان کی غلط فہمی دور ہوگئی۔

三、谓语

1. 谓语是关于主语的叙述，即它被用来说明主语的动作或状态。因此，广义地讲，句子中除主语外，其他都是谓语的组成部分。谓语的主要部分是谓语动词。谓语的位置一般在主语之后。谓语一般回答问题：

做什么？　　کیا کرتا ہے؟

是谁？　　کون ہے؟

是什么？　　کیا ہے؟

是怎么样的？　　کیسا ہے؟

例如：

我们反对那件事。 ہم اس بات کی مخالفت کرتے ہیں۔

他们都是巴基斯坦青年。 وہ سب پاکستانی نوجوان ہیں۔

保卫祖国是我们的神圣职责。 مادر وطن کی حفاظت کرنا ہمارا مقدس فرض ہے۔

中国人民是很勤劳和勇敢的。 چینی عوام بہت محنتی اور بہادر ہیں۔

2. 谓语的表示方法：

    （1）动词作谓语用。例如：

        我来了。 میں آتا ہوں۔

        他能读。 وہ پڑھ سکتا ہے۔

    （2）名词或代词、形容词、数词与不完全动词构成合成谓语，这种谓语是动表结构。

        例如：

        我是学生。 میں طالب علم ہوں۔

        那就是我。 وہ میں ہی ہوں۔

        他很进步。 وہ ترقی پسند ہے۔

        四加四等于八。 چار اور چار آٹھ ہوتے ہیں۔

    （3）动宾结构的宾语主要由名词或代词充任。例如：

        阿里在写信。 علی خط لکھ رہا ہے۔

        他给我送了礼物。 انہوں نے مجھے تحفہ دیا۔

3. 谓语的省略：

谓语在以下情况时可以省略：

    （1）在省略后很容易知道谓语是什么。例如：

一个名叫艾哈迈德，另一个名叫穆罕默德。 ایک کا نام احمد، دوسرے کا نام محمد۔

（2）在作比较时往往省略谓语。例如：

打扮得像新媳妇一样。 ایسی بنی سنوری جیسی دلہن۔

（3）在否定句的谓语中省去 ہونا 的现在时综合式形式。例如：

他什么也没听说。 اسے کچھ خبر نہیں۔

我不知道。 میں نہیں جانتا۔

（4）在谚语中常省略谓语。例如：

对谁都是一样。 آج ہمارے لئے کل تمہارے لئے۔

名不副实。 نام بڑا درشن چھوٹا۔

四、宾语

1. 宾语表示行为的对象，也就是动作的承受者。因此及物动词必须带宾语，宾语放在及物动词之前。宾语一般回答问题：کس کو（把谁）？例如：

纳迪姆把小偷打了。 ندیم نے چور کو مارا۔

西迪基给我寄了封信。 صدیقی نے مجھے ایک خط بھیجا۔

我写了一篇文章。 میں نے ایک مضمون لکھا۔

2. 直接宾语和间接宾语：

如果一个句子中动作所涉及的对象有两个，指人的宾语叫间接宾语，后面要加后置词；指物的宾语是直接宾语，其后一般不加后置词。例如：

我给了赛义德一本书。 میں نے سید کو ایک کتاب دی۔

3. 宾语的表示方法：

（1）名词或代词作宾语。例如：

我教过他印地语。 میں نے اس کو ہندی پڑھائی۔

（2）带有名词性质的其他词作宾语。

    a. 名词性的形容词。例如：

    我兄弟救了那个可怜的人。 میرے بھائی نے اس بے چارے کو بچایا۔

    b. 数词。例如：

    他请四个人吃饭。 اس نے چاروں کو کھلایا۔

    c. 动名词。例如：

    他不重视锻炼身体。 وہ کسرت کرنے کو نظر انداز کرتا ہے۔

    他将教你种庄稼。 وہ تمہیں کاشت کرنا سکھائیں گے۔

（3）词组作宾语。例如：

工人正建造坚固的高楼。 مزدور اونچی اونچی اور مضبوط مضبوط عمارتیں بنا رہے ہیں۔

（4）从句作宾语。例如：

我们早说过他不会再来了。 ہم نے یہ کہا تھا کہ وہ پھر نہیں آئیں گے۔

4. 同系宾语：

有些不及物动词前面可以有一个意义相同的宾语，这宾语与该动词同根，称为同系宾语。用同系宾语时有关动词就及物化了。例如：

在那场战争中他打过几次仗。 اس جنگ میں وہ کئی لڑائیاں لڑتے تھے۔

男孩子们在玩捉小偷的游戏。 لڑکے چور کو پکڑنے کا کھیل کھیل رہے ہیں۔

他尴尬地笑笑说："这是怎么回事？" اس نے کھسیانی ہنسی ہنس کر کہا: "یہ کیا بات ہے؟"

5. 复合宾语：

乌尔都语有些及物动词，除了要有一个直接宾语之外，还要加上宾语补足语，句子的意义才算完整。宾语和宾语补足语一起构成复合宾语。例如：

我们把他们当做朋友。 ہم ان کو اپنا دوست سمجھتے ہیں۔

我叫黎明。 مجھے لی مینگ کہتے ہیں۔

五、表语

1. 谓语动词如果是不完全动词，那它前面还有一个表语，表语的作用一方面补足不完全动词的意义，一方面说明主语的身份、特征和状态。表语在句中回答问题：کون ہے؟（是谁？），کیسا ہے؟（是怎样的？）例如：

他是个工人。 وہ ایک مزدور ہے۔

他看上去相当高兴。 وہ کافی خوش معلوم ہوتا ہے۔

2. 表语的表现方法：

（1）用名词或代词。例如：

他成为一个劳动模范。 وہ ایک مثالی مزدور بن گئے۔

那个姑娘就是我。 وہ لڑکی میں ہی ہوں۔

（2）用形容词。例如：

前途是光明的，道路是曲折的。 مستقبل روشن ہے، راستہ پر پیچ ہے۔

天空晴朗。 آسمان روشن ہے۔

花是红的。 پھول سرخ ہے۔

你好吗？ کہیئے مزاج تو اچھے ہیں؟

红光在黑夜中显得格外吸引人。 سرخ روشنی رات کی تاریکی میں بڑی دلکش دکھائی دیتی ہے۔

（3）用带有名词、形容词性质的其他词或词组。例如：

我九岁，他十四岁。 میری عمر نو سال تھی وہ چودہ سال کے تھے۔

他们坐在我的房间里。 وہ میرے کمرے میں بیٹھے ہوئے ہیں۔

中国和巴基斯坦的友谊是持久的。 چین اور پاکستان کی دوستی دائمی نوعیت کی ہے۔

那个人是卖报的。 وہ آدمی اخبار بیچنے والا ہے۔

我们的目的是实现这一梦想。 ہمارا مقصد اس خواب کو حقیقت بنانا ہے۔

（4）用从句。例如：

我的意见是我们去帮助他。 میری رائے یہ ہے کہ ہم ان کی مدد کریں۔

میری تجویز یہ ہے کہ آپ کل یہاں آ کر ہمارے ساتھ جسمانی محنت کریں۔

我建议您明天来这里和我们一起劳动。

六、定语

1. 定语是用来修饰、限制、说明名词的，被修饰成分叫作中心语。定语一般放在中心语之前，两者之间的关系大致如下：

（1）描写关系： خوبصورت کپڑا، موٹی لڑکی

（2）限制关系： کھانے کی چیز، اشتراکی تعمیر، موجودہ صورت حال

（3）领属关系： میری کتاب، اس کا بھائی

定语在句中回答问题：کیسا؟（怎样的？）کس کا؟（谁的？）کتنا؟（多少？）کون سا؟（哪一个？）。例如：

这是个机灵的孩子。 یہ ہوشیار لڑکا ہے۔

这是您的本子。 یہ آپ کی کاپی ہے۔

第十九章　句子的成份（جملے کے اجزا）311

五个学生来了。　　پانچ طلبا آئے ہیں۔

愚公移山。　　بے وقوف بوڑھے نے پہاڑوں کو ہٹا دیا۔

2. 定语的表示方法：

（1）形容词作定语。例如：

这是红旗。　　یہ لال جھنڈا ہے ۔

中国和巴基斯坦人民是亲密的朋友。　　چینی اور پاکستانی عوام قریبی دوست ہیں۔

（2）数词作定语。例如：

我有三个好朋友。　　میرے تین پکے دوست ہیں۔

他两小时以后回来。　　وہ دو گھنٹے کے بعد واپس آئے گا۔

（3）带 کا（或 کے، کی）的名词、代词、动名词作定语。例如：

我听了他的故事很感动。　　اس کی کہانی سن کر میں بہت متاثر ہوا۔

他的计划很好。　　اس کا منصوبہ بہت اچھا ہے۔

这是饭厅。　　یہ کھانے کا ہال ہے۔

他家乡的土地是平坦的，土是坚硬的。　　ان کے آبائی وطن کی زمین ہموار اور سخت ہے۔

（4）形容词性的分词作定语。例如：

拉姆带着哭腔说。　　رام نے روتی آواز میں کہا۔

走时他问你什么了？　　جاتے وقت اس نے تم سے کیا پوچھا؟

拉齐雅穿上自已亲手缝制的衬衣。　　رضیہ نے اپنے ہاتھ کا سلا ہوا بلاوز پہنا۔

（5）从句作定语。例如：

وہاں کے مزدوروں کو ابھی تک وہ بنیادی حقوق حاصل نہیں ہوئے جو ہمارے مزدوروں کو حاصل ہیں۔

那里的工人至今还没有获得我们的工人已经获得的权利。

（6）以 والا 结尾的词组作定语。例如：

我们热爱五星红旗。 ہمیں پانچ ستاروں والا سرخ پرچم بہت پسند ہے۔

他把草药给了我。 انہوں نے مجھے دوائی کے طور پر استعمال ہونے والی جڑی بوٹیاں دے دیں۔

（7）指示代词作定语。例如：

这件工作将很快完成。 یہ کام جلدی پورا ہو گا۔

那个故事是很有益的。 وہ کہانی بہت مفید ثابت ہوئی۔

3. 在一些习惯用法中，作定语的名词后可不加后置词 کا（或کی، کے）。例如：موٹر کار، کارخانہ، پارٹی کمیٹی، دیوار تصویر

4. 定语的层次：

一个中心语前面如果有几个修饰成分，那么它们与中心语的关系有两类：

（1）定语是由几个并列成分组成的联合结构，它作为一个整体修饰中心语。例如：

勤劳而勇敢的人民 محنتی اور بہادر عوام

宽敞而明亮的屋子 بڑا اور روشن کمرا

（2）定语所修饰的中心语不是一个单词，而是一个包含着其他修饰词的词组。例如：

伟大的中国人民 عظیم چینی عوام

艰巨的革命斗争 سخت انقلابی جدوجہد

七、状语

1. 状语用来修饰动词、形容词以及副词，它说明地点、时间、原因、目的、程度、行为方式等。它回答问题：（怎样？）کس طرح؟（何处？）کہاں؟（何时？）کب؟（什么目的？）کس لئے؟（什么程度？）کس قدر؟（什么原因？）کیوں؟

例如：

我们勤奋地学习乌尔都语。　　　　　　　ہم محنت سے اردو پڑھتے ہیں۔

所有的人都为社会主义建设而出力。　　سب لوگ اشتراکی تعمیر کے لئے محنت کر رہے ہیں۔

这事太好了。　　　　　　　　　　　　یہ بڑی اچھی بات ہے۔

他飞快地跑着。　　　　　　　　　　　وہ بہت جلدی جلدی دوڑ رہا ہے۔

2. 状语的表现方法：

（1）副词用作状语。例如：

他突然钻进去。　　　　　　　　　　　وہ اچانک اندر گھس گیا۔

我马上来。　　　　　　　　　　　　　میں فوراً آتا ہوں۔

（2）形容词用作状语。例如：

他正在长篇大论的发表演说。　　　　　وہ خوب تقریر کر رہے ہیں۔

中国和巴基斯坦有着悠久的友谊。　　　چین اور پاکستان کی دوستی بہت پرانی ہے۔

他唱得很好。　　　　　　　　　　　　وہ اچھا گاتا ہے۔

（3）名词用作状语。例如：

明天我们进城。　　　　　　　　　　　کل ہم شہر جائیں گے۔

中国有五千年悠久的历史。　　　　　　چین کی تاریخ پانچ ہزار سال پرانی ہے۔

（4）分词用作状语。例如：

他拿了奖品走了。 وہ انعام لے کر چلا گیا۔

约瑟夫跑回了家。 یوسف بھاگتے بھاگتے گھر پہنچا۔

（5）动词不定式用作状语。例如：

他去工作了。 وہ کام کرنے گئے۔

我来寻求帮助。 میں مدد لینے آیا ہوں۔

（6）带有后置词的动名词作状语。例如：

锻炼身体有益于健康。 کسرت کرنے سے صحت کو بہت فائدہ ہوگا۔

他来这里会见您。 آپ سے ملنے کے لئے وہ یہاں آئے ہیں۔

（7）后置词短语用作状语。例如：

ہم اپنے ملک کی صنعتی اور زرعی ترقی سے بہت خوش ہوئے ہیں۔

我们为祖国的工农业发展而感到高兴。

他高兴地鼓掌。 اس نے خوشی سے تالیاں بجائیں۔

你也和他一起唱歌吗？ کیا تم بھی ان کے ساتھ گاؤ گے؟

他坐在艾哈迈德的后面。 وہ احمد کے پیچھے بیٹھے ہیں۔

（8）从句用作状语。例如：

我有空时和你一起去。 جب مجھے فرصت ہو تو تمہارے ساتھ جاؤں گا۔

3. 状语的种类：

状语按意义可分为地点状语、时间状语、原因状语、目的状语、程度状语、行为状语、方式状语等。例如：

（1）地点状语

发展的氛围遍及城乡各地。 ترقی کا ماحول گاؤں گاؤں شہر شہر میں پھیلا ہوا ہے۔

在我们面前的是壮丽的天安门。

ہمارے سامنے شاندار تھین آن من ہے۔

（2）时间状语

他从早到晚读着。

صبح سے شام تک وہ پڑھتا رہا۔

他一生勤奋地工作。

وہ عمر بھر جفاکشی سے کام کرتے رہے۔

（3）原因状语

他今天生病没来。

بیمار پڑنے سے آج وہ نہیں آئے۔

您的帮助使我不断进步。

آپ کی مدد سے میں ترقی کر رہا ہوں۔

（4）目的状语

我为祖国学习。

میں مادر وطن کے لئے پڑھتا ہوں۔

他来北京参加全国人民代表大会。

قومی عوامی کانگرس میں حصہ لینے کے لئے وہ بیجنگ آئے ہیں۔

（5）程度状语

他大笑。

وہ بہت ہنستا ہے۔

我们彻底消灭了敌人。

ہم نے دشمنوں کا مکمل طور پر صفایا کر دیا ہے۔

她一点也不关心我。

وہ ذرہ برابر بھی میرا خیال نہیں کرتی۔

（6）行为方式状语

他悄悄地钻进来。

وہ چپکے چپکے اندر گھس آیا۔

请大声说。

زور سے بولئے!

4. 状语的层次：

（1）状语本身是联合结构。例如：

他兴致勃勃、热情洋溢地朗诵着诗歌。

وہ شوق سے اور پورے جذبے کے ساتھ نظم سنا رہے ہیں۔

他默默而又迅速地工作。

وہ خاموشی سے مگر جلدی جلدی کام کرتا ہے۔

（2）状语本身有修饰语

我们快速地搞建设。

ہم کافی تیز رفتاری سے تعمیر کر رہے ہیں۔

他乌尔都语读（学）得更好。

وہ زیادہ اچھی طرح اردو پڑھتا ہے۔

5. 各种形式的状语举例：

现在我们要空手回家。

اب ہم خالی ہاتھ گھر جائیں گے۔

一只豹子悄悄地来了。

کوئی چیتا دبے پاؤں آ رہا ہے۔

他的呼吸急促起来。

اس کا سانس تیز تیز چلنے لگا۔

他带着所有的同伴退出大厅。

وہ سارے ساتھیوں کو الٹے قدموں ہال سے باہر لائے۔

你得在前面空地上连夜盖出一座房子来！

سامنے جو میدان ہے، اس میں راتوں رات ایک مکان تیار کرو!

有一个人开始大声尖叫起来。

ایک آدمی نے بآواز بلند چیخنا شروع کیا۔

怎么也安宁不了。

کسی طرح چین نہ آتا۔

他唱得最响。

وہ سب سے اونچا گانے لگا۔

我尽力劝说他，但毫无效果。

میں نے اسے لاکھ سمجھایا بجھایا، مگر کوئی اثر نہ پڑا۔

她可能就在这附近。

وہ یہیں کہیں ہو گی۔

八、其他句子成分

1. 同位语：

它是名词或代词后面的成分，对它前面的名词或代词作补充说明或注解。前面的成分叫本位语，后面的成分叫同位语。它们指的是相同的东西，所以地位相等。从语法结构上来看，它们联合起来作句子的一个成分用。有时在位置上还可以互相倒换。本位语和同位语之间可有逗号或破折号把它们分开。例如：

ہم، بیجنگ یونیورسٹی کے طلبا اپنی حکومت کے اس اعلان کی پوری طور پر حمایت کرتے ہیں۔

我们，北京大学的学生完全支持政府的这个声明。

我的朋友——人民日报的编辑今天来过这里。 میرے دوست، عوامی روز نامہ کے ایڈیٹر آج یہاں آئے تھے۔

两个青年——王刚和李良正朝这边走来。 وانگ کانگ اور لی لیان ادھر آرہے ہیں۔ ——دو نوجوان

2. 概括语：

概括语概括前面或后面所列举的同等成分。它可以用一个词来表示，也可以用一个词组来表示。例如：

میدان میں طرح طرح کے آدمی — مزدور، کسان، طلبا، استاد، کلرک جمع ہوئے ہیں۔

广场上聚集着各种人——有工人、农民、学生、教员和职员。

梨、苹果、葡萄和西瓜我都喜欢。 مجھے ناشپاتی، سیب، انگور، تربوز سبھی پسند ہے۔

3. 主语补足语：

它用来补充主语的情况。例如：

船停泊在指定地点等待着。 جہاز ٹھیک مقامات پر منتظر کھڑے تھے۔

他光着身子坐在卧榻上。 وہ تخت پر ننگا بیٹھا ہے۔

4. 宾语补足语：

它用来补充说明宾语的情况。例如：

爸爸见他不高兴，便劝慰他。 ابو نے اسے رنجیدہ دیکھا تو دلاسا دیا۔

我们从来没见他灰心过。 ہم نے کبھی اسے مایوس نہیں دیکھا۔

5. 表语补足语：

它用来补充说明表语的情况。例如：

我大哥比我大五岁。 میرے بھائی صاحب مجھ سے پانچ سال بڑے تھے۔

九、和句子成分无语法关系的词和插入句

在句子里除了主要成分和次要成分之外，还可以有一些在语法上和句子不相关联的词或句，它们是呼语、插入语、插入句。现分别说明如下：

1. 呼语：

呼语表示对听话人的称呼或叫唤，使他注意说话人所说的话。它不是句中成分。例如：

孩子，有你的汇款。 بیٹے، تمہارے روپے آئے ہیں۔

儿子，你来这里！ بیٹا، تو یہاں آجا!

伙伴们，我要在你们面前讲话。 ساتھیو! میں تم لوگوں کے سامنے تقریر کروں گا۔

在呼语前可以加上定语，组成扩展呼语。例如：

全世界爱好和平的人们，团结起来！ دنیا بھر کے امن پسندو ! متحد ہو جاؤ!

亲爱的孩子们，你们已听过这个民间故事了吧。 پیارے بچو! تم لوگوں نے یہ لوک کہانی سنی ہو گی۔

呼语的词形变化：

呼语有词形变化，其规则如下：

单数时以 ا 和 ہ 结尾的名词变 ا 和 ہ 为 ے，如 بچے! بیٹے! 但也可以不变。不以 ا 和 ہ 结尾的名词词形不变，如 بچی! بیٹی!；复数时以 ا 和 ہ 结尾的名词变为 و，如 بچو! 不以 ا 和 ہ 结尾的名词后加 و，如 ساتھیو! سپاہیو!

2. 插入语（句）：

原来完整的句子结构被打断，插入一个词、词组或句子，叫插入语（句）。从句子结构来看，它可有可无，但从意义上来看，有了它可使意思更精确。它表示说话人对所说的话采取的态度或补充说明。插入句一般都用括号或其它句中成分隔开。例如：

他说的话无疑是对的。 بے شک ان کا کہنا ٹھیک ہے۔

اول تو میں باہر جا نہیں سکتا، دوسرے میں باہر جانا بھی نہیں چاہتا۔

首先我不能出去，其次我也不愿出去。

میرے خیال میں ہمیں یہ کام پورا کرنا چاہیئے۔

我认为我们应该完成这件工作。

اُس وقت یانگ صاحب بیمار تھے (اب ان کی طبعیت اچھی ہو گئی)، پھر بھی وہ کتاب برابر لکھتے رہتے تھے۔

那时杨先生在生病（现在他身体好了），然而他一直坚持写作。

سب لوگوں نے لی صاحب اور وانگ صاحب کو (وہ دونوں اساتذہ ہیں) چنا۔

所有的人选举了李先生和王先生（他们两个都是教师）。

第二十章 一致关系（مطابقت）

句中各成分之间在性、数、人称上的一致关系可分为三类：即主语与谓语一致，宾语与谓语一致，定语与中心语一致。现分别说明如下：

一、主语与谓语一致

1. 谓语动词在通常情况下，即主语后不带 نے 时，在性、数、人称上与主语一致。例如：

我是学生。 میں طالب علم ہوں۔

那个女孩子在听故事。 وہ لڑکی کہانی سن رہی ہے۔

中国人民过着幸福的生活。 چینی عوام خوش حال زندگی بسر کرتے ہیں۔

2. 为了对某人表示尊敬，主语虽是单数，但谓语用复数。例如：

奶奶什么时候来？ دادی اماں کب آئیں گی؟

总理正在演讲。 وزیرِ اعظم تقریر کر رہے تھے۔

是哪位先生？ کون صاحب ہیں؟

妈妈不和我们说话，整天在缝制衣服。 امی جان ہم سے باتیں نہیں کرتیں، سارا دن کپڑے سیتی رہتی ہیں۔

3. 如果主语是代词而且包括阴阳两性，则谓语用阳性复数。例如：

رادھا نے اپنے بھائی سے کہا: "ہم یہاں کسرت کر سکتے ہیں۔"

拉塔对兄弟说："我们可以在这里锻炼身体。"

如果代词 ہم 代表阴性，谓语仍用阳性复数。例如：

第二十章　一致关系（مطابقت）

تم اچھی ہو جاؤ گی، پھر ہم دونوں ساتھ رہیں گے۔

你会好起来的，以后我们俩（指两个女性）住在一起。

有时在口语中也可以用 ہم 代表一个女性。例如：

（娜菲斯说：）告诉他们：我头痛，我躺着呢。好吧，你说我这就去。

(نفیس نے کہا:) بھئی کہہ دو: ہمارے سر میں درد ہے۔ ہم لیٹے ہیں۔ اچھا، کہو! آتے ہیں۔

4. 如主语是两个或两个以上的同性的生物名词，而又用 اور 相连时，则谓语用复数。例如：

有个村子里住着一个老头儿和他的儿子。　کسی گاؤں میں ایک بوڑھا اور اس کا لڑکا رہتے تھے۔

母牛、山羊和绵羊在这片森林里吃草。　اس جنگل میں گائے، بکری اور بھینس چرتی ہیں۔

如果主语是用 اور 相连的异性生物名词时，则谓语用阳性复数。例如：

艾哈迈德和赛伊达走了。　احمد اور سعیدہ چلے گئے۔

5. 如主语是两个或两个以上的同性的非生物名词，并用 اور 相连时，则谓语用单数。例如：

听了我的话他又难过又惊讶。　میری باتیں سن کر اس کو دکھ اور تعجب ہوا۔

这一来胆怯和懦弱都消除了。　اس سے بزدلی اور کم ہمتی ختم ہوتی ہے۔

6. 如果句中的几个非生物名词的主语性数不同时，则谓语随最后一个主语变化。例如：

人有两只耳朵、两只眼睛和一张嘴。　آدمی کے دو کان، دو آنکھیں اور ایک منہ ہے۔

7. 如主语是几个不同人称的代词，则谓语用复数。例如：

我们和你们去过那里。　ہم تم وہاں گئے تھے۔

他和我迷路了。　وہ اور میں راستہ بھول گئے۔

8. 几个性数不同的主语用选择连词 یا 连接时,谓语与最后一个主语的性数一致。例如:

明天是您还是您的姐姐进城? کل آپ یا آپ کی بڑی بہن شہر جائیں گی؟

我的妹妹或她的儿子一定会来的。 میری بہن یا ان کا لڑکا ضرور آئے گا۔

今天商店里将出售桔子还是梨? آج دکان میں سنترا یا ناشپاتی بکے گی؟

9. 如主语后有带 کے ساتھ 的后置词短语时,谓语与主语的性数一致。例如:

我和朋友一起参了军。 میں اپنے دوست کے ساتھ فوج میں بھرتی ہو گیا۔

他和其他人一起在完成这件工作。 وہ دوسرے لوگوں کے ساتھ یہ کام پورا کر رہا ہے۔

10. 主语与表语的性、数、人称如不一致时,则不完全动词通常随主语变化。例如:

我祖父70岁。 میرے دادا کی عمر ستر سال ہے۔

11. 如表语为人称代词时,不完全动词一般与表语的性、数、人称一致。例如:

你要对这件事负责。 اس بات کے ذمہ دار تم ہی ہو۔

这就是我。 یہ میں ہی ہوں۔

12. 有时主语的两个名词为异性,不用连词而结为一体,这时谓语便用阳性复数。例如:

夫妻俩愉快地过日子。 میاں بیوی خوشی سے زندگی بسر کرتے ہیں۔

纳希尔的父母已经去世。 ناصر کے ماں باپ مر چکے تھے۔

日子过得快乐。 دن رات خوشی سے گزر رہے ہیں۔

他家里有妻子儿女。 اس کے گھر میں بیوی تھیں، لڑکے لڑکیاں تھے۔

主语的两个名词为同性,但并不用连词而结为一体时,谓语用复数。例如:

父子俩在同一个班里学习。 باپ بیٹا ایک ہی جماعت میں پڑھ رہے ہیں۔

母女俩在同一所医院里工作。　ماں بیٹی ایک ہی ہسپتال میں کام کرتی ہیں۔

13. 如果主语是两个名词，而其后有 دونوں 或دونوں کے دونوں，则谓语用阳性复数。如两个做主语的名词都是阴性时，谓语用阴性复数。例如：

母子俩都走了。　ماں اور بچّہ دونوں چلے گئے۔

母子俩全走了。　ماں اور بیٹا دونوں کے دونوں چلے گئے۔

母女俩都走了。　ماں اور بیٹی دونوں چلی گئیں۔

14. 如主语是两个或两个以上的名词，而它们后面有سب کچھ相连，则谓语用阳性单数。例如：

农民阿南德的物品，包括牛、房子全都卖掉了。　کسان آنند کا مال و اسباب، بیل، مکان سب کچھ بک گیا۔

二、宾语与谓语一致

1. 在主语后用نے时，而宾语后无后置词的情况下，宾语与谓语的性数一致。例如：

你问得很好。　تم نے بہت اچھی بات پوچھی ہے۔

我洗脸洗手。　میں نے منہ ہاتھ دھویا۔

他为让孩子受高等教育而存钱。　انہوں نے اپنے بیٹے کو اعلیٰ تعلیم دلانے کے لئے پیسے جمع کئے۔

2. 在主语后用نے，而宾语后有后置词的情况下，谓语为阳性单数。例如：

人们逮住了一个特务。　لوگوں نے ایک جاسوس کو پکڑ لیا۔

你看见我妹妹吗？　کیا تم نے میری بہن کو دیکھا؟

三、定语与中心语一致

1. 结尾为 ا 的形容词随中心语而有ا，ے，ی 的变化。例如：اچھا لڑکا، اچھی لڑکی، اچھے راہنما

2. 结尾不是 ا 的形容词不变形。例如：

بھاری کام ، تازہ اخبار ، تازہ سبزی ، خوبصورت عمارت ، خوب صورت باغ ، بھاری صنعت（这里的 ی 不是 ا 变来的）

3. 序数词结尾为ا 的，也随中心语而有ا ، ے ، ی 的变化。例如：

پہلامکان ، پہلی خبر ، پہلے استاد ، دوسرا سوال ، دوسرے لوگ ، دوسری عمارت

4. 后置词 کا ، کے ، کی 的选择取决于其后的名词的性数。例如：

اس کا بھائی ، آپ کی ٹوپی ، ان کے مکانات ، ان لوگوں کے کپڑے ، ان لڑکیوں کی مائیں

5. 如果同位的名词有两个或两个以上时，则表示"所有"的后置词的性数与靠近它的那个名词一致。例如：

اس کی بہن اور بھائی ، تمہاری بات اور عمل ، ہمارے استاد اور استانی

有时最近的一个名词虽是阴性，但整个意义却偏重阳性。这时后置词就用阳性。例如：

他的老婆孩子来了。 اس کے بی بی بچے آگئے۔

这儿的بی بی بچے实际上作为一个词用，而且是复数。

6. 在中心语后有后置词的情况下，以 ا 结尾的作定语的形容词要变 ا 为ے。例如：

اچھے لڑکے کو ، بڑے مکان میں ، ہمارے استاد کی کتاب ، آپ کے کمرے میں

7. 其他问题：

（1）形容词作表语时，其性数变化规则与作定语时一样。例如：

وہ لڑکا اچھا ہے ، وہ لڑکی اچھی ہے ، وہ لڑکے اچھے ہیں ، یہ بستہ خوبصورت ہے ، یہ ناشپاتیاں میٹھی ہیں۔

（2）形容词作为宾语补足语时，如宾语后有 کو，则形容词用阳性单数。例如：

我发现那个女孩很黑。 میں نے اس لڑکی کو بہت کالا پایا۔

如宾语后没有کو，形容词就随宾语的性数变。

第二十章 一致关系（مطابقت） 325

我看见这里的芒果很好。 میں نے یہاں کے آم بہت اچھے دیکھے۔

（3）形容词用作状语时，其性数永远为阳性单数。

你做得好。 تم نے اچھا کیا۔

那个女孩子做得不好。 وہ لڑکی بُرا کرتی ہے۔

练习

划出句中连词并说出下列句子是哪种复合句：

۱۔راکٹ کس طرح آسمان کی طرف اٹھتا گیا اور کب رخ بدلنے لگا؟

۲۔آپ کی صورت انجانی نہیں، لیکن یہ یاد نہیں رہا کہ پہلے آپ سے کب ملا تھا؟

۳۔اس لڑکے نے بہت سی تلخ باتیں کیں، لیکن اس آدمی نے اسے کچھ کہا نہ سنا، بلکہ دوسرے کمرے میں عمدہ عمدہ پھل لایا اور اس کے سامنے چن دیا۔

۴۔ایسا کام نہ کرو کہ بعد میں پیشمان ہونا پڑے۔

۵۔جن لڑکوں کی طبیعت شرارت کی طرف مائل رہتی ہے، پڑھائی سے دل نہیں لگاتے، وہ کسی بہتری کی امید کیسے کر سکتے ہیں؟

۶۔جب وہ خواب سے بیدار ہوا تو اس کی ماں نے اس سے کیا کہا؟

۷۔ لگتا ہے تم ہمت ہار چکے ہو، لیکن ہم نے یہ تہیہ کر رکھا تھا کہ منزل پر پہنچ کر ہی دم لیں گے۔

۸۔ یہ آپ کی ذرہ نوازی ہے کہ آپ نے نہ صرف مجھے یاد رکھا بلکہ اس اہم تقریب میں مدعو بھی کیا۔

۹۔ انہوں نے فرمایا کہ تمام قوم کو اعلیٰ مقصد کے لئے ایک مرکز پر متحد ہو جانا چاہیئے اور آپس کے تنازعے ختم کر دئے جائیں تاکہ ملک ترقی کر سکے۔

۱۰۔ اگرچہ وہ غریب تھا لیکن ایمانداری کی زندگی گزارتا رہا۔

۱۱۔ جب تک تم اپنے آپ کو صحیح نہیں کرتے، اس وقت تک سماج میں عزت نہیں پا سکتے۔

۱۲۔ جہاں تمہیں جانا ہو، جاؤ!

۱۳۔ تم اس طرح باتیں کرتے ہو، جیسے کہ تم ہی اس دفتر کے سب کچھ ہو۔

۱۴۔ کیا تم بھی اتنی ہی لاپروائی سے کام کرتے ہو، جتنا تمہارا بھائی۔

第二十章　一致关系（مطابقت）

١٥۔ اگر شہری اعلیٰ اوصاف کے مالک ہوں تو ملک دن دونی رات چوگنی ترقی کرتا ہے، لیکن اگر شہریوں کی سیرتیں اعلیٰ اوصاف سے خالی ہوں تو ملک کے لئے ترقی کی راہیں بند ہو جاتی ہیں۔

١٦۔ اگرچہ اس میں شک نہیں کہ کسی مقصد میں کامیاب ہونے کے لئے ترقی کے قدرتی مواقع بہت بڑی اہمیت رکھتے ہیں لیکن یہ کہنا بھی غلط نہ ہو گا کہ جو انسان اپنے نصب العین میں کامیابی حاصل کرنے کے لئے مسلسل محنت، ثابت قدمی اور مضبوط ارادے سے کام لیتا ہے وہ یقیناً اپنی منزل کو پا لیتا ہے۔

١٧۔ میں نے اپنے دل میں کہا کہ اگر صادقین ان دنوں یہاں ہوتا تو مجھے اس بڑے شہر میں گھومنے پھرنے کی آسانی ہو جاتی، لیکن وہ لندن جا چکا تھا اور اب سوائے راشد صاحب کے یہاں کوئی اور سہارا نہ تھا۔

١٨۔ سڑک کے دونوں طرف گھنے اور تناور درخت تھے، گھنے درختوں نے پوری سڑک کو اپنے سائے میں لے لیا تھا اور ایسا معلوم ہوتا تھا کہ ہم کسی باغ میں سے گزر رہے ہیں۔

١٩۔ ہم لوگ خوش قسمت ہیں، کیونکہ ایک حیرت انگیز دور سے گزر رہے ہیں۔

٢٠۔ دوسرے دن جب میں نے اپنا ورد شروع کیا تو کیا دیکھتا ہوں کہ وہ لفظ اسی مقام پر اسی خط میں پھر لکھا ہوا ہے، مگر حیرانی کی اب کونسی بات رہ گئی تھی بلکہ اب تو اس لفظ کی نقل کرنا چاہتا تھا۔

第二十一章　句子结构（جملوں کی ساخت）

一、概说

1. 句子按其结构，可分简单句和复合句两大类。见下表：

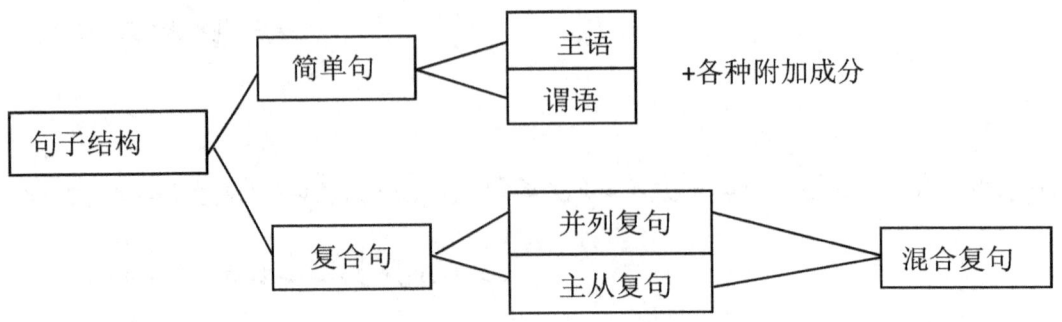

2. 复合句又可分为并列复句、主从复句和混合复句三大类。

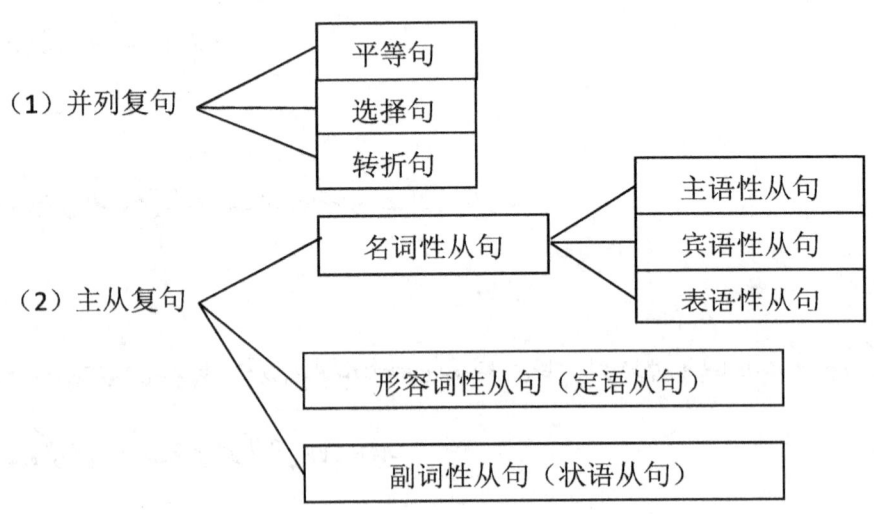

第二十一章 句子结构 (جملوں کی ساخت)

a. 时间状语从句

b. 地点状语从句

c. 行为方式及比拟状语从句

d. 目的状语从句

e. 原因状语从句

f. 条件状语从句

g. 让步状语从句

h. 程度状语从句

i. 结果状语从句

（3）混合复句
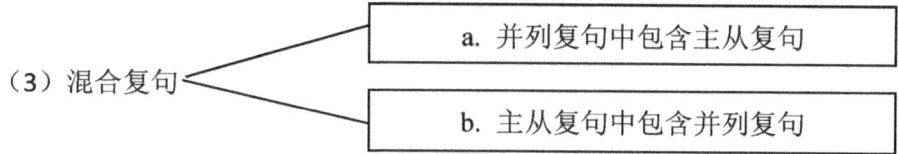
a. 并列复句中包含主从复句

b. 主从复句中包含并列复句

二、简单句

1. 简单句是具备一个基本的主谓结构的句子，它表达一个完整的意思。此外，在简单句中还可以用其他次要成分（如宾语、定语、状语等）来说明补充它的主谓结构。例如：

男孩笑了。 لڑکا ہنسا۔

他的小儿子听到这话大笑。 اس کا چھوٹا لڑکا یہ بات سن کر خوب ہنسا۔

2. 简单句中的某些成分，在不会被误解的情况下，往往可以省略。这样可以使句子简练、生动。句子中以下成分可以省略：

（1）省略主语。例如：

到这里来！ یہاں آؤ!

再见！ پھر ملیں گے!

我叫优素福。 مجھے یوسف کہتے ہیں۔

(2) 省略谓语。例如：

我能帮上什么忙？ میرے لائق کوئی خدمت؟

其实强大的是我们，而不是他们。 دراصل ہم لوگ طاقتور ہیں نہ کہ وہ لوگ۔

又如：

问：یہ کون ہے؟ 答：میرا بھائی۔

　　他是谁？ 　　我的兄弟。

问：ان کا کیا نام ہے؟ 答：مختار۔

　　他叫什么名字？ 　　穆赫达尔。

(3) 主谓结构全都省略。例如：

从群众中来，到群众中去。 عوام سے اور پھر عوام کی جانب۔

拿茶来！ چائے！

感谢您的热烈欢迎！ آپ کے پرجوش استقبال کا شکریہ!

好，随你的便。 اچھا، تمہاری مرضی۔

代我抱抱小弟小妹！ چھوٹے بھائی بہن کو پیار!

یہ روٹی کاہے سے بنتی ہے؟ اناج سے۔ اور اناج کہاں پیدا ہوتا ہے؟ کھیتوں میں۔

饼是怎样做成的？用粮食做成的。粮食是哪里长出来的？田地里。

(4) 省略宾语。例如：

问：کیا آپ نے ان کا مضمون پڑھا؟ 答：ہاں، پڑھ لیا۔

　　您读过他的文章吗？ 　　是的，读过。

三、复合句

复合句按其所包含的各简单句之间的关系，可分为并列复句、主从复句及混合复句三种，现分述于下：

1. 并列复句（ہم رتبہ جملے）：

并列复句是由两个或两个以上的同样重要的、彼此不相依附的、独立的简单句组成的，它们常由并列连词连在一起。并列复句根据含义的不同，分为平等句、选择句和转折句三类：

（1）平等句：表示同时的或先后的现象，常用连词为نیز، پھر، اور。例如：

وہ سو میٹر کی دوڑ کے مقابلے میں اول آیا اور انعام بھی ملا ہے۔

他在 100 米田径比赛中得了第一名并获奖。

雨不停地下着，又起了大风。　پانی برستا رہا، پھر تیز ہوا چلنے لگی۔

انہوں نے اپنے کو مزدوروں کے ساتھ ملا لیا اور ان کے ساتھ کام کرنے لگے۔

他和工人打成一片，并和他们一起工作。

（2）选择句：表示两者之间选择其一。常用连词为 یا تو ••• یا •••، آیا ••• یا ، یا ••• یا

•••، نہیں تو •••، ورنہ •••، کہ •••، یا •••。例如：

或者您住到这里来，或者我去您那里。　یا تو آپ یہاں رہیئے یا میں وہاں جاؤں گا۔

不成功便成仁。　یہ تخت یا تختہ۔

你学会了一些没有？　تم نے کچھ سیکھ لیا کہ نہیں ؟

ہمیں اس سے چوکس رہنا چاہیئے، ورنہ ہمیں نقصان ہو گا۔

我们应对此保持警惕，否则我们会有所损失。

（3）转折句：表示各分句意义上的转折。常用连词为 لیکن، مگر، پر، بلکہ。例如：

اس کی اسی فیصدی کھال جھلس چکی تھی لیکن وہ ذرا بھی نہ کراہتی تھی۔

她百分之八十的皮肤都烧焦了，但是她一声也没吭。

ان کی موت چڑیا کے پر کی طرح ہلکی نہیں ہے بلکہ تھائی نامی پہاڑ سے بھی وزنی ہے۔

他的死不是轻如鸿毛，而是重如泰山。

محنت سے پڑھنا ضروری ہے، مگر کسرت کو بھی نظر انداز نہیں کیا جا سکتا۔

用功读书是必要的，但是也不能忽视锻炼身体。

注：并列句中又带并列句。见下例：

کلیم نے بہتیرا پکارا، مگر اس لڑکے نے پیٹھ پھیر کر نہ دیکھا اور چپ رہا۔

格利姆多次叫他，但那孩子转过身去不看他，并保持沉默。

کوہ مری کی سیر کے لئے صرف پاکستانی ہی نہیں بلکہ دوسرے ملکوں کے لوگ بھی آتے ہیں اور اس کی خوبصورتی سے لطف اٹھاتے ہیں۔

不仅巴基斯坦人，其他国家的人也来游茉莉山，欣赏它的美景。

2. 主从复句：

主从复句是由两个或两个以上的简单句组成，它们在意义上不是同样重要的。其中占主要地位，表示主要意义的句子叫主句（خاص جملہ）。从属于主句，并说明或补充主句的句子叫从句（تابع جملہ）。因此从句只能用作全句的一个成分，不能独立。从句在意义上往往和主句中某一词发生关系，这样的词较常见的是 یہ ، وہ 或 ایسا，它们被叫做相关词。从句可以使相关词的意义更具体化，主句中的相关词也常被省略。

从句通常由关联词引导，并由关联词将从句和主句联系在一起。关联词大体上包括主从连词（如…اس لئے، چونکہ، کیونکہ…اس لئے، لیکن…حالانکہ等）、关系代词（如جو）以及关系副词（如جتنا، جیسے، جہاں، جب等）。

第二十一章　句子结构（جملوں کی ساخت）

主从复句中的从句又可分为名词性从句、形容词性从句与副词性从句三大类。现分述于下：

（1）名词性从句（جملہ اسمی تابع）

名词性从句包括主语从句、宾语从句和表语从句。它们在主从复句中的作用和名词相同，分别作主句的主语、宾语和表语。引导名词性从句的关联词一般是کہ，有时也可用جو。

a. 主语从句

它具有主句中主语的作用，它使主句中充当相关词的主语的意义具体化，或者给省略主语而只有谓语的主句当主语用。例如：

这清楚地表明巴基斯坦是我们的友好邻邦。 یہ صاف ظاہر ہے کہ پاکستان ہمارا دوست پڑوسی ملک ہے۔

有一天那座城市解放了。 ایک دن ایسا ہوا کہ وہ شہر آزاد کرا لیا گیا۔

台湾是中国的一部分，这一点是公认的。 یہ مسلمہ بات ہے کہ تائیوان چین کا ایک حصہ ہے۔

认为健康不重要是错误的。 یہ کہنا کہ تندرستی کی کوئی اہمیت نہیں، غلط ہے۔

我们应该工作好、学习好、身体好。 یہ ٹھیک ہے کہ ہمیں اچھی طرح کام کرنا چاہیئے، مطالعہ کرنا چاہیئے اور کسرت کرنا چاہیئے۔

现在坐在屋里的是我的兄弟。 وہ میرا بھائی ہے جو اب کمرے میں بیٹھا ہے۔

心想事成。 جو آپ چاہیں گے، وہی ہوگا۔

相关词也可以用سو和وہی。例如：

该发生的事发生了。 جو ہونا تھا سو ہو چکا۔

清醒者（智者）得利。 جو جاگے گا سو پائے گا۔

自作自受。 جو کرے سو بھرے۔

心口如一。
جو دل میں ہے وہی منہ پر ہے۔

欲速则不达。
جو دوڑ کر چلا، وہی گرا۔

b. 宾语从句

它用来使主句中的宾语的意义具体化或给主句当宾语用。它可以作主句中谓语动词的宾语，也可以用作主句中非人称动词的宾语。例如：

给他吃他自己常吃的食物。
جو خود کھاتا تھا، وہی اسے کھلاتا تھا۔

谁不知道鲁迅是我国的一位大文豪。
کون نہیں جانتا کہ لوشن ہمارے ملک کے ایک بہت بڑے ادیب ہیں۔

他把事情经过说了一遍。
اس نے جو گزارا تھا کہ سنایا۔

他从不体会您的心情如何。
وہ کبھی یہ محسوس کرنے کی کوشش نہیں کرے گا کہ آپ کس موڈ میں ہیں۔

我想干什么就可以干什么。
میں جو چاہوں کر سکتا ہوں۔

人们会说名不副实。
لوگ کہیں گے کہ نام بڑے درشن تھوڑے ۔

我想回国。
میرا جی تو یہ چاہ رہا تھا کہ وطن واپس جاؤں۔

他们说应该为人民服务。
انہوں نے کہا کہ عوام کی خدمت کرنی چاہیئے۔

请告诉我，我们老师的态度是什么。
مجھے بتاؤ کہ ہمارے استاد کا کیا رویہ ہے۔

آپ یہ سن کر خوش ہوں گے کہ آپ کی چھوٹی بہن کافی ترقی کر رہی ہیں ۔

您听到您妹妹进步很大一定很高兴吧！

c. 表语从句

它常是主句中名词或代词性合成谓语的表语的扩展，扩展成主句的表语。它使主句充当表语的相关词的意义具体化，或给主句作表语。例如：

第二十一章　句子结构 （جملوں کی ساخت）

说实话我不喜欢他的文章。	سچ بات یہ ہے کہ مجھے ان کا مضمون پسند نہیں ہے۔
遗憾的是今天他突然病了。	افسوس کی بات یہ ہے کہ آج وہ اچانک بیمار پڑا۔
名词是表示事物和人的名称。	اسم وہ لفظ ہے جو کسی شے یا شخص کا نام ہو۔
成功的运动员是百发百中的。	کامیاب کھلاڑی وہ ہے جس کا کوئی نشانہ خالی نہ جائے۔
有用的学问是要付诸实践的（学问）。	پُراثر علم وہ ہے جو عمل پر آمادہ کر دے۔

（2）形容词性从句 （جملہ وصفی تابع）

形容词性从句又称定语从句，它被用来形容或说明主句中的某一代词或名词（或作名词用的其他词类），它在意义上和定语相同，是定语的扩展。定语从句由关系代词 جو（或 جو 的间接形式）引导，与主句中的相关词（一般为 وہ 或其他名词）发生联系。见下例：

انسان نے ایسی شاندار عمارات تعمیر کی ہیں جو آسمان سے باتیں کرتی ہیں۔

人类建造了高耸入云的富丽堂皇的大厦。

مغل بادشاہ شاہ جہاں جس نے تاج محل بنوایا تھا، اس گھرانے کی بہت عزت کرتا تھا۔

建造泰姬陵的莫卧儿皇帝沙杰汗很敬重这个家庭。

جس ملک میں صحیح قیادت ہو، اس ملک کے لئے ترقی اور خوش حالی ناگزیر ہے۔

凡是有正确领导的国家，这个国家一定会有进步和繁荣。

یہ لی صاحب کی تصویر ہے جنہوں نے اپنے عوام کے لئے اپنی جان قربان کر دی۔

这是为人民而牺牲的李先生的照片。

وہ ان لوگوں کے لئے اپنی کامیاب زندگی کی عمدہ مثال چھوڑ گئیں جو تحقیقی کاموں میں مصروف ہیں۔

她为研究人员树立了一个成功的好典范。

世上哪有解决不了的事。 دنیامیں بھلاایسی کون سی بات ہے جسے حل نہ کیاجاسکے۔

知识是使人的思维高度发展的阶梯。 معلومات ایک سیڑھی ہے جس سے انسان کی سوچ بلندیوں کو چھو سکتی ہے۔

بہشت والوں کو بھی شاید وہ سرور نہ ملتا ہو گا جو مجھے ملتا تھا ۔

大概连天堂里的人也没享受到我所享受到的快乐。

形容词性从句也可由关系形容词جیسا（جیسی，جیسے）引导，与主句中的相关词（一般为 ویسا 或 ویسی ，ویسے）发生联系。见下例：

种瓜得瓜，种豆得豆。 جیسا کروگے ویسا پاؤگے۔

入乡随俗。 جیسادیس ویسا بھیس۔

太好了！果然名不虚传，你确实很勇敢。 شاباش !جیسا سنا تھا،ویسا ہی پایا۔ تم سچ مچ بہت بہادر انسان ہو۔

也给我做您现在在缝制的这样的衣服吧！ میرے لئے بھی ایسے ہی کپڑے بنا دیں، جیسے آپ سی رہی ہیں ۔

见风使舵。 جیسی ہوا دیکھی ،ادھر کارخ کرلیا۔

有其母必有其女。 جیسی ماں ویسی بیٹی۔

（3）副词性从句（جملہ تمیزی تابع）

副词性从句又称状语从句，它具有主句的状语的功能，它和副词一样修饰或说明主句的某一动词、形容词或副词。状语从句由关联词引导，其主句中常有相关词与之呼应。

副词性从句（状语从句）按其意义可分为时间、地点、行为方式及比拟、目的、原因、条件、让步、程度、结果等九种。现分述如下：

a. 时间状语从句

它说明主句中的动作或状态在何时发生，它的关联词为：

جب کہ، جب کبھی ،جوں ہی ،جب تک ،جب سے ،جب، کہ ، جتنی دیر میں ••• اتنی دیر میں ، جب تک •••اتنی دیر میں •••

等。

（a）由 جب کہ، جب 引导的时间状语从句表示它与主句中的行为状态是同时发生的，或是相继发生的。汉语常译作“当……时”，这时与 جب 搭配的词是 تو 。而 جب کہ 的意思是“那时……”，常出现在从句中。例如：

当我们的假期快结束时，我们回到北京。　جب ہماری چھٹیاں ختم ہونے کو آئیں تو ہم بیجنگ واپس آ گئے۔

چینی وفد جب اپنے ملک چین واپس جائے گا تو چینی عوام کے لئے پاکستانی عوام کے جذبات اور خیر سگالی بھی ساتھ لے جائے گا۔

当中国代表团回国时，也会把巴基斯坦人民对中国人民的友好感情带回中国去。

你要吃这豆子，就会闹肚子。　جب یہ دال آپ کھائیں گے تو پیٹ میں گڑبڑ ہو جائے گی۔

群众齐心了，一切事情就好办了。　جب عوام یک جان ہو جاتے ہیں تو ہر کام آسان ہو جاتا ہے۔

他外强中干。　وہ بظاہر مضبوط ہے جب کہ اندرونی طور پر کمزور ہے۔

在他享乐的时候，家里人正在挨饿。　وہ عیش و آرام کر رہا تھا جب کہ سارے گھر میں قحط پڑ رہا تھا۔

دوسرے ملک میں تعمیر کا کام پرجوش ہو رہا ہے جب کہ اس ملک میں اندرونی جنگ ہو جا رہی ہے۔

当其他国家在热火朝天搞建设时，这个国家却在打内战。

（b）由 جب سے 引导的时间状语从句表示主句中的动作或状态的开始。汉语译作“自从……”或“从……起”。例如：

جب سے ٹیلیویژن کی ایجاد ہوئی، تب سے لوگوں کی تفریحی زندگی میں انقلاب پیدا ہو گیا ہے۔

自从电视发明后，人们的娱乐生活发生了变化。

جب سے عوامی جمہوریہ چین قائم ہوا ہے، تب سے چینی عوام نے خوش حال زندگی بسر کرنے لگے ہیں۔

从中华人民共和国建立时起，中国人民过上幸福的生活。

جب سے میری گھر والی فوت ہوئی، میرا دل دنیا سے اُچاٹ ہو گیا۔

自从内人（妻子）去世，我就厌倦了这个世界。

（c）由 جب تک 引导的状语从句表示主句中动作或状态的终止以前的过程，即其限度。汉语常译作“只要……就……”。从句中的连词 اس وقت تک 或 تب تک 常常被省略。见下例：

کوئی شخص جب تک وقت کا پابند نہیں ہوگا، کامیابی سے ہمکنار نہیں ہو سکے گا۔

任何人如果不珍惜时间，就不会取得成功。

只要活着，我一定尽到自己的职责。 جب تک میری سانس نہیں ٹوٹتی، میں اپنے فریضے کو ضرور پورا کروں گا۔

جب تک اونٹ پہاڑ تلے نہیں آتا، سمجھتا ہے کہ مجھ سے بڑا یا اونچا کوئی نہیں۔

骆驼不来到山下总以为老子天下第一。

只要有生命，就有希望。 جب تک سانس تب تک آس۔

只要我干得动活，总会有粗茶淡饭吃。 جب تک میرے ہاتھ پیر چلتے ہیں، دال دلیا مل جاتا ہے۔

جلسے میں موجود سب لوگ اس وقت تک خاموش کھڑے رہے جب تک قومی ترانہ ختم نہ ہو گیا۔

全体与会者在奏完国歌前一直肃立着。

一个人只要不间断学习，他就有学问。 جب تک انسان علم حاصل کرتا رہتا ہے، وہ عالم رہتا ہے۔

这种主从句还可以把从句提前，但这时的句型是： اس وقت تک ...... جب تک کہ ......

请参考“连词”一节。

（d）由 جوں ہی 引导的时间状语从句，表示主句和从句的动作或状态是一个紧接着一个发生的。汉语译作“一……就……”。例如：

我一读你的信，你的面容就浮现在我的面前。 جوں ہی میں تمہارا خط پڑھتا، تمہارا چہرہ میرے سامنے گھومنے لگتا۔

他一说话大家就笑。 جوں ہی وہ بولتا، سب ہنسنے لگتے۔

第二十一章 句子结构 (جملوں کی ساخت)

جوں ہی ہمارا فوجی دستہ میدانِ جنگ میں اترا، اس نے فتح حاصل کرلی۔
我们的部队一出动就打了胜仗。

جوں ہی اس نے آگ جلتی ہوئی دیکھی، فوراً آگ بجھانے لگا۔
他一看见着了火，就赶紧灭火。

（e）由 جب کبھی 引导的时间状语从句表示从句的动作或状态不是经常发生的。汉语译作"只要……时就……""每当……时就……"。例如：

جب کبھی وہ بیجنگ آتا ہے، تھین آن من دیکھنے ضرور جاتا ہے۔
每当他来北京时，一定要去看天安门。

جب کبھی وہ زمانہ یاد کرتا ہوں تو کل کی سی بات معلوم ہوتی ہے۔
每当想起那个时代，仿佛昨天一般。

جب کبھی اسے کلرک کی واپسی کا خیال آتا تو اس کا دل بجھ سا جاتا ہے۔
每当他想到（那个）职员要回来，心中就有些不悦。

جب کبھی اتفاق سے گھر میں تینوں چیزیں ہوتی ہیں، تو میں خود موجود نہیں ہوتا۔
碰巧三种东西家里都凑齐的时候，我自己又不在家。

（f）由 کہ 引导的时间状语句子，表示"就在这时……"。例如：

استاد نے تختۂ سیاہ کی طرف منہ موڑا ہی تھا کہ بہت سے طلبا آپس میں باتیں کرنے لگے۔
老师刚把脸转向黑板，许多学生彼此说起话来。

پانی کا برسنا تھا کہ سب لوگ بھاگ کر برآمدے میں آپہنچے۔
刚一下雨，所有的人都跑到走廊里去。

میں باہر جا رہا تھا کہ ٹیلی فون کی آواز آ رہی تھی۔
我正要出门，电话铃却响起来了。

（g）由 جتنی دیر میں...اتنی دیر میں... 或者 جب تک...اتنی دیر میں... 组成的主从句表示"就在这会儿"或"这段时间里"的意义。例如：

جتنی دیر میں وہ غسل کرتا ہے، اتنی دیر میں بیوی ناشتا تیار کرکے میز پر لگا دیتی ہے۔
他沐浴的功夫，妻子把早餐做好摆在桌子上。

جب تک آپ وہاں سے لوٹیں گے، اتنی دیر میں اپنے کام کر لوں گا۔

趁您从那里返回的功夫我把自己的事儿做完。

جب تک تانگہ ان کے گھر نہ پہنچا، اتنی دیر میں احمد کا ذکر ہوتا رہا۔

在马车没到达他家之前，他一直在谈论着艾哈迈德。

b. 地点状语从句

它表示主句中的行为或状态在什么地方发生。它的关联词为 جہاں تک، جہاں سے، جدھر، جہاں کہیں، جہاں، جہاں بھی، جہاں 等。例如：

（a）由 جہاں کہیں، جہاں بھی، جہاں 引导的状语从句表示主句的动作或状态发生的地点。例如：

ظاہر ہے کہ جہاں ڈر ہو، وہاں پیار محبت کہاں۔

显然，恐惧与爱慕这两种感情不能同时存在。

وہ بت بنا جہاں کھڑا تھا، وہیں کھڑا رہ گیا۔

他像尊佛像，站在那儿纹丝不动。

جہاں جھاڑو نہیں پہنچے گی، وہاں کی گرد خود بخود غائب نہیں ہو گی۔

扫帚不到，灰尘不会自己跑掉。

جہاں اب سمندر ہے، وہاں کسی زمانے میں جنگل تھا۔

现在是海洋的地方过去曾经是森林。

ہم جہاں بھی گئے، (وہاں) ہمیں دوستی کے جذبات ہی محسوس ہوئے۔

我们不论走到哪里，都感受到友好的情意。

وہ جہاں بھی ملے، اسے پکڑ لاؤ!

只要在哪里见到他就马上把他抓来！

جہاں کہیں آپ کا جی چاہے، جائیے۔

您爱去哪儿就去哪儿。

（b）由 جدھر 引导的状语从句表示主句动作的方向。例如：

جدھر ہم چلے، ادھر وہ بھی چلیں گے۔

我们去哪儿，他们也将去哪儿。

جدھر تماشا ہوتا، ادھر لوگ جمع ہوتے ہیں۔

哪里有耍把戏的，那里就聚集着许多人。

اس کے خیالات آوارہ پرندوں کی طرح جدھر جی چاہے، اڑے چلے جاتے ہیں۔

他的思绪像失群的鸟儿一样任意翱翔。

（c）由 جہاں سے، جہاں جہاں سے 引导的状语从句表示主语的动作从哪一个地方发生。例如：

从有声音的地方出现了一辆汽车。 جہاں سے آواز آتی تھی، وہاں سے ایک موٹر آتی ہوئی دکھائی دی۔

你们从哪里来的，他们就从哪里来。 یہ لوگ بھی وہاں سے آئے ہیں، جہاں سے آپ لوگ آئے تھے۔

جہاں جہاں سے یہ لوگ گزرے، کسان ان کے ساتھ ہوتے گئے۔

在他们一路经过之处，农民们也纷纷加入进来（他们的队伍）。

（d）由 جہاں تک 引导的状语从句表示行为的终极地点。例如：

جہاں تک نظر جا رہی تھی، یوسف کو جگہ جگہ دھواں نکلتا دکھائی دے رہا تھا۔

在目光所及之处，优素福看到到处在冒烟。

目光所能及之处，到处是绿色的海洋。 جہاں تک نظر جاتی تھی، سبزہ پھیلا ہوا تھا۔

جہاں تک 也可以作条件状语从句的关联词，它的含义是"只要……"。例如：

只要有可能，就应该按时完成工作。 جہاں تک ممکن ہو، اپنا کام بروقت پورا کرنا چاہیے۔

另外它还有"涉及……问题、至于……方面"的意思。

至于对敌人，我们绝不心软。 جہاں تک دشمنوں کا تعلق ہے، ہم ہرگز رحم دل نہیں ہیں۔

جہاں تک موسیقی کا تعلق ہے، جہانگیر اس کی سرپرستی میں اپنے باپ سے کم نہیں تھا۔

在对音乐发展的支持上，杰汗吉尔一点也不比父亲差。

c. 行为方式及比拟状语从句

它表示主句中的行为或状态是怎样发生的，它常用比拟来表示行为的方式。它的关联词一般为 گویا، جس طرح، جیسے 。例如：

他突然摔倒在地，好像雷电从天降一样。 وہ اس طرح اچانک زمین پر آگرا، جیسے آسمان سے بجلی گرے۔

اچانک اس طرح پتھر برسنے لگے، جیسے گرمیوں میں پانی برستا ہے۔

突然许多石子从空中降下，就像夏天下雨一样。

رام کی آنکھوں میں آنسو فوراً خشک ہو گئے، جیسے ریت میں بارش کے قطرے جذب ہو جائیں۔

拉姆的眼泪立刻干了，好像渗入沙土中的雨珠一样。

你怎么这么说话，好像你我是外人一样。 تم تو ایسی باتیں کرتے ہو، جیسے ہم تم دو ہیں ۔

西方的结婚方式和这里一样。 مغرب میں شادی اسی طرح ہوتی ہے جس طرح یہاں ۔

تم کیوں اسی طرح نہیں سوچتے، جس طرح شریف انسان سوچتے ہیں ؟

你为什么不像有教养的人那样去想问题呢？

这一原则对我和他一样适用。 یہ اصول جس طرح ان کے لئے صحیح ہے اسی طرح مجھ پر بھی صادق آتا ہے۔

大哥像剑出鞘似地向我冲过来。 بھائی صاحب مجھ پر ٹوٹ پڑے، گویا انہوں نے میان سے تلوار کھینچ لی ۔

d. 目的状语从句

它表示主句的动作是为了什么目的而进行的。它的关联词为 تاکہ، اس لئے ... کہ، کہ 等。目的状语从句的谓语动词一般用虚拟语气。例如：

ہم اس لئے آزادہ روی کی مخالفت کرتے ہیں کہ کام کو نقصان نہ پہنچائے۔

我们反对自由主义目的在于不让它给工作造成损失。

我悄悄进屋，不让他发觉。 میں کمرے میں اس طرح دبے پاؤں آتا کہ انہیں خبر نہ ہو۔

我将给王先生写信，让他考虑这个问题。 میں وانگ صاحب کو خط لکھوں گا تاکہ وہ اس مسئلے پر غور کریں ۔

e. 原因状语从句

它表示主句的行为或状态发生的原因，它的关联词是 اس لئے کہ، کیونکہ، کہ 等。例如：

我很少抽烟，因为医生禁止我抽。 میں سگریٹ بہت کم پیتا ہوں ، کیونکہ ڈاکٹر نے منع کر رکھا ہے۔

وہ اس گھر میں بہت خوش تھا، اس لئے کہ اس کی قدر کی جاتی تھی ۔

他在这户人家住着很快乐，因为他受到尊敬。

f. 条件状语从句

它表示主句的行为或状态在什么样的条件下发生的。条件状语从句的关联词通常是 ...اگر...، تو...، بشرطیکہ 。例如：

如果你听老师的话，你一定能够成功。 اگر تم اپنے استاد کی مانو تو تم ضرور کامیاب ہوگے۔

如果我处于你的地位，那我不做这种事。 اگر تمہاری جگہ میں ہوتا تو میں یہ کام نہیں کرتا۔

اگر یہ حقیقت بھی ہم استادوں نے نہ سمجھی تو پھر ہمارا علم کس کام کا۔

如果我们当老师的也不明白这个道理，那我们的学问有什么用。

اگر آپ پوری کوشش کریں تو تمام مسائل حل ہوجائیں گے۔

如果您尽一切努力，那么所有的问题都会被解决。

只要我们团结起来，我们的目的一定能实现。 ہمارا مقصد ضرور پورا ہو جائے گا، بشرطیکہ ہم سب متحد ہوں۔

只要你接受这些条件，我们就同意去。 ہم جانے پر راضی ہوں گے، بشرطیکہ تم یہ شرائط منظور کرلو!

g. 让步状语从句

它表示从句与主句所叙述的内容有对立的意思。让步状语从句及主句之间的关联词一般为 حالانکہ ...(لیکن) ... ، یوں تو ... تاہم(لیکن) ... ، باوجودیکہ (پھر بھی) ... ، اگرچہ ...(مگر) ... ، گو ...(مگر) ... 等。例如：

حالانکہ اب وقت زیادہ باقی نہیں رہا، پھر بھی میں اس کام کو پورا کرنے کی کوشش کروں گا۔

虽然现在剩下的时间不多了，我还是要努力完成这件工作。

虽然现在他不承认，但总有一天他得承认。 گو اس وقت وہ نہیں مانتا، مگر ایک روز اسے ماننا ہی پڑے گا۔

یوں تو دن بھر چلنے پھرنے اور کام کاج میں لگے رہنے سے بھی خاصی ورزش ہوجاتی ہے، مگر کھانے کے بعد تھوڑی دیر ٹہلنا بہت ضروری ہے۔

尽管整天走动和全身心扑在工作上也得到相当多的锻炼，但是饭后稍微活动一下也是必要的。

h. 程度状语从句

它表示动作与状态处于什么程度。它的关联词一般为 جیسے جیسے •••(ویسے ویسے)•••，جوں جوں •••(توں توں)•••，(اتنا)•••کہ•••，جتنا •••(اتنا)•••• 等。例如：

这几座山就这么高，不会再增高了。	یہ پہاڑ جتنے اونچے ہیں، اتنے ہی رہیں گے اور زیادہ اونچے نہیں ہو سکتے۔
放多少糖就有多么甜。	جتنا گڑ ڈالو گے، اتنا ہی میٹھا ہو گا۔
天气不太冷，但也让人难受。	سردی زیادہ نہیں، لیکن جتنی بھی ہے تکلیف دہ ہے۔
对此决定我和我的朋友一样激动万分。	اس فیصلے پر میں بھی اتنا ہی پرجوش تھا جتنا میرا دوست۔
知识的财富越使用越会增多。	علم ایک ایسا خزانہ ہے جسے جتنا زیادہ خرچ کیا جائے اتنا ہی بڑھتا جاتا ہے۔
他越努力就越会取得成功。	جیسے جیسے وہ محنت کرتا ہے، ویسے ویسے اس کو کامیابی ملتی ہے۔
这种东西越旧越贵重。	ایسی چیزیں جیسے جیسے پرانی ہوتی گئیں، ویسے ویسے قیمتی بھی۔
我们越往上走越凉。	ہم جیسے جیسے اوپر جائیں، ٹھنڈک بڑھتی جاتی ہے۔
越是反对他们，他们越是团结一致。	جوں جوں ان کی مخالفت بڑھتی گئی، وہ لوگ زیادہ متحد ہوتے گئے۔
他烦恼得连觉都睡不着。	وہ اتنا پریشان ہے کہ اس کو نیند بھی نہیں آتی۔
这个女孩弱得连活动都有困难。	یہ لڑکی اتنی کمزور تھی کہ چل پھر نہیں سکتی۔

i. 结果状语从句

表示动作或状态的结果。一般用 جس سے، کہ، یہاں تک کہ 等来引导。例如：

میاں بیوی کے درمیان اکثر جھگڑا ہوتا تھا جس سے بچوں پر بُرا اثر پڑا۔

夫妻俩常吵架，对孩子产生了不良影响。

استاد نے مسلسل دو ہفتے کی چھٹی لی، جس سے طلبا کی پڑھائی کو نقصان پہنچا۔

老师连续两周请假，给学生的学习带来了损失。

她哭得嗓子都哑了。 وہ بہت رویا کہ گلا بیٹھ گیا ہے۔

雨一直下着，好多屋顶都塌了。 بارش برستی رہی، یہاں تک کہ چھتیں گر گئیں۔

需要注意的是还有一种情况，即主从句中又带主从句。请见下例：

谁有了这盏灯，要什么就有什么。 جس کے پاس یہ چراغ ہوگا، وہ جو مانگے گا سو پائے گا۔

اس نے کہا کہ جب آپ شہر جائیں گے تو میرے لئے ایک بستہ لے آئیے۔

他说："您进城时给我带一只书包回来。"

میں نے سوچا کہ اگر وہ آئے تو ہم ساتھ ساتھ گرمائی شہر جائیں گے۔

我想：如果他来的话，我们一起去颐和园。

بڑی بہن بھی تیار ہو گئیں، کہنے لگیں کہ جس دن کے ٹکٹ آپ بک کرائیں، مجھے فون پر اطلاع کر دیں۔

姐姐也做好了准备，她说："订好哪天的票，就电话通知我。"

ڈاکٹر نے انہیں مشورہ دیا کہ وہ کسی پہاڑی علاقے میں برائے علاج چلے جائیں تاکہ جلد صحت یاب ہو سکیں۔

医生劝他去山区疗养，尽快恢复健康。

میں نے وہاں جتنے دن گزارے ہیں، ان کے ہر لمحے کی یاد میرے ذہن کا ایک جزو بن کر رہ گئی ہے جو بھلائے نہ بھولے گی۔

我清楚地记得在那里度过的每一寸光阴，想忘也忘不了。

3. 混合复句：

并列复句可以和主从复句混合起来成为一种混合复句。它有以下两种形式：

（1）整个句子是并列复句，但分句中有主从复句。例如：

میں تمہیں ملک کا معمار سمجھتا ہوں اور میں دیکھوں گا کہ تم کیا کچھ کر دکھاتے ہو۔

我把你们看作是国家的建设者，我要看你们会有什么样的表现。

دنیا کے عوام نے جدوجہد میں ایک دوسرے کی حمایت کی ہے اور بہتر طور پر جان گئے ہیں کہ اتحاد میں طاقت ہے۔

世界人民在斗争中是相互支持的，他们很清楚团结就是力量。

（2）整个句子是主从复句，但分句中有并列复句。例如：

ہمارے استاد اکثر ہمیں بتاتے ہیں کہ کسی مسئلے پر غور کرتے وقت اس کی اصلیت پر دسترس حاصل کرنی چاہیئے اور اس کی ظاہری صورت میں نہیں الجھنا چاہیئے۔

我们的老师经常告诉我们考虑问题时应掌握它的本质而不要被表面现象所迷惑。

حالانکہ ہمیں مشکلات کا سامنا کرنا پڑ رہا ہے پھر بھی ہم ان سے نہیں ڈرتے اور برابر جدوجہد کر رہے ہیں۔

虽然我们遇到了困难，但我们不怕困难，一直跟困难作斗争。

یہ لوگ نہیں جانتے کہ وقت کتنی قیمتی چیز ہے اور پابندیء وقت کی اہمیت کیا ہے۔

他们不知道时间有多么宝贵，也不知道遵守时间的重要性是什么。

سب سے عمدہ ورزش وہ ہوتی ہے جس میں وقت کم لگے اور تمام اعضا بھی حرکت میں آتے رہیں۔

最好的锻炼方法是花的时间少，而又能使全身得到运动。

سعیدہ کا جی چاہا کہ وہ بات کرتا رہے اور وہ سنتی رہے اور یہ باتیں کبھی ختم نہ ہوں۔

赛伊达希望他不停地讲，而她一直听着，这种状态就这样持续下去。

第二十一章 句子结构 (جملوں کی ساخت)

练习

一、按要求翻译下列句子：

1. 主语从句

   （1）人类的整个发展史充满了曲折和奋斗，这是事实。

   （2）考试后去乡下过几天，这是我的愿望。

   （3）很明显，这次旅行要有很大的花费。

   （4）毫无疑问，除了巴基斯坦外，印度、尼泊尔等也是中国的邻国。

   （5）鉴于这些情况，有必要把国家建设得更加强大，以便在关键时刻它能有效地保护自己。

   （6）坐在台上的那些人都是我们的老师。

2. 宾语从句

   （1）现在谁都知道地球围着太阳转。

   （2）请您告诉我，这些花是谁放在这里的？

   （3）您知道我要回家度假的消息一定会很高兴。

   （4）我们决定下星期天一起去游长城。

3. 表语从句

   （1）要让所有的人意见一致是不可能的。

   （2）必要的是平日里要认真学习。

   （3）遵守时间就意味着每件事都要在规定的时间内做完。

   （4）荣幸的是总统在百忙之中抽出时间接见了我们。

4. 定语从句

   （1）那些不珍惜时间的学生很少有成功的。

   （2）不尊重别人的人，也得不到别人的尊敬。

   （3）我们的课程有语言、文学、文化、政治、经济等。这些课程使我们学到了很多知识。

   （4）知识是每个人都需要的无价之宝。

   （5）那些懂得时间的价值，并从不虚度一寸光阴的人才是聪明的人。

（6）我在那儿遇见几个学过乌尔都语的外国人。

（7）那些背叛祖国的人要永远遭到人民的唾弃。

（8）那个丢失孩子的妇女很悲伤。

二、用 جب بھی... تب ہی...، جب سے... تب سے...، جب... تو... 翻译下列句子：

1. 父亲去世时，他只有十五岁。
2. 自从发明了这种机器，人们的生活可方便了。
3. 她一提起儿子，就泪流满面。
4. 当我们到教室时，课已经开始了。
5. 自从儿子死了，她的神经就错乱了
6. 我一看见那些秀丽的笔迹，就想起了您。

三、用 جونہی...، جس وقت... تو...، جب کبھی... تو... 翻译下列句子：

1. 时至今日，每当这个妇女提起伊克巴尔，便哽咽起来。
2. 每当我长途旅行，都乘火车。
3. 他一下飞机，人群就向他涌去。
4. 他去世的消息传来时，人们的情绪（ذہنی تصورات）都乱了。
5. 我一见他那副样子，就情不自禁地笑了起来。

四、用 جب تک ...اتنی دیر میں 翻译下列句子：

1. 您刮脸的这会儿早饭也会做好。
2. 他洗澡的这会儿我把他的衣服熨烫好。
3. 趁着你吃饭这会儿，我去宿舍转一圈回来。
4. 你打电话的这会儿，我把衣服洗完了。

五、用 جہاں تک ......کا تعلق ہے 翻译下列句子：

1. 至于你的能力，在哪方面也不比任何人差。
2. 至于考试失败一事，这也不足为奇。
3. 关于吸烟一事，你应该知道，它对身体是非常有害的。
4. 至于我的健康状况，现在已经好多了，不用挂心了。

5. 至于两国关系的问题，我们会去巩固它。

六、用……یہاں تک کہ……翻译下列句子：

1. 他专心致志地学习，甚至废寝忘食。
2. 四天的雨下得洪水成灾。
3. 他病得卧床不起。
4. 天气冷得滴水成冰。
5. 夜晚黑得伸手不见五指。

七、用 …جب…اس وقت 翻译下列句子：

1. 警察在匪徒逃跑后才到达出事地点。
2. 他给我施加了压力后我才说出了这个秘密。
3. 最后一趟车也开走后我才回家。
4. 我做完了所有的作业才离开教室。

八、用 …جہاں…وہاں،…جہاں سے…وہاں سے 翻译下列句子：

1. 你必须去哪儿就去吧！
2. 这些东西你从哪儿拿来的，再从那里拿一些来。
3. 有油的地方一定有气，但有气的地方不一定出油。
4. 我们又从刚才路过的地方经过。
5. 火车站外边那个地方，曾经连马车也难以找到，如今有几个出租汽车站了。
6. 汽车的发明使那些至今还没有通火车的地方与城市接近了。

九、分别用 …جس طرح…اسی طرح،…جیسے…ویسے،…جیسے…اسی طرح 连接和变化下列句子：

例：وہ خالی ہاتھ مل میں کام کرنے آیا تھا، خالی ہاتھ واپس گیا۔

جیسے وہ خالی ہاتھ مل میں کام کرنے آیا تھا، اسی طرح خالی ہاتھ واپس گیا۔

جیسے وہ خالی ہاتھ مل میں کام کرنے آیا تھا، ویسے خالی ہاتھ واپس گیا۔

جس طرح وہ خالی ہاتھ مل میں کام کرنے آیا تھا، اسی طرح خالی ہاتھ واپس گیا۔

١- تم پیٹھ دکھاتے ہو، منہ دکھاؤ!

٢- آپ مطمئن نہیں ہیں، میں بھی نا مطمئن ہوں۔

٣- آپ سوچتے ہیں، ہر آدمی نہیں سوچتا۔

٤- ہم لوگوں کو اپنے وطن سے محبت ہے، دوسرے ملکوں کے عوام بھی اپنے وطن سے محبت کرتے ہیں۔

٥- مقابلوں کے لئے کھلاڑی ٹریننگ لیتے ہیں، مشقت کرتے ہیں۔ آفتوں، حادثوں اور غیر متوقع واقعات کے لئے ذہن کی ٹریننگ ہونی چاہیے۔

十、按下列要求翻译句子：

1. اتنا ۰۰۰ جتنا ۰۰۰

(1) 这支笔没有我的那支好。

(2) 我读书没有他那么用功。

(3) 他财产越多越贪婪。

(4) 你想在这儿呆多少天就呆吧，但我必须走。

(5) 他说的比做的多。

(6) 他像兔子一样胆小。

(7) 我知道多少告诉你多少。

(8) 他没有我记的词汇多。

2. جیسے جیسے ۰۰۰ ویسے ویسے ۰۰۰ ، جوں جوں ۰۰۰ توں توں ۰۰۰

（1）我们越靠近山顶，蓝色的雾层越少。

（2）对他的情况越了解，我对他就越不信任。

（3）每个动词都附属于主语(مبتدا)，也就是说随着主语情况的变化，动词也要跟着变化。

（4）随着时间的流逝，他越来越焦躁了。

3. اتنا ۰۰۰ کہ ۰۰۰

（1）他虚弱得走不动路。

（2）这件事简单得用不着多想。

（3）他的书写糟得让人看不懂。

（4）烟多得什么也看不见。

4. یوں تو ۰۰۰ مگر ۰۰۰

（1）虽然这个地方的粮食有很多种，但以小麦最为著名。

（2）他尽管通情达理，可他的习惯有点古怪。

（3）他年龄虽小，说话倒像大人一样。

（4）虽然这个公园的每个部分都值得一看，但是真正的观光地点却是中间部分。

5. ۰۰۰ بشرطیکہ ۰۰۰

（1）只要我们努力就会成功。

（2）只要国家内部团结，这种危机是可以避免的。

（3）只要人们主持正义，这件事是能被接受的。

（4）只要你能把谢娜兹带来，我就去。

6. اگرچہ ۰۰۰ تاہم ۰۰۰

（1）虽然他已经去世多年了，但是他仍活在我们心中。

（2）虽然舅舅总是一副盛气凌人的样子，但是他与朋友相处却非常随和。

（3）虽然继《驼铃》之后又出版了伊克巴尔的其他几本诗集，但是至今《驼铃》仍是我最喜欢的书。

（4）虽然他已经受伤了，但仍坚持救火。

十一、选择适当的关联词填空：

اگرچہ ••• تاہم •••، جیسے •••، اتنا ••• کہ •••، لیکن •••، اگر ••• تو •••، یہاں تک کہ •••، جب تک ••• اس وقت تک •••، خواہ ••• خواہ •••، چاہے ••• کتنا (کیسا) کیوں نہ ہو، جب کبھی •••، جب ••• تو •••، جب سے •••، جوں ہی •••، جہاں ••• وہاں •••، جس طرح ••• اسی طرح •••، اتنا ••• جتنا •••، ••• بشرطیکہ •••، تاکہ •••، چونکہ ••• اس لئے •••، حالانکہ •••، چنانچہ •••، جس وقت ••• اسی وقت، یوں تو ••• مگر •••، اور، اتنی دیر میں •••، جیسا •••، جہاں تک •••، جیسے جیسے •••، جیسے تیسے •••

۱-______ یہ مکان تعمیر ہوا ہے، شاید آپ نے اس کی مرمت کی طرف توجہ نہیں دی۔

۲-آپ صاف اور آسان جملے لکھیئے، ______ سب بچے پڑھ سکیں۔

۳-آج موسم ______ سرد ہے کہ مجھے گرم کوٹ پہننا پڑا ہے۔

۴-ہم نے ایک ایسا صوفہ خریدا، ______ آپ کے گھر میں ہے۔

۵-اس نے ______ مڈل سکول کا امتحان پاس کیا اور نوکری کرنے لگا۔

۶-______ ممکن ہو، اپنی صحت کی حفاظت کرنی چاہیئے۔

۷-______ تصویر کے دو رخ ہوتے ہیں، ایک روشن اور دوسرا تاریک، اسی طرح زندگی میں بھی اچھے اور برے دونوں پہلو پائے جاتے ہیں۔

۸-حرارت سے چنگاری برآمد ہوئی، چنگاری نے شعلہ کا رنگ پکڑا، ______ کہ دھماکا ہوا۔

۹-میں فریقین کی بحث کو اتنے غور سے نہیں سنتا ______ ان کے لب ولہجے اور بحث کے انجام پر نظر رکھتا ہوں۔

۱۰-______ آپ ایک مضمون کا مطلب ہی نہ جانیں، اس وقت تک اس کی تلخیص نہ کر سکیں گے۔

۱۱-اردو نثر کی تاریخ میں حالی کی حیثیت اتنی ہی اہم ہے ______ شاعری کی تاریخ میں۔

۱۲-اس نے کہا کہ ______ میں آزادی کا لفظ سنتا ہوں، اسی وقت مجھ کو اپنا ملک اور اپنے شہر کے باشندے یاد آتے ہیں۔

第二十一章　句子结构（جملوں کی ساخت）

۱۳۔ ہم آپ کی تجویز مانیں گے _____ وہ معقول اور مفید ہو۔

۱۴۔ _____ اس اثنا میں گاڑی تھوڑی دیر کے لئے ایک اسٹیشن پر آ رکی تھی، اس لئے میں کھانا خریدنے کے لئے پلیٹ فارم پر اتر گیا۔

۱۵۔ اندھیری رات میں درخت پیچھے کی طرف بھاگتے ہوئے ایسے لگ رہے تھے _____ سائے ایک دوسرے کے پیچھے دوڑ رہے ہوں۔

۱۶۔ اب شام ہونے والی تھی، _____ ہم واپس جانے کو تیار تھے۔

۱۷۔ سفر میں _____ بہت سی مشکلات کا سامنا کرنا پڑتا ہے _____ موجودہ زمانے میں آمد و رفت کے ذرائع اس قدر عام ہو گئے کہ سفر کی مشکلات بالکل ختم ہو کر رہ گئی ہیں۔

۱۸۔ _____ میں نے کافی کتابیں پڑھ رکھی ہیں، لیکن ظاہر ہے کہ دنیا کا تمام علم حاصل کرنا انسان کے لئے ناممکن ہے۔

۱۹۔ _____ وہ کتنے ہی ہمدرد کیوں نہ ہوں، ہر ایک کی مدد نہیں کر سکتے۔

۲۰۔ _____ گاؤں میں کوئی تقریب ہوتی، یہ ٹولی اپنا کمال دکھانے کے لئے آ پہنچتی ہے۔

۲۱۔ انسان کھانا کھاتا ہے تو اسے ورزش کی ضرورت بھی ہوتی ہے _____ کھانا ہضم ہو کر جسم کا جزو بنے۔

۲۲۔ پاکستان اور ہندوستان میں _____ متعدد مقامی زبانیں ملتی ہیں، مگر اردو ایسی زبان ہے جو پشاور سے لے کر راس کماری تک بولی اور سمجھی جاتی ہے۔

۲۳۔ ڈاکٹر مریض کا علاج کرنے باہر نکلا، _____ موسلا دھار بارش ہو رہی تھی۔

۲۴۔ _____ کبوتروں کو اڑایا گیا، لوگ خوشی سے تالیاں بجانے لگے۔

۲۵۔ خواہ یہ پہنو، _____ وہ، دونوں کپڑے خوبصورت ہیں۔

۲۶۔ یہ کتاب وہاں رکھو! _____ تم نے نکالی تھی۔

۲۷- __________ طالب علم وقت کا پابند ہوگا __________ یقیناً ہر امتحان میں کامیابی اس کا ساتھ دے گی۔

۲۸- __________ میں نے اپنے پڑھنے کے شوق کا اظہار ابا جان سے کیا، __________ انہوں نے اگلے ہی روز لائبریری سے کئی کتابیں مجھے نکلوا دیں۔

十二、翻译下列段落：

1. 早晨当我起床时，车已准备好了。我想：要是我（忙着）穿衣服误了时间，那就可能再也得不到这个好机会（زریں موقع）了，因此我边走边穿就上了车。
2. 至于这个问题，我们愿意同你们磋商解决。然而由于它的背景很复杂，所以有可能要产生一些分歧，但我们相信，我们双方都会得到满意的结果的。
3. 正如乌尔都语中有许多波斯语和阿拉伯语词汇一样，英语词在近代也被大量地吸收进来。
4. 暑假开始了，我们决定乘火车去南方旅行。于是，第二天清晨派一个人去城里买明天的票。他回来时买的票却是当天下午三点的，可当时已经一点半了，这就是说如果我们不快点行动，就有赶不上车的危险。因此我们拿起各自的行李向车站跑去，赶到车站后坐上了车，五分钟后车就开了。

十三、改错：

۱- حمیدہ آئے روز بیمار رہتی ہے۔

۲- وہ دن بدن کمزور ہوتا جا رہا ہے۔

۳- در حقیقت میں آپ سچے ہیں۔

۴- حامدہ یہ خبر سن کر ہکی بکی رہ گئی۔

۵- یہ عورت اچھی گاتی ہے۔

۶- آپ کراچی سے کب واپس لوٹیں گے۔

۷- اس کے منہ نہ آؤ، بڑی لڑاکی عورت ہے۔

۸-میں تو اپنا کام ختم کر بیٹھا ہوں۔

۹-میں آپ کے علاوہ کسی سے نہیں ڈرتا۔

۱۰-نور جہاں اچھی گاتی ہے۔

۱۱-وہاں اس گرمی میں غریب بیچارے فاقے مر رہے ہیں۔

۱۲-کمرے میں میرے بغیر اور کوئی نہیں۔

۱۳-آپ مجھ سے ملنے کے بغیر ہی چلے گئے۔

۱۴-میں رات گئی گھر پہنچا۔

۱۵-آپ کو کس کا خط آیا ہے۔

۱۶-میں نے تم کو کہا تھا کہ جلد آنا، مگر تم نے دیر کر دی۔

۱۷-وہ دیر آپ کی راہ دیکھ رہا ہے۔

۱۸-افسر نے کلرک کی کاہلی پر اس کو برا بھلا کہا۔

۱۹-میں دعوت میں شریک نہ ہو سکا، چونکہ مجھے زکام ہو گیا تھا۔

۲۰-کیونکہ مجھے زکام ہو گیا تھا، اس لئے میں دعوت میں شریک نہ ہو سکا۔

۲۱-میں نے تمہیں اس لئے بلایا ہے، کیونکہ مجھے تم سے ایک ضروری کام ہے۔

۲۲-میں تمہیں اس لئے نصیحت کرتا ہوں تاکہ تم برائیوں سے باز آجاؤ!

۲۳-میں یہ سوال سمجھ میں نہ آیا۔

۲۴-وزیر صاحب نے اپنے اعزاز میں دی گئی دعوت کے موقع پر تقریر کی۔

۲۵-میں نے میرا کام ختم کر لیا ہے۔

۲۶-شوکت نے حامد جیسی ٹوپی پہن رکھی ہے۔

۲۷-جلیل کا خط ارشد جیسا ہے۔

۲۸-یہ عجیب جیسی بات ہے۔

۲۹-وہ لڑکا شریر جیسا ہے۔

۳۰-میری کالی کی شلوار کہاں ہے ؟

۳۱-میں نے میز کا اوپر دوات رکھی ہے۔

۳۲-یہ تو میرا خود بھائی ہے۔

۳۳-میں آپ کا خط ملا۔

۳۴-دریا کی دایاں طرف ایک پہاڑی ہے۔

۳۵-ان کے بایاں ہاتھ میں ایک کتاب ہے۔

۳۶-اپنے والد سے میرا اسلام بولنا!

۳۷-آج کا بچایا گیا کھانا کل تک خراب ہو جائے گا۔

۳۸-اس کی فوت ہونے کی خبر سن کر مجھے بہت دکھ ہوا۔

十四、说出下列各句是哪种复合句，并指出是复合句中的哪一类？

۱- ظاہر ہے کہ کسی زبان کی تعلیم و تدریس کا کام اس وقت تک قابلِ اطمینان طریقے سے سر انجام دینا ممکن نہیں، جب تک اس زبان کے اصول و مبادی پر مستند اور معیاری کتابیں طالب علموں کو مہیا نہ کی جائیں۔

۲-جوں جوں مجھے ان کی حالت سے زیادہ واقفیت ہوتی جاتی ہے، میری بدگمانی اور بڑھتی جاتی ہے۔

۳۔ ہر فعل اپنے فاعل کے تابع ہوتا ہے یعنی جیسے جیسے فاعل کی کیفیت بدلتی ہے، فعل میں بھی تبدیلی آتی ہے۔

۴۔ جس طرح رنج کی زیادتی سے انسان روتا ہے اسی طرح وہ خوشی اور تعجب یا اطمینان کی حالت میں ہنستا ہے۔

۵۔ وہ جال سے چھوٹنے کے لئے جوں جوں اچھل کود کرتا، ویسے ویسے ہی وہ جال میں اور پھنستا جاتا۔

۶۔ یہ امر خواہ کتنا ہی تکلیف دہ کیوں نہ ہو، یہ ایک حقیقت ہے کہ یہ ملک باہم گٹھی ہوئی ایک قوم نہیں ہے۔

۷۔ میرے گھر والے تو سب ریل کے سفر کو پسند کرتے ہیں، مگر میں بعض اوقات بس میں بھی سفر کرتا ہوں۔

۸۔ ان کی روشنی ہوا سے کبھی ختم نہیں ہوتی، خواہ ہوا کتنی ہی تیز کیوں نہ ہو۔

۹۔ یہ قدرتی بات ہے کہ لاہور برصغیر جنوبی ایشیا میں ایک تاریخی اور ثقافتی شہر کی حیثیت سے پاکستان قوم کے لئے قابلِ فخر ہے۔

۱۰۔ ہوسٹل کی زندگی ایک خاندان کی زندگی کے مشابہ ہوتی ہے جس کے سب ارکان ایک دوسرے کی خوشیوں اور غموں میں برابر کے شریک ہوتے ہیں۔

۱۱- پلیٹ فارم پر بہت سے لوگ کھڑے ہوئے ہیں، کچھ اپنے عزیز و اقارب کو رخصت کرنے آتے ہیں یا پھر انہیں لینے آتے ہیں۔ پھل اور مٹھائی بیچنے والوں کا بھی کافی ہجوم ہوتا ہے۔

۱۲- جن لوگوں میں حالت کا شکار ہو کر رہ جانے کے بجائے حالت پر قابو پانے کی صلاحیت ہوتی ہے، وہ ہمیشہ کامیابی سے ہم کنار ہوتے ہیں۔

۱۳- حقیقت یہ ہے کہ علم ایسی روشنی ہے جس کے پھیلتے ہی جہالت کی تاریکیاں چھٹ جاتی ہیں۔

۱۴- جب آفتاب غروب ہونے لگتا ہے تو ہم یہ شام کی دلفریب کیفیتوں کا لطف اٹھاتے ہوئے گھر کی طرف روانہ ہوجاتے ہیں اور کھانے سے فارغ ہو کر بہت جلدی سو جاتے ہیں تاکہ سارے دن کی تھکان دور کر کے اگلے دن اور کام کرنے کے لئے پھر سے تازہ دم ہوجائیں۔

۱۵- جب سے وہ یونیورسٹی سے فارغ ہوئے، تب سے ناول لکھنے میں مصروف رہنے لگے، اب ان کے لکھے ہوئے ناول بڑی تعداد میں ملتے ہیں۔

۱۶- دنیا میں اب بھی ایسی جگہیں ہیں جہاں انسان کا قدم نہیں پہنچا۔

۱۷- اس وقت تک ٹھہرو، جب تک کہ گاڑی کھڑی نہ ہوجائے۔

۱۸- جوں جوں دیہات میں تہذیب کی روشنی پھیلتی جا رہی ہے، قدیم دیہاتی زندگی کے سادہ نقوش مدھم ہوتے جاتے ہیں۔

۱۹۔ہم کو جس ہوٹل میں ٹھہرایا گیا ہے وہ اتنا اونچا ہے کہ جب تک سر کو پوری طرح پیچھے کی طرف جھکایا نہ جائے،اس کی آخری بلندی پر نظر نہیں جاسکتی۔

۲۰۔جہاں تک مطالعہ کا تعلق ہے کہ ایک شخص روزانہ کتنے گھنٹے مطالعہ کرے تو اس کا جواب مختلف لوگوں کی استعداد مطالعہ کے لحاظ سے مختلف ہوگا۔ بعض لوگ ایسے ہوتے ہیں جو تھوڑا پڑھتے ہیں اور زیادہ اخذ کرتے ہیں، بعض لوگ ایسے ہوتے ہیں جو زیادہ پڑھتے ہیں اور کم اخذ کرتے ہیں۔

۲۱۔ جب آپ سوچ بچار کے بعد کسی پیشے کا انتخاب کرلیتے ہیں تو اس پیشے میں ترقی کرنے کے لئے آپ کو گہری دلچسپی اور عزمِ راسخ کے ساتھ اپنے فرائض انجام دینے چاہیئں ۔

۲۲۔اگر طلبا کی مناسب نگرانی اور دیکھ بھال کا خاطر خواہ انتظام موجود ہو تو ہوسٹل کی زندگی طلبا کی تعلیمی ترقی کے لئے بہترین مواقع مہیا کرسکتی ہے۔

۲۳۔جب ایک طالب علم میٹرک پاس کرکے کالج میں داخل ہوتا ہے تو وہ اپنے آپ کو ایک ایسی دنیا میں پاتا ہے جو اس کے لئے بالکل اجنبی ہوتی ہے، کچھ عرصہ تک وہ اس نئے ماحول میں جذب نہیں ہوسکتا، لیکن آہستہ آہستہ وہ اس دنیا کے مشاغل سے مانوس ہوکر خود بھی اس کا ایک جزو بن جاتا ہے۔

۲۴۔جب طلبا اپنے والدین اور عزیز و اقارب سے دور ہوتے ہیں تو انہیں اپنے آپ پر بھروسہ کرنا پڑتا ہے۔

۲۵-ہلکا ہلکا نیلا آسمان افق تا افق پھیلا ہوا ہے اور اس بے کراں آسمان کے نیچے بیجنگ کے لاکھوں انسانوں کی وسیع دنیا بیدار ہو رہی ہے ، تھوڑی دیر میں ہر شخص اپنے اپنے کام میں مصروف ہو جائے گا ، پھر گھما گھمی مسلسل بڑھتی جائے گی۔

۲۶-میں کئی سال بعد اس شہر میں آرہا ہوں ، میرا خیال تھا کہ اس کا ہوائی اڈہ بس ذرا ہو گیا ہوگا ، مگر میں تو حیران ہی رہ گیا ، ائیر پورٹ اب بہت شاندار اور جدید ہے۔ حیرانی کے ساتھ مجھے خوشی ہوئی کہ اتنے کم عرصے میں ایسی ترقی ہوئی ہے ، لیکن افسوس بھی ہوا کہ اپنے ملک میں کوئی ایئر پورٹ اس درجے کا نہیں ہے۔

第二十二章　句中词序（جملے میں الفاظ کی ترتیب）

一、句中词序的一般规律

句中词序一般为：

1. 主语+宾语（先人后物）+谓语动词。

میں نے　اس کو　ایک　خط　بھیجا۔

　　　　　谓语动词　宾语（物）　宾语（人）　主语

我给他寄了一封信。

2. 主语+合成谓语（表语+不完全动词）

他好。

وہ　اچھا ہے۔

合成谓语　主语

我是学生。

میں　طالب علم ہوں۔

合成谓语　主语

3. 定语 + 中心语

我写了一封长信。

میں نے ایک لمبا　خط　لکھا۔

中心语　定语

他是个用功的学生。

وہ محنتی　طالب علم ہے۔

中心语　定语

4. 状语+被说明语（形容词、副词或动词）

他是个很好的男孩子。

وہ　بڑا　اچھا　لڑکا ہے۔

被说明语　状语

他很快地走过来。 وہ بہت تیزی سے آرہا ہے۔

被说明语　状语

他读了很多书。 اس نے خوب پڑھا۔

被说明语　状语

二、特殊情况

有时为了加强某种语气，强调某一点或为了韵律起见，便改动了上述一般词序。例如：

1. 一般讲被强调的词或词组往往提前。例如：

那个大东西是什么？ کیا تھی وہ بڑی سی چیز؟

难道这是来的时间吗？（不应该来） بھلا یہ کون سا وقت تھا آنے کا؟

谁不知道你？ تمہیں کون نہیں جانتا؟

我累极了。 تھک بھی بہت گیا ہوں۔

咦，米尔先生，您怎么了？ ارے! میر صاحب، کیا ہو گیا آپ کو؟

你说的可是怪话。 یہ تو عجیب بات کی ہے تم نے۔

现在他的情况如何？ اب کیا حال ہے اس کا؟

你说，喜欢吗？ کھو! پسند آئی کیا؟

儿子，你说的是什么呀？ کیا کہا تم نے؟ بیٹا!

2. 也有这样的情况，即被强调的词或词组挪后。例如：

这么粗的绳子怎么会断呢？ ایسی موٹی رسی ٹوٹے گی کیونکر؟

他的孩子们倒是顽皮，但不撒谎。 ان کے بچے تھے تو شریر مگر جھوٹے نہیں تھے۔

他（只是）为了帮助你（而）从老远赶来。 وہ اتنی دور سے آئے ہیں صرف تمہاری مدد کرنے کے لئے۔

(جملے میں الفاظ کی ترتیب) 第二十二章　句中词序

你什么时候来？	تم آؤ گے کب ؟
我去哪里？	میں جاؤں کہاں ؟
看起来不是这样的。	دیکھنے میں ایسا ہے نہیں ۔
有什么打算？现在走吗？	تو کیا ارادہ ہے ؟ چلیں اب ؟
唷，客气什么？这算不了什么。	ارے ! تکلف کون سا ؟ یہ تو کچھ بھی نہیں ۔

三、否定词 حرفِ نفی 的位置

1. 如动词是单一的，否定词放在动词之前。例如：

我没有看见。　　　　میں نے نہیں دیکھا ۔

但否定词有时偶尔也放在单一动词之后，特别是在命令式中。例如：

他不同意。　　　　وہ مانتا نہیں ۔

别起来！　　　　اٹھو مت !

邻近七、八个村子里，找不出那种货物来。　　یہاں دس پانچ گاؤں میں تو کسی کے پاس وہ مال نکلے گا نہیں ۔

在这种情况下，有加强语气之意。

2. 是动词复合时，否定词可放在复合动词之前，也可放在复合动词的中间。例如：

我不能走。　　　　میں نہیں جا سکتا ۔

我不能走。　　　　میں جا نہیں سکتا ۔

我不能吃。　　　　میں نہیں کھا سکتا ۔

我不能吃。　　　　میں کھا نہیں سکتا ۔

第二十三章　标点符号（علامت وقف）

标点符号在书面文字里用来表示各句之间和各句子成分之间的关系，使词语性质和作用清楚明确，易为读者所了解。乌尔都语中标点符号有以下九种：

一、句号【۔】表示一句句子完了之后的停顿。例如：

独立不是轻易能获得的。　آزادی آسانی سے حاصل نہیں ہوتی۔

我们马上自己把这一切都做好。　ہم ابھی سب کچھ خود ہی کئے لیتے ہیں۔

二、逗号【،】表示句子中较小的停顿。例如：

不能削弱，而是必须加强人民的力量。　عوام کی قوتوں کو کمزور نہیں ، بلکہ مضبوط کیا جانا چاہیئے۔

他尽可能做到对此事秘而不宣。　جہاں تک ہوسکا، اس نے اس بارے میں اپنی زبان پر تالا لگائے رکھا۔

三、问号【؟】表示疑问。例如：

是谁?　کون ہے ؟

这是谁的本子?　یہ کس کی کاپی ہے ؟

四、感叹号【!】表示感叹或命令的语气。用于感叹句或命令句的末尾或呼语、感叹词之后。例如：

唷，这是什么灾难（怎么这么倒霉啊）!　اف ، کیا مصیبت ہے یہ !

艾哈迈德先生！这完全是对的。　بالکل ٹھیک ہے احمد صاحب !

喔唷！ 太好了！　واہ !خوب خوب!

进来! اندر آؤ!

五、引号【" "】表示文中引用的部分。它可以用在直接引语中，还可以用来表示讽刺、强调用的词或专用名称中。例如：

اس آدمی نے پوچھا: "کیا تمہارے اونٹ کی داہنی آنکھ پھوٹی ہوئی ہے؟"

一个人问："你们的骆驼的右眼瞎了吗？"

دوسرے آدمی نے کہا: "یہ تم نے ٹھیک کہا، اب ہمیں کیا کرنا چاہیئے؟"

第二个人说："你说得对，但现在我们应该做什么呢？"

اس کا "مارکسزم" حقیقت میں کیا چیز ہے، یہ سب لوگ صاف صاف جانتے ہیں۔

他的"马克思主义"实际上是什么货色，大家都很清楚。

六、括号【（ ）】表示文中注释的部分。例如：

青年：（大声地）唷，十一点了。 نوجوان: (بلند آواز میں) اف، گیارہ بج گئے۔

七、省略号【……】表示文中省略的部分。例如：

我怎么能这么说呢…… میں بھلا ایسے کیسے کہہ سکتی ہوں جب کہ ۔۔۔۔۔۔

八、冒号【：】它放在不用引号的引语前或表示提示语之后的停顿，用来列举事物和解释前文。例如：

阿兹姆：什么意思？ اعظم: کیا مطلب؟

ان کی میز پر بہت سی چیزیں ہیں: پنسل، قلم، کاپی، کتاب وغیرہ۔

他的桌子上有许多东西：铅笔、钢笔、本子、书等。

اس قبر پر یہ الفاظ لکھے ہوئے ہیں: زندگی تیری عظیم، موت تیری شاندار!

在这座陵墓上写着：生的伟大，死的光荣！

九、破折号【——】用来区分扩展的同位语或表示后面有个注释部分。例如：

ہمارے ملک میں تمام محنت کش عوام —— مزدور، کسان، تاجر اور دانشور محنت سے اپنا اپنا کام کرتے ہیں۔

我们国家所有的劳动人民——工人、农民、商人、知识分子都在努力地工作着。

کسی پتھر کو اٹھا کر اپنے ہی پیروں کو کچلنا —— یہ ایک چینی کہاوت ہے جو کچھ بے وقوف لوگوں پر صادق آتی ہے۔

搬起石头砸自己的脚——这是中国的一个谚语，它适用于描述一些愚蠢的人。